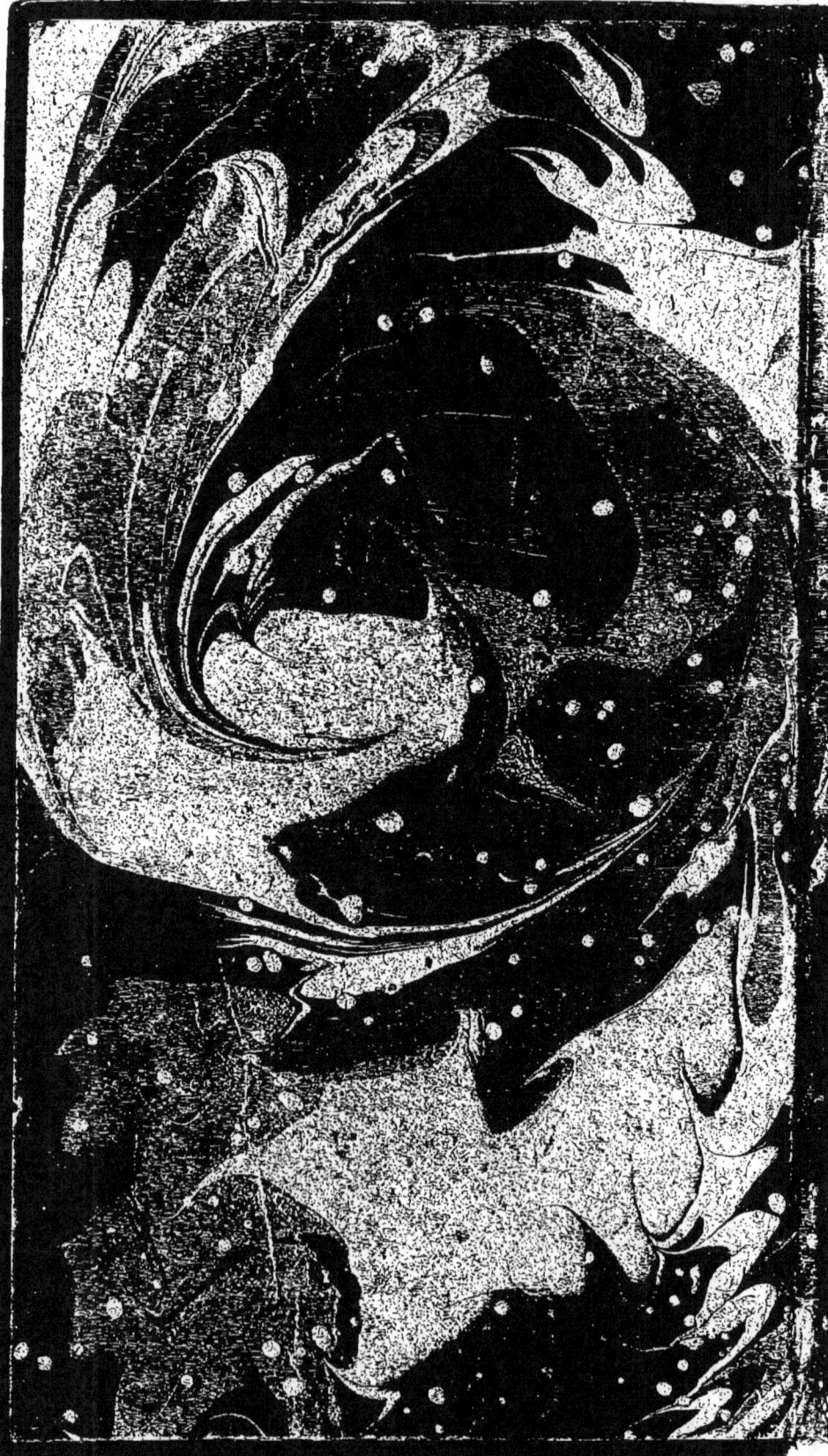

4185. 84. se. a.

HISTOIRE NATURELLE DE L'UNIVERS,

DANS LAQUELLE ON RAPPORTE des Raiſons Phyſiques, ſur les Effets les plus curieux, & les plus extraordinaires de la Nature.

Enrichie de Figures en Taille-douce.

Par Monſieur COLONNE, Gentilhomme Romain.

TOME QUATRIE'ME.

A PARIS,
Chez ANDRÉ CAILLEAU, Quay des Auguſtins, au coin de la ruë Giſt-le-Cœur, à S. André.

M. DCC. XXXIV.
Avec Approbation & Privilege du Roy.

Ex bibliotheca D. Crozat

Livres de feu Monsieur Colonne, qui se vendent chez Cailleau.

LEs Principes de la Nature, suivant les opinions des anciens Philosophes, avec un abregé de leurs sentimens sur la composition des corps, &c. in 12. 2. vol.

Les Principes de la Nature, ou de la génération des végetaux, animaux & mineraux, in 12.

Le nouveau Miroir de la Fortune, ou abregé de la Geomence, pour la recreation des personnes de cette science, in 12.

Histoire Naturelle de l'Univers, in 12. 4. vol. avec figures, livre nouveau.

Histoire du Peuple de Dieu depuis son origine jusqu'à la naissance du Messie, &c. Nouvelle édition, revuë, corrigée & augmentée de l'histoire de Job. Avec des Cartes, Vignettes, Tables Géographiques & des Matiéres, par le R. P. Isaac Berruyer de la Compagnie de Jesus, 4°. 8. vol.

La même in 12. 10. vol. sous presse.

Pensées du Pere Bourdaloue de la Compagnie de Jesus, sur divers sujets de Religion & de morale, in 8°. 2. vol.

Les mêmes en trois petits vol. in 12.

Les mêmes en trois vol. en grand.

La Bibliotheque des Philosophes & des Sçavans par M. Gautier, in 8°. 3. vol.

L'Esprit de l'Eglise dans la recitation de cette partie de l'office qu'on appelle Complies, en forme de Dialogue entre le Maitre & le Disciple, in 12.

L'Argenis de Barclay, traduction nouvelle par M. l'Abbé Josse, Chanoine de Châtres, in 12. 3. vol.

Collectio Judiciorum de Novis Erroribus qui ab initio duodecimi seculi post incarnationem verbi, usque ad annum 1713, &c. in folio 2. vol.

Le Tome troisiéme & dernier est sous la presse se donnera incessament, in folio.

Nouveaux Sermons de M. Saurin sur la Passion, in 12. 2. vol.

Histoire des Rois de Pologne, in 8º. 3. vol. d'Hollande.

Elemens Historiques ou Methode courte & facile pour apprendre l'histoire aux enfans, in 12. 2. vol.

Description historique des Château, Bourg & Forest de Fontainebleau, &c. in 12. 2. vol. avec figures.

Observations curieuses sur toutes les parties de la Physique, in 12. 3. vol.

Histoire des Rois de Chypre, in 12. 2. vol.

Traité des Ponts & Chaussées, nouvelle édition très augmentée, par M. Gautier, in 8º. 2. vol. avec figures.

Homelies & Sermons pour le Carême, par M. l'Abbé Boileau, in 12. vol.

Ses Panegyrique, in 12.

Ses Pensées choisies, in 12.

HISTOIRE NATURELLE DE L'UNIVERS.

✿✿✿✿✿✿✿✿✿✿✿✿ ✿✿ ✿✿✿✿✿✿✿

SUITE DE LA
CINQUIE'ME PARTIE.

CHAPITRE TROISIE'ME.

De quelques Animaux Quadrupédes des plus curieux.

L faudroit faire de gros volumes, si je voulois parler de tous les animaux qui viennent sur la terre, & d'ailleurs ce seroit un ouvrage inutile, puisque de grands hommes l'ont déja fait.

Tome IV.   A

Je ne parlerai donc que de quelques-uns des plus rares, sans craindre l'incrédulité des Lecteurs, qui ne veulent croire que les choses qu'ils voyent, ou qui sont fort avérées.

Sans doute que ceux qui n'auroient jamais entendu parler de *l'Elephant*, & auſquels on feroit la deſcription de cet animal, de ſa trompe, de ſa force, de ſon eſprit, & avec cela de ſa docilité, auroient peine à le croire, & ils le mettroient au nombre des fables qu'on prétend que Pline a débitées. Cependant on eſt convaincu que cet animal exiſte, auſſi-bien que le *Rhinoceros*, qui eſt aſſez fort & aſſez hardi, quoique plus petit, de combattre avec l'Elephant, qu'on peut appeller le géant des quadrupédes. Apparemment qu'il ſe ſent aſſez fort, la nature l'ayant armé d'une eſpece de cuiraſſe, ou écaille ſemblable à celle de la tortue, & d'une corne au front aſſez aiguë, avec laquelle il peut bleſſer l'Elephant.

La *Giraffe* exiſte auſſi dans l'Abiſſinie. C'eſt de tous les animaux le plus grand que nous connoiſſons ; elle eſt moins groſſe, mais plus haute que l'Elephant. Ses jambes de devant ſont communément longues de 12. palmes, de ſorte qu'un homme à cheval peut paſſer ſous le ventre de la Giraffe. Le P. Lobos, Voyage d'Abiſſinie.

J'ajouterai encore à ceci, pour l'instruction des curieux, que suivant un Jesuite, dont j'ai oublié le nom, Missionnaire en Abissinie; & avec lui Jean-Gabriel Colmel, Portugais; que ces deux Auteurs, dis-je, rapportent ensemble, que la *Licorne* est un animal qui vit dans la province des *Agaus* & au Royaume de *Damot*, dans l'Abissinie, où seulement elle se trouve, & que cet animal est grand comme un cheval médiocre, avec une corne longue d'environ cinq pieds au front.* Jean Zahn diligent auteur, convient avec le Pere Jesuite que c'est un animal très-farouche, qu'on ne peut en aucune maniere, ni par aucun bienfait rendre familier, vivant dans des bois très-épais, qui ont peur l'un de l'autre, & qui ne se familiarisent avec les jumens, que dans le tems que ces animaux sont amoureux. On dit néanmoins que cet animal, qui est fort lascif, en voïant de jeunes filles devient doux & se

* Le Pere Lobo dans son voyage d'Abissinie, dit que cet animal est de la taille d'un beau cheval bien fait & bien proportionné, d'un poil bay, avec la queuë & les extremitez noires. Il ajoute que les Licornes de *Tuaçua* ont la queuë fort courte; celles de *Ninina*, qui est un canton de cette Province, l'ont au contraire très-longue, & leurs crins tombent jusqu'à terre.

laisse caresser d'elles, mais peut-être que cela n'est pas vrai. Quand il est en rut, il fait des cris horribles. Je ne sçai pas non plus s'il est vrai ce qu'on rapporte, que sa corne est un très-grand contre-poison. * Mais je ne trouve pas surprenant que cet animal qui a la figure de cheval ait une corne au front, quand nous en voïons d'autres qui en ont deux, & que dans la mer il y a tant de poissons qui non-seulement ont une corne semblable, mais les uns une épée, & les autres une scie d'os. Le *Boutro* a aussi une corne qui a la

* *L'Abada*, qui est encore un animal affriquain, est de la grandeur d'un poulain de deux ans, & a deux cornes placées fort differemment, l'une sur le devant de la tête, longue de 3. à 4. palmes, noire ou d'un brun obscur, égale, fort pointuë, & la pointe même tant soit peu relevée; l'autre corne est sur le derriere de la tête, mais moins longue & moins grosse que la premiere. On trouve aussi dans l'Ethiopie des *Chevaux sauvages*, qui ont les crins & la tête comme nos chevaux, & hennissent de même, mais ils ont deux petites cornes toutes droites, & les pieds fendus comme ceux du Bœuf. Les Cafres appellent ces animaux *Empophos*. On voit par ces deux rélations que la Licorne n'est pas le seul animal ressemblant au Cheval, qui porte une corne; puisque on en voit d'autres qui en ont jusqu'à deux, & même très-variées. Voyage d'Abissinie.

même vertu contre les poisons, que celle que quelques Auteurs attribuent à la corne de la Licorne. Celles que nous voïons ne sont pas des cornes de Licornes, mais d'un poisson de la mer glaciale qui combat avec la Baleine,* comme un Auteur très-sçavant l'a montré.

Le *Manitout* est un quadrupéde de la figure d'un petit cochon de lait. Son corps est armé d'une écaille semblable à celle de la Tortuë, divisée en dix cercles, larges d'un pouce, traversés de pointes ou rayons aigus qui environnent son corps. Il a une queuë plus large que tout son corps, divisée par des nœuds. Les dix bandes dures d'écaille grise sont picotées de blanc. Ces écailles sont entremêlées d'un cuir nerveux, qui lui donne le mouvement libre, de sorte qu'il se tourne, se plie, se met en une boule, & enfin comme il veut. Cet animal territ comme le lapin au moins un tiers de l'année, mais il y a apparence que dans ce tems il dort dans sa taniere, ou qu'il y vit des fruits & des racines qu'il a ramassées. Il fuit les hommes qui le chassent; & s'il voit quelqu'un s'arrêter, il foüille la terre aussi-tôt pour s'y cacher. Si on court à lui, il se cache dans le petit trou qu'il a fait, mais

* Relation de Groënland.

on le tire par la queuë & on le prend facilement. Il est très-bon à manger roti & à toutes sauffes, & c'est un morceau friand. Il ne vient que dans la Grenade, qui est une des Isles que les François possedent, & il meurt ailleurs. L'on dit que les bandes osseuses qui l'environnent mises en poudres, & prises pendant quelque tems, sont très-bonnes contre la verole. Et que le dernier de ces cartilages osseux qui se joint au corps mis en poudre, & mêlé avec un peu de vinaigre rosat, guérit comme par miracle la surdité, lorsqu'on en met gros comme la tête d'une épingle avec du coton dans l'oreille. On lui donne aussi la vertu qu'a le Dictame de Créte, de tirer le fer qui est dans les blessures.

L'on a cru que la *Salamandre* étoit un animal fabuleux, & de laquelle on a dit qu'elle vivoit dans le feu, ce qui est faux. Cependant cet animal existe, & Mathiole dit qu'il est commun dans la vallée d'Anerie; mais le curieux Wheler qui l'a vû, nous rapporte que quand on met une de ces Salamandres dans le feu, elle vomit tant d'écume & d'humeur, qu'elle l'éteint entierement. Il ajoute qu'aïant réïteré cela plusieurs fois, étant d'ailleurs loin de la terre de sa naissance, elle mourut enfin. Ce qui est confirmé aussi par Mathiole, qui affirme la même chose; c'est à dire, que quand on la met dans un grand feu, elle y est brûlée comme les autres animaux, quoi qu'il soit vrai, dit-il, qu'elle jette quelque humeur, pareille à la chair cruë. Cet animal est semblable à un gros Lezard, & de figure abominable.

Un Auteur rapporte qu'il a trouvé dans le corps de deux Salamandres femelles, 38. petits dans chacune, tous d'une même figure. Ce qui fait connoître que ce qu'on a avancé qu'il n'y en avoit que de mâles & point de femelles, est tres faux, aussi bien que ce que Pline dit qu'elles naissent de la pourriture. La bave de cet Animal est venimeuse, & plusieurs gens sont morts pour avoir mangé des fruits & des herbes où cet animal avoit laissé de sa bave.

Il y en a une espece aquatique, très-hideuse.

Par où l'on peut voir qu'il est vrai que la Salamandre peut vivre quelque tems dans le feu, à cause de l'écume humide qu'elle vomit; mais que c'est une fable de croire qu'elle vive dans le feu, comme les poissons dans l'eau. On croit aussi fabuleux ce qu'Aristote dit des *Pirauftes*, c'est à dire, de certaines mouches qui viennent dans le feu, car Mathiole & autres qui les ont cherchées curieusement dans les lieux où l'on fond les metaux, n'ont pû les voir. A la verité cela répugne à la raison, & peut-être qu'Aristote l'a dit sur la foi de ceux qui le lui ont raconté. Pline a raison de dire qu'on ne voit les Salamandres que dans les tems pluvieux, dans lesquels Mathiole dit qu'elles sortent de la terre, où elles demeurent ordinairement.

On dit qu'il y a un animal à la Chine qui change de nature deux fois, parce que l'Eté il est poisson, & l'Hyver il vole dans les airs. Peut-être que c'est un Amphibie qui plonge, ou une espece de Canard, le quel se plait l'Eté dans l'eau, mais l'Hyver il se trouve mieux dans l'air & sur la terre. Le merveilleux est aussi agreable à la Chine qu'ailleurs.

On dit aussi qu'il y a un *Lion Marin*, le quel sort de la Mer & va repaître dans les bois. Il est long de dix pieds, & c'est un Amphibie.

Dans la Zone glaciale * les Ours sont blancs, comme la plus part des animaux qui naissent dans ces païs froids. Ces Ours plongent dans la Mer, & vivent de poisson aussi-bien que d'herbes.

Entre la riviére de Sala & de Spai qui

* Relation de Groënland.

entrent dans le Niester, il y a une espéce de Lapins, comme des Blereaux, qu'on appelle *Bubaques*, lesquels ont seulement quatre dents, & ces animaux sont de la couleur du Blereau. Ils ont des taniéres comme les Lapins, où ils dorment la plus grande partie de l'Hyver, vivant entr'eux avec beaucoup d'œconomie comme les fourmis. Entr'autres choses ils font coucher sur le dos les plus gros & les plus paresseux d'entr'eux, & entre leurs jambes ils mettent comme dans un chariot leurs provisions. Ensuite un ou deux des plus adroits traînent par la queuë cet animal ainsi chargé.

Il y a un si grand nombre de Perdrix à Egine, que les habitans par ordre des Magistrats sont obligés de sortir, & de chercher les œufs pour les rompre, à cause du dégat qu'elles font dans les bleds. Dans le même lieu il y a une si grande quantité de liévres & si peu cherchés, qu'ils y meurent de vieillesse dans les champs sans que personne les tuë. Il faut croire que ces animaux ne sont pas bons à manger, ou que les hommes sont bien sots (ce qui n'est pas probable,) puisqu'ils les laissent sans y toucher.

On ne doute plus que le Musc vienne dans le corps de certaines Chevres, & que c'est le sang qui forme une espece d'Apostume dans la poitrine près du col, lequel se coagule & durcit. Tavernier qui l'a vû en fait une exacte description, qu'on peut voir chez lui. Cependant les Peres Jesuites en font douter, & j'en mettrai ici la Relation pour ceux qui n'ont pas le livre où je l'ai trouvée.

De la production du Musc.

» ON a parlé (dit une lettre envoyée
» de Pekin * en 1717.) diversement
» jusqu'à present de l'origine du Musc.
» Quelques Auteurs ont dit qu'il se forme
» au nombril de l'animal, ils se trompent;
» car c'est certainement dans la vessie
» qu'il se forme. Cet animal est une espece
» de Chevreuil, que les Chinois en leur
» langue appellent *Chevreüil odoriferant.*
» A l'occident de la Ville de Pekin il se
« voit une chaîne de Montagnes, au mi-
» lieu de laquelle nous (les Jesuites)
» avons une Chrétienté & une Eglise.
» C'est dans ces Montagnes où l'on trou-
» ve, & aussi ailleurs, de ces Chevreüils
» odoriferans. On m'apporta deux de ces
» Animaux à vendre. Aprés avoir fait le
» marché, qui ne fut que d'un écu pour
» un de ces Animaux, on prit le mâle.
» Ensuite ils lui couperent la vessie, &

* Lettres édifiantes. Recueil 14. p. 456. & 57. an. 1720.

» de peur que le Musc ne s'évaporât, ils
» la lierent, & on la fait secher, comme
» on a fait celle que je vous envoye.

» Il s'en forme de deux sortes dans l'in-
» terieur de la vessie. Celui qui est en
» grain est le plus precieux: L'autre est
» fort menu & moins estimé. la femelle
» ne porte point le Musc, ou du moins
» ce qu'elle porte, & qui en a quelque
» apparence, n'a point d'odeur.

» La chair des Serpens est, à ce qu'on
» dit, la nourriture de cet Animal. Bien
» que ces Serpens soient d'une grandeur
» énorme, le Chevreüil n'a nulle peine
» à les tuer, parce que lors que le Ser-
» pent est à une certaine distance du Che-
» vreüil, il est arrêté tout à coup par l'o-
» deur du Musc, ses sens s'affoiblissent,
» & il ne peut plus se mouvoir &c.

J'ai vû à Rome, chez le Prince de Palestrine Barberin, l'animal qui porte la *Civette*. C'est une espece de Chat autant que je m'en puis souvenir, (car j'étois fort jeune,) de mediocre grandeur, lequel a une espece d'ouverture comme une poche entre les deux cuisses de derriere. On ramasse la liqueur avec une petite cuillier d'yvoire. On l'irrite pour l'agiter & le mettre en colere, afin qu'il suë, & c'est cette sueur épaisse qui est la Civette. Cependant on peut le rendre familier & domestique comme le Chat, en le caressant & lui faisant du bien. Cet animal vient en plusieurs endroits de l'Afrique & des Indes orientales. Il est superflu de dire qu'il est fort odoriferant.

C'est tout le contraire d'un autre animal qu'on apelle *Achopineque*, ou la Paresse, d'autant qu'il se meut si lentement qu'en quinze jours il n'avancera pas la longueur de cent pas, & quoiqu'on le pousse en avant avec impetuosité, il n'avance pas davantage pour cela. Cependant cet animal paresseux aime à monter & à grimper sur des arbres, aïant des griffes comme les chats, mais il lui faut des jours entiers pour monter sur un Arbre. Les relations disent que cet Animal est si lent & si timide, qu'il ne pourroit pas se mettre à couvert des insultes des autres animaux, si la nature ne lui avoit donné le secours de faire des vents si puants, qu'il n'y a ni hommes, ni chiens qui ne s'éloignent au plus vîte de lui. Mais cet animal n'est pas le seul qui ait cette proprieté, car il y a un des plus petits animaux de l'Amerique, appellé *Maritacaca*, qui est assez doux, mais qui étant irrité, se delivre de ceux qui l'importunent par de semblables exhalaisons, & même par des ſtercorations très-puantes. Le *Bonaſus* en fait autant, & lance de plus ſes excrémens très-puants pluſieurs pas loin contre ceux qui l'irritent, leſquels brûlent comme le feu & gâtent ſans reſſource les habits. Il y en a un autre qui vomit en face de ceux qui le maltraitent, quoique j'en aïe oublié le nom, j'en ai cependant vû deux à Paris chez Mr. le Duc de Nevers. Ils ſont comme des petits Chameaux, & aſſez jolis.

A propos des chameaux, je rapporterai ici une propriété de ces Animaux que je crois que peu de perſonnes ſçavent, & que j'ai trouvé dans la relation d'un voïage d'Ethiopie, fait par M. Charles-Jacques Poncet avec un Miſſionnaire Jeſuite*, qui a, je crois, écrit cette relation, parce qu'on la trouve dans le troiſiéme recueil des lettres édifiantes de la Compagnie de Jeſus. Voici ce qu'il dit en parlant des chameaux, page 9.

» Ces animaux ſont ſix & ſept jours
» ſans boire & ſans manger, ce que je
» n'aurois jamais cru ſi je ne l'avois obſervé avec exactitude ; ce qui eſt de
» plus ſurprenant, c'eſt qu'un vénérable
» vieillard, frere du Patriarche d'Ethiopie,

* Le P. Brevedent.

» qui étoit dans notre caravane, m'assûra
» qu'ayant fait deux fois le voïage de Seli-
» me à Sudan dans le païs des Negres,
» & ayant employé chaque fois 40 jours
» à passer les Deserts qu'on trouve dans
» cette route, les chameaux de sa carava-
» ne ne bûrent & ne mangerent point
» pendant tout ce tems-là. Trois ou qua-
« tre heures de repos chaque nuit les soû-
» tiennent, & suppléent au défaut de nour-
» riture qu'il ne faut leur donner qu'après
» les avoir fait boire, parce qu'autrement
» ils creveroient, &c.

J'oubliois de parler du *Cameleon*, qui par tout ce qu'on en dit, mérite bien une place dans cette Histoire. Le curieux Wheler dans son voyage de Grece fait une exacte description de cet animal dont il y en a plusieurs près de Smirne, où l'Auteur s'arrêta quelque tems. Quoique ces animaux changent souvent de couleur, cependant il semble que leur couleur naturelle (& la plus permanente) est d'un verd brun & plus encore autour de leurs épaules & en quelques lieux tachetés de jaune comme est ordinairement le ventre, qui est mêlé de tache blanchâtres. Elles changent quelquefois, mais elles retournent aussi souvent dans le premier état. Lors qu'ils dorment sous une couverture blanche, ils deviennent blancs,

mais cela leur arrive aussi sous une couverture rouge. » Je n'en ai vû aucun (dit
» Wheler) prendre la couleur rouge ni
» bleuë, quoique je les ai couverts de
» ces couleurs assez long-tems. Mais ils
» deviennent verds sous une couverture
» verte, & bruns ou noirs sur une terre
» de ces couleurs. J'en vis plusieurs qui
» se changeoient dans la couleur des ta-
» ches de pierres des murailles qui étoient
» vertes, & tachetées comme si ceût été
» de la mousse. Lorsque je pris celui
» que j'ai, il étoit sur une branche verte
» de prunelle épineuse, où il avoit pour
» lors la couleur d'un verd clair. Cepen-
» dant dès qu'il découvrit que je le voïois,
» il descendit à terre, & quoique je m'a-
» baissasse aussi-tôt pour le voir, je ne
» pûs le découvrir d'abord étant devenu
» noir comme la terre qui étoit boueuse
» à cause de la pluïe. Je l'aperçus enfin
» qui fuïoit vers un trou de Roche. Il est
» fort lent, & ce changement de couleur
» lui arrive souvent. Quand il marche,
» il s'éleve sur les jambes de derriere com-
» me s'il vouloit monter en quelque lieu
» élevé. Lorsqu'on les veut prendre, ils
» fiflent comme les serpens. Après avoir mis
» celui que je pris dans mon mouchoir, il
» devint peu après de la même couleur.
» Les petits changent plus facilement que

» les grands. Leurs yeux sont d'une cou-
» leur admirable, mais couverts d'une
» paupiére ou peau calleuse, avec un trou
» au milieu, de la grandeur d'une tête d'é-
» pingle, qui est le seul passage de la lu-
» miére. Il tourne les yeux qui sont au-
» dehors de la tête, l'un d'un côté & l'au-
» tre de l'autre, car il ne peut pas tour-
» ner la tête. Sa langue est comme une pe-
» tite trompe de substance cartilagineuse,
» d'environ demi-pouce de long, &
» creuse, enfermée dans une membrane
» dans la gueule. Il la tire dehors, envi-
» ron la longueur d'un pouce, enduite
» d'une substance glutineuse pour pren-
» dre des mouches qui s'y attachent &
» qu'il tire ensuite dans sa gueule. On
» croit que ces mouches sont une partie
» de leur nourriture, & que du reste ils
» se nourrissent d'air dont ils se remplis-
» sent, se tenant au Soleil jusqu'à ce qu'ils
» soient fort enflés. Je n'ai remarqué au-
» cun excrément. Cependant une person-
» ne curieuse du lieu assûroit, que quoi-
» qu'ils ne mangent que peu ou point, ils
» ne laissent pas que de rendre beaucoup
» d'excremens. Ils vivent fort long-tems
» sans autre aliment que l'air. J'en ouvris
» un qui avoit des boyaux, où je ne trou-
» vai rien dedans, mais il étoit mort de
» froid,

» froid, & il y avoit long-tems qu'on
» le gardoit. Leurs poulmons s'étendent
» le long de leur corps, & c'est une peau
» mince, remplie de petites veines, divi-
» sées en deux lobes placés de chaque
» côté, & remplis d'air qui venant à
» sortir les resserre ensemble. Ils se ser-
» vent de leur queuë pour grimper, & ils
» en font usage comme d'une main pour
» soutenir leur corps, pour les soulever
» & s'attacher en montant, &c.

J'ai voulu faire cette longue description de cet animal, autant pour faire connoître que ce qu'on en dit est très-vrai, que pour examiner aussi quelle peut être la cause de ce changement de couleurs. Je suis porté à croire que les poulmons remplis d'air qui s'étendent, comme nous venons de voir, d'un bout à l'autre du corps, peuvent être la cause que les couleurs qui l'approchent se réflechissent, comme sur un miroir, dans cet air qui est non-seulement dans ces parties, mais aussi dans tous ses membres, qui apparemment sont construits de maniere, que l'air qui les nourrit doit se communiquer partout. Au reste, il n'est pas merveilleux que l'air s'épaississant dans les boyaux de cet animal puisse lui servir de nourriture, étant formé de maniere par la natu re, que la plus petite chose est capable de le nourrir; & que l'air s'épaississe & le nourrisse, cela se voit par la quantité d'excremens qu'il expulse. La nature aïant doué cet animal d'une médiocre chaleur, comme sa marche lente le démontre, cela fait voir le peu de besoin qu'il a de nourriture, étant en liberté d'en prendre d'autre que des mouches s'il en avoit envie. Mais son tempérament ne demande que l'air grossier seul duquel il vit, comme plusieurs animaux dans le fond de la mer * (ou des rivieres) ne vivent que d'eau salée, d'autant plus que notre air vaporeux n'est pas tout-à-fait destitué de sel, non plus que l'eau douce des rivieres.

Il y a des animaux desquels nous avons appris la saignée, & à vomir. Le premier s'appelle *Danta* semblable à un mulet, on dit que lorsque cet animal se sent trop gras & pésant, avec un roseau qu'il a cassé auparavant, il se pique & se fait saigner. Sa peau est assez dure pour résister aux coups de fleche ou d'épée. On en faisoit des juste-au-corps pour s'en garantir, mais le mousquet les rend inutiles. L'autre s'appelle *Gulo*, ou gourmand. Il mange tant qu'il s'enfle com-

* Les huitres, les molles, &c.

me un balon, & alors il cherche deux arbres assez proches l'un de l'autre, entre lesquels faisant effort pour passer, il s'excite à vomir. La *Hiene* fait quelque chose de semblable, elle s'excite à rejetter comme les chiens, lorsqu'elle est trop pleine.

Le *Dasipus* est encore un animal des Indes Occidentales, aussi ennemi des hommes, qu'il est ami des autres animaux. * Quand il a fait quelque prise, il la couvre de feüilles, après quoi il monte sur un arbre & il fait certains cris, par lesquels les bêtes d'alentour entendent fort bien qu'elles sont invitées à faire un bon repas. Elles viennent & mangent autant qu'elles veulent, & quand elles sont rassasiées & quelles se retirent, le Dasipus descend de l'arbre & mange leurs restes.

Le *Carigue* est un autre animal des Indes Occidentales, qui a une espece de valise, où il met & cache ses petits lorsqu'on les poursuit. Il les porte ainsi aux pâturages, jusqu'à ce qu'ils soient assez forts pour les chercher d'eux-mêmes. C'est un animal qui est fort méchant, & il monte & descend facilement sur les arbres, qu'il embrasse avec la queüe comme le singe.

* Lettres édifiantes des Peres Jesuites.

La *Scolopendre* porte ses petits sous son ventre, & les méne paître ainsi.

L'*Isquiapou* vit des grains & des herbes que l'on a semées; & afin qu'on ne connoisse pas aux marques de ses pieds en quel endroit il s'est retiré, après le dommage fait, il va à reculons. Le Lievre se sert d'une assez semblable ruse lors qu'il a nêgé; car afin qu'on ne connoisse pas où il se retire, il court en divers cercles sur la nêge, de maniere qu'il n'est pas facile de connoître aux empreintes qu'il fait, quel chemin il a pris. J'ai vû souvent la ruse de cet animal lorsque j'allois à la chasse.

J'ai vû aussi plusieurs fois que lors que la Perdrix a ses petits dans le nid, & que les chiens en approchent, la mere se met entr'eux & voltige en volant au tour de leur gueule, jusqu'à ce qu'elle les ait détournés de l'endroit. J'ai vû encore qu'étant près du nid de la Perdrix, la mere couroit doucement devant moi, traînant une aîle comme si elle étoit blessée, & m'ayant mené loin, elle prenoit le vol & me quittoit. J'ai été attrapé ainsi deux fois avant qu'on m'eût instruit de la ruse de cet oiseau, que les bons chasseurs sçavent fort bien.

Cette adresse des animaux m'inviteroit

à parler de leur fineſſe & de l'eſprit qu'ils font paroître dans leurs actions. Car on ſçait que le Renard imite la voix de la femelle des oiſeaux qu'il veut attraper, comme des Faiſans, des Perdrix & autres, & lorſqu'il eſt à portée, il ſaute ſur eux, les prend, & les mange. L'on a obſervé que ſi cet animal manque ſon coup en ſautant, quand la poule ou autre oyſeau eſt parti, le Renard ſaute encore au même lieu où il étoit, comme pour apprendre à s'élancer mieux, afin de corriger une autre fois la faute qu'il a faite.

Mais comme je parlerai amplement de ces choſes dans le chapitre où nous examinerons ſi les animaux ont du ſentiment & de la connoiſſance, je n'en dirai pas ici davantage. Il eſt inutile auſſi de vouloir faire une plus longue énumération des animaux les plus curieux, & je crois que ce peu doit ſuffire pour exciter le lecteur ſpirituel à vouloir ſçavoir le reſte, dont d'excellens Auteurs ont fait l'Hiſtoire avant moi; & leſquels je ne fais que ſuivre, entr'autres Jean Zahn qui en rapporte dans la ſienne un très-grand nombre, très-rares & extraordinaire. C'eſt pourquoi afin de ne pas ennuyer par un récit que tout lecteur curieux peut ſçavoir, à cette fin, dis-je, je vais paſſer à l'hiſtoire des volatiles.

CHAPITRE IV.

Des Oiseaux les plus singuliers

LA nature a pris tant de plaisir à engendrer, qu'elle n'a laissé aucun lieu dans l'Univers, où elle n'ait produit quelque chose, & fait voir par tout un sçavoir infini & un soin admirable, Dieu ayant donné aux oiseaux, outre leurs autres propriétés, la facilité de voler dans l'air, ce qu'il a absolument refusé à l'homme. En cela c'est un effet de sa divine sagesse, puisque n'étant déja que trop malin, il l'auroit été encore davantage s'il avoit pû voler; ce qui auroit été dangereux, non-seulement pour les quadrupedes, qui n'auroient pas pû se soustraire à son avidité, & dont il auroit peut-être aboli l'espece; mais par ce moyen il seroit entré par les fenêtres des hommes & des femme volant les uns, & importunant les autres par sa lubricité. Comme ce n'est pas ici le lieu de parler des imperfections de cet *animal raisonnable*, je renvoïe le lecteur au Chapitre où nous avons l'homme pour sujet.

Je commencerai le récit que je vais

faire de quelques oiseaux particuliers, par le *Pelican*, dont la bonté fait un grand contraste avec la méchanceté de l'homme, puisque cet animal n'aïant pas dequoi nourrir ses petits, se déchire la poitrine avec son bec & leur donne son sang.

Cet oiseau naît dans le Royaume d'Angole, & un Missionnaire Jesuite rapporte en avoir vû un ou deux dans ce païs, qui avoient encore dans l'estomac, la cicatrice que cet animal se fait pour nourrir ses petits, lorsqu'il ne trouve rien de propre à leur donner.

Quoique l'Autruche soit un oiseau assez connu, je ne puis néanmoins m'empêcher de décrire ici une de ses proprietés. On raconte que quand les Chasseurs poursuivent cet oiseau, qui ne peut pas voler à cause que son corps est trop grand pour ses petites aîles, quoiqu'elles lui servent pour courir d'une si grande vitesse, qu'il n'y a point de cheval qui le puisse attraper. Cet oiseau, dis-je, a cela de particulier, qu'en courant, il grippe avec un de ses pieds les pierres qu'il trouve dans le chemin, & les lance avec impetuosité contre ceux qui le poursuivent. J'ai lû dans l'Atlas nouveau imprimé en Hollande, que vers les confins de la Guinée, au-dedans des terres les hommes avoient encore foumis cet animal, ou un autre femblable, au même ufage dont nous nous fervons du Cheval, pour courir plus vîte en certaines occafions, ce qui peut rendre deformais l'Hipogriphe de l'Ariofte plus vraifemblable.

J'ajouterai auffi qu'on a dit, que l'Autruche couve fes œufs avec les regards. Aldrovandus réfute cette opinion, & il dit que c'eft la chaleur du foleil qui fait éclorre les petits, & que le pere étant proche pour les defendre des dangers, c'eft ce qui a donné occafion à cette fable. L'Ecriture paroît approuver la dureté de l'Autruche, qui après avoir fait fes œufs les abandonne, & n'en prend pas plus de foin que de fes petits. Mais voici la véritable hiftoire que le Pere Nieremberg affure avoir fçue d'une perfonne curieufe qui a voulu éclaircir ce fait. La femelle de l'Autruche aprés avoir fait fes œufs n'en a plus de foin, & c'eft contr'elle que la Sainte Ecriture déclame. Le mâle fait toute l'affaire. Premiérement il conduit fa femelle au lieu qu'il a choifi pour faire le nid, où il l'arrête jufqu'a ce qu'elle ait mis fes œufs. Aprés quoi elle s'en va où elle veut, aïant oublié fi bien fes œufs, que fi elle en trouve d'autres en fon chemin, elle s'y met deffus pour les cou-

couver. La femelle s'en étant allée & aïant laissé ses œufs, le mâle en choisit quelques-uns parmi le nombre, (qu'il connoît apparemment prolifiques,) sur lesquels il se met pour couver, laissant les autres devant lui, environ à la distance de la longueur de son col. Quand les poussins de ce grand oiseau sortent, alors le pere casse un des œufs qu'il gardoit devant lui, qui étant corrompu, attire par son odeur les mouches & les autres insectes des environs, avec quoi il nourrit ses petits. Lorsqu'un œuf est consumé, il en casse un autre, & ainsi successivement.

Cette narration s'accorde avec ce qu'Elien rapporte de l'Autruche, disant que le mâle separe les œufs steriles, des prolifiques dont il tire ses petits, auxquels il donne à manger les œufs steriles.
* Au reste cette Histoire, au raport du

* Les Plumes d'Autruches qu'on estime tant, sont celles qui croissent sous les ailes de ces oiseaux. La coquille des œufs d'Autruche bien broyée & réduite en poudre, est un reméde excellent pour ôter les tayes qui viennent sur les yeux; il ne faut qu'avec une plume, appliquer sur la taye cette poudre toute seiche, ou la tremper dans de l'eau claire, ou dans du lait de femme.

Tome IV. C

Pere Nieremberg, se doit entendre seulement des Autruches des Indes Occidentales, parce qu'il y a quelque petite difference des autres; car en quelques endroits ces animaux enterrent leurs œufs dans le sable, comme font les tortues de mer, ce que l'Historien Marmol raconte des Autruches d'Afrique.

L'oiseau *Ardée*, est ainsi appellé à cause que quand il est attaqué par un oiseau de proye, non seulement il se défend avec beaucoup d'ardeur & de vivacité, parce qu'il a beaucoup de courage; mais quand il ne peut plus se défendre, & que les forces lui manquent, alors il presente le derriere à son ennemi, & lance sur lui ses excrémens qui sont trés gluants & si chauds, qu'en peu de tems ils brulent & consument les plumes de son adversaire, comme si elles avoient passé par le feu.

L'*Aura*, qu'on appelle au Perou *Suyuscu*, & au Mexique *Tropilloti*, est semblable au Corbeau. Cet oiseau est solitaire. Il se repaît de choses salles, & quand il est poursuivi il se vuide du haut & du bas pour être plus leger, & pour voler avec plus de facilité.

J'ai eu entre mes mains un de ces petits oiseaux qu'on appelle aux Antilles *Colibri*, le corps n'en est gueres plus gros que celui d'un Anneton, ses plumes sont variées de couleurs differentes très-vives & très-belles. Il vit de la rosée, ou du miel des fleurs. On rapporte que lorsque les fleurs viennent à manquer, il manque & meurt avec elles. Cependant cette mort n'est qu'un long sommeil, puisqu'on ajoute que par un instinct naturel, il va ficher son bec qui est fort pointu aux arbres de Pins qui distilent la poix, où il reste ainsi attaché sans mouvement pendant l'espace de six mois, & jusqu'à ce que les fleurs nouvelles soient revenuës. Il se reveille alors & ressuscite, se nourrissant comme il avoit coutume de faire auparavant ; ce qu'il continuë de même tous les ans. Ce fait est raconté par plusieurs Auteurs, & entr'autres par Hernandes, (qui alla aux Indes par ordre de Philippe II. pour faire l'Histoire naturelle de ces païs là,) lequel assure que cela est très-veritable. Mais quant à moi je croirois volontiers que ce petit oiseau s'attache ainsi aux arbres, où il dort comme les Marmottes, & plusieurs autres animaux qui ne paroissent point en hyver ; & au surplus, que la seve des arbres où ces oiseaux fichent leur bec, peut leur fournir quelque peu d'aliment suffisant pour les faire subsister. Car de croire qu'un animal veritablement mort puisse ressusciter, comme on le dit, la chose n'est pas facile à croire, & il seroit même ridicule de se l'imaginer possible. Ce qui me confirme dans mon opinion, c'est que le Pere du Tertre raporte, en faisant la description de ce joli animal, * qu'il ne sçait pas au vrai si ce qu'on en dit est fort exact: Mais il ajoute qu'un jour il en trouva un qui avoit le bec piqué dans l'écorce d'un arbre, & que l'aïant pris avec les doigts, l'oiseau fit un effort si brusquement qu'il lui fit peur, & lui échapa des mains. Ce qui fait voir que cet animal n'est pas mort, & que ce n'est seulement qu'un assoupissement. Ce sçavant Religieux nous en donne encore une conviction plus parfaite par ces paroles : " On dit mille autres rêveries, auxquelles je ne veux pas m'arrêter; ni moi non plus, je cherche la verité autant que je puis, & à détromper, s'il est possible, ceux qui sont trop credules. On peut voir dans le livre de cet Auteur, la description de ces oiseaux & de leur manége en faisant leur nid, avec plusieurs autres

* Histoire des Antilles. Pag. 265

particularités qui les regardent.

Il y a aux Antilles un oiseau qu'on appelle *Flammand*, lequel tire son nom de la couleur des flammes dont ses plumes sont colorées, particuliérement celles du mâle. Cet oiseau est un des plus haut montés, aïant les jambes de la longueur d'environ trente pouces. Ils vont en trompes comme les Gruës, & lorsqu'ils repaissent dans les marecages, il y en a toujours un en sentinelle pour avertir les autres en cas qu'il approche quelqu'un, ce que font aussi les Gruës. A propos de cette précaution, on rapporte que celle des Gruës qui est perchée sur un arbre, ou sur quelqu'autre chose d'élevé pour faire la garde, tient une pierre dans une de ses griffes, afin que la pierre tombe, si elle s'endort, sur les autres qui sont en bas. Les Lapins ont aussi une semblable sentinelle qui frappe du pied, & fait assez de bruit pour avertir les autres de s'enfuir dans leurs terriers. Il ne paroît pas que ce soin de veiller à sa sureté, soit l'effet d'une machine sans sentiment & sans connoissance.

On trouve dans le Royaume de Fès, vers le Mont Atlas, un oiseau singulier, qui a quatre jambes. Il est de la grandeur d'un Coq-d'Inde. Son vol est fort lent, & on peut le tuer facilement avec un coup de fusil.

Les Antilles ont des *Mouches luisantes*, comme les vers en France. Ces Mouches vivent de bois pourri. Elles sont plus grosses & plus luisantes que celles que nous avons à Rome & en Italie. Le Pere du Tertre assure qu'elles sont si lumineuses, que les Religieux de son Couvent s'en servoient quelquefois pour s'éclairer dans leurs chambres, quand ils manquoient d'huile & de lumiére. Ce Pere ajoûte qu'il y a une autre espece de mouches luisantes, qui font éclater de tems à autre la lumiére, laquelle est produite par une matiére blanche, dont elles sont toutes remplies, & qu'elles font transpirer par les pores de leur peau quand il leur plaît; mais cette lumiére diminuë dans toutes ces mouches lorsqu'elles sont malades, & elle s'éteint tout-à-fait par leur mort. Ce qui peut en quelque maniére nous conduire à connoître quelle peut être la nature de la lumiére.

Il y a encore aux Antilles d'une autre espéce, qu'on ne voit point en Europe, qu'on appelle *incommodes*. Ces Mouches sont larges d'un bon pouce, & longues d'un pouce & demi, plattes & semblables aux Escargots. Elles ont cela de singulier d'avoir des dents si dures, qu'elles rongent & percent les arbres jusqu'au cœur pour y faire leur nid, comme fait chez nous le *Pivert*.

Dans l'Inde, dit Cardan *, il y a un oiseau qui est si petit qu'on diroit en le voyant voler, que c'est plutôt un de ces Scarabées, ou une Guêpe, qu'un oiseau. Il est orné de plumes vertes & dorées. Il pese avec son nid environ vingt-quatre grains de bled. Au surplus il est hardi ; & tombe avec une grande impétuosité sur le visage de ceux qui osent approcher de son nid, comme font les Abeilles à ceux qui approchent de leurs ruches.

Il est superflu de parler du grand nombre de Perroquets, de leurs diverses couleurs, & comme ils imitent la parole de l'homme quand ils y sont instruits. Il y en a de plus spirituels les uns que les autres, & qui peuvent même surprendre. J'en ai vû quelques-uns qui entremêloient fort-à-propos les dif-

* De subtilitate.

férentes paroles qu'on leur avoit apprifes, & même qui demandoient & répondoient d'une maniére fi convenable & fi fpirituelle, qu'on auroit dit qu'ils étoient doüés de raifon humaine. Le Chevalier Temple parle dans fes Memoires, d'un de ces Perroquets qu'on avoit envoyé de fon temps au Prince d'Orange, qui répondoit à tout ce qu'on lui demandoit avec beaucoup d'efprit, & encore mieux que certains hommes groffiers. Je ferai obferver feulement, que la plûpat des oifeaux des autres parties du monde ont le bec recourbé, & la langue groffe & large, en cela différens des nôtres, qui ont le bec long & la langue déliée, & qui peuvent difficilement prononcer les paroles. J'ai eu neanmoins un moineau qui difoit affez bien quelques mots, & que je donnai à une perfonne qui en avoit envie: Ce n'eft pas le feul que j'ai vû. Il eft certain qu'avec le tems & la patience on peut inftruire les animaux à faire bien des chofes qu'ils ne font pas naturellement, & que fi on fe donnoit après eux le même foin qu'on fe donne à inftruire les enfans, & qu'ils vêcuffent au furplus auffi long-temps que l'homme, l'on verroit que quelques-uns en profiteroient encore mieux que certains enfans. Mais la nature leur a refusé les organes qu'elle a donnés aux hommes, & on ne peut leur demander que ce qu'ils peuvent. Il est assez commun de voir un Chardoneret tirer un seau d'eau avec ses pattes, pour boire quand il a soif, & d'ouvrir avec son bec le petit coffre qui renferme sa mangeaille, c'est pourquoi je n'en parle pas.

On se sert aux Indes pour pêcher, d'un oiseau qu'on appelle *Alcatrot*. Il n'est pas bien grand, mais il a une poche sous le bec qu'il remplit de poissons, pour les manger l'un après l'autre, suivant son appétit. Les gens du païs mettent cet oiseau dans un Etang, où dans une Riviere, où il plonge, & ayant rempli sa poche, il sort avec sa proye, qu'on lui fait ensuite regorger. J'en ai vû un dans la Menagerie du Roy Loüis XIV. à Versailles. C'est un oiseau Amphibie, qui plonge comme les Cercelles, qui vole dans les airs quand il lui plaît, & qui court de même sur la terre ; mais il aime les bords des Etangs & des Rivieres.

L'oiseau qu'on appelle *Diable* aux Isles Antilles est fort rare, solitaire, & nocturne. Le Pere du Tertre, qui en parle, dit n'en avoir vû que la nuit volant dans l'air ; mais que les Insulaires l'ont assuré, que la figure de cet oiseau approche beaucoup du Canard, qu'il a la vûë affreuse, le plumage blanc & noir, qu'il se nourrit dans les plus hautes montagnes, & qu'il se retire sous terre, comme les Lapins, où il pond ses œufs, les couve, & éleve ses petits. Il descend rarement des lieux où il habite, qu'il ne soit nuit, & quand le jour paroît il fait un si grand bruit, qu'il épouvante ceux qui l'entendent & qui le regardent. Avec tout cela neanmoins sa chair est fort délicate, & délicieuse à manger.

Il y a un autre animal aux Indes que les Espagnols appellent *Lechue*, qui est semblable à une Chauve-Souris. Il boit non-seulement toute l'huile des lampes ; mais s'il trouve les pieds à découvert de ceux qui dorment, comme il arrive facilement dans ces Païs fort chauds, il s'y

Il y a dans l'Abissinie un oiseau, que les gens du pays appellent *Feitant-favez*, ou Cheval du Diable. Cet oiseau paroît comme un homme armé de plumes ; il marche avec une grande majesté, & court avec beaucoup de vitesse ; mais quand il est poursuivi de près, il se sert de ses ailes & s'envôle : il est de la grandeur d'une Cigogne.

attache & en fuce le fang avec beaucoup d'avidité.

Il y a un certain oifeau cornu que les Indiens apellent *Topeau*, & d'autres *Rinoceros*. Cet animal eft à peu près de la grandeur d'une poulle d'inde. La corne qu'il a au front eft longue de deux doigts, & quelquefois d'une palme, le bec long de quatre pouces, & recourbé comme celui d'un perroquet. On rapporte qu'on tua un de ces oifeaux d'un coup de fufil, peu de tems avant la bataille de Lepanthe.

Il y a un autre oifeau dans l'Amerique que les Indiens nomment *Bufh*, qui eft armé pareillement d'une corne d'os fort dure au milieu du front. Cette corne eft de la longueur de deux doigts, & quelquefois d'un pied, femblable à une plume à écrire environnée de plumes blanches. Dans la partie anterieure des aîles, il fort encore deux autres cornes triangulaires, avec lefquelles cet oifeau fe défend hardiment contre les oifeaux de rapine qui voudroient lui nuire. On prétend que

(a) Les Abiffins ont un oifeau fauvage très-beau qu'on ne trouve nulle part ailleurs qu'au Perou; ils le nomment *Abagun*, l'Abbé Pompeux. Il a fur la tête, au lieu de crète, une corne courte, mais large & ronde, & ouverte par le bout.

ces cornes font très-bonnes contre les poifons.

Il eft parlé dans les Journaux des Sçavans d'Allemagne d'un curieux qui a vû un canard fort hardi, qui avoit une corne très-pointuë au front, & un corbeau, & un pigeon qui en avoient de femblables. A l'égard de ceci, la chofe n'eft pas naturelle, & ce font des accidens particuliers. Mais quant à l'efpece particuliere d'oifeaux dont nous venons de parler, je ne trouve pas étrange que s'il y a des quadrupedes, & des poiffons cornus, il ne puiffe y avoir quelques oifeaux femblables; car enfin le bec d'une becaffe eft une efpéce de corne, que la nature peut lui faire fortir par le front, comme elle le fait par cet endroit; femblablement le cocq-d'inde peut fort-bien avoir une corne d'os, au lieu de la peau rouge & longue qui lui pend du front.

Il y a un de ces oifeaux cornus qui au lieu d'une corne en a deux qui font recourbées comme celles des moutons, & c'eft pour cela que quelques Européens l'ont appellé *Mouton*, quoique les Indiens occidentaux où cet oifeau naît le nomment *Anhime*.

* Scaliger & plufieurs autres Auteurs
* Exercita. 231.

rapportent que dans l'Isle de Catigau, & ailleurs, il y a des poulles cornues.

(a) L'on envoia des Indes au Comte de Schafangot un oiseau rare qu'on tua d'un coup de mousquet. Cet oiseau étoit de la longueur de 27. pieds. Il avoit dans le front un œil semblable à celui d'un homme, & la tête comme celle d'un bœuf, avec deux cornes. Cet oiseau mugissoit aussi de même étant blessé. A la place des oreilles de bœuf, il avoit une espece d'aîlerons. Son dos étoit élevé comme celui d'une tortuë, & il avoit la poitrine armée. Dans la queuë il y avoit deux os semblables à deux couteaux. Tant la nature se plaît à diversifier ses ouvrages, quoiqu'il soit vrai qu'on n'ait pas connoissance de cet oiseau, qui peut-être n'est qu'un monstre.

Cette espece d'oiseau qui vient dans les côtes du Chili est plus naturelle, les Indiens l'appellent *Cunturi*, & les Espagnols par corruption *Condori*, dont ils en ont tué plusieurs (b). On dit que la grandeur de cet oiseau, de la pointe d'un aîle

(a) Mercure d'Allemagne de Valentin Pitter, & Jean Zahin.
(b) Démonstration de l'Existence de Dieu par

à l'autre, est de la longueur de sept à huit brasses florentines. Cet animal n'a point de griffes comme les autres oiseaux de proye. Mais le bec est assez fort pour pouvoir tuer un bœuf & l'éventrer; deux de ces oiseaux attaquent fort bien une vache, ou un bœuf, & ils le dévorent. Un de ces oiseaux a attaqué & mangé souvent un garçon de dix à douze ans. La Providence n'a pas permis que ces oiseaux soient en grand nombre, car les troupeaux seroient bien-tôt dévorés. Ils ont une crête sur la tête comme celle du cocq, mais elle est dure, & coupe comme un rasoir. Quand ils descendent sur la terre, ils font un si grand bruit qu'on en est étourdi. Ils enlevent de leur bec un agneau avec eux, & le vont manger où il leur plaît.

Il y a au Tunquin & dans les confins de la Chine, aussi-bien qu'au Mogol dans la Province de Cachimire, des chauves-souris si grosses, qu'elles ressemblent à des chats qui volent. Ce qui a fait dire à quelques voyageurs dans leurs relations, que

---

Derham de la Société de Londres, pag. 159.
Et des Transactions Philosophiques de la Société Royale de Londres, dans une Lettre du Docteur Sloane au Docteur Rey du 21. Mars 1694.

dans ce Païs il y avoit des chats qui voloient. Mais ce sont de véritables chauves-souris (ou des oiseaux qui leur ressemblent) d'une grandeur extraordinaire, & dont la chair est très-bonne & délicieuse à manger.

J'ajouterai ici à l'occasion de la chauve-souris, qu'elle me paroît le seul oiseau que je sache, qui nourrit ses petits de son lait, & a des tétons qu'on voit dans son ventre. Je ne fais cette observation, que pour le faire remarquer à ceux qui n'y ont pas fait attention.

On trouve dans quelques Isles près des côtes de la Cochinchine de certains oiseaux, gros comme des hirondelles, qui font un nid qui merite attention, le formant du suc gommeux des aromates les plus exquis. Ils sont petits, très-propres, & presque transparents comme le verre. La maniére de se servir de ces nids dont on fait grand cas, est de les faire tremper une nuit dans l'eau chaude qui les dissout, & on s'en sert alors pour assaisonner toutes les sauces de chair ou de poisson, ce qui leur donne l'odeur & le goût de tous les Aromates de l'Orient. On en mange aussi en forme de potage. On les transporte par tout, & j'en ai eu une bonne quantité, dont je n'ai pas fait l'essai par ma paresse & ma négligence ordinaire. Tavernier, non-seulement en parle dans ses voyages, mais il en a apporté aussi lui-même en France.

Kirker parle des Poules qui ont de la laine au lieu de plumes, qu'on trouve à la Chine dans la Province de *Suchu-en**, leur laine est semblable à celle des Moutons, & ces Poules sont petites & ont des pieds fort courts. Elles sont hardies, & font le plaisir des femmes, comme parmi nous les chiens. On dit qu'il y a dans la Province de *Quam-sy* d'autres Poules qui ont de longues plumes de laine, de laquelle on peut faire de beaux Ouvrages, étant très-fines. Mais on dit qu'il faut les leur ôter au plûtôt, car elles les avalent.

Olaus Magnus parle de certaine espéce de Coucous & de Poules des Païs Septentrionaux, qui souffrent sans incommodité le plus grand froid. Lorsque les néges commencent à couvrir les collines & les campagnes, ces animaux se remplissent d'un certain fruit semblable aux Bêtes, dont ils mangent une si grande quantité que leur gosier devient aussi gros que

---

* Kirker China illustrat.

leur corps, & alors ils s'enfoncent dans la nége, où ils demeurent pendant les mois de Janvier, Février & Mars. Pendant tout ce tems, qui n'est qu'une nuit continuelle, où les néges, les vents, & les tourbillons regnent toûjours, ils vivent de ce qu'ils ont amassé dans leur gosier, qu'ils rejettent, & dont ils ne font usage que de semaine en semaine, se repaissant encore au surplus, pour conserver leurs vivres, de ce qu'ils ont déja digeré une fois. Ces trois mois expirés, ils sortent de ces néges, & vont dans les Montagnes où il y a des bois épais, où ils font dans un tems convenable leurs œufs, & ont soin de leurs petits.

Je crois à propos d'éclaircir ce qu'on dit de la *Maquereuse*, qu'on s'imagine devoir sa naissance au bois pourri. Il est constant que plusieurs oiseaux font leur nid dans des Isles desertes, ou inhabitées, entre lesquels est la Maquereuse. Et je suis étonné qu'on puisse croire, en voyant le mâle & la fémelle, que cet oiseau naisse de bois pourri.

Harvée assure en avoir vû un grand nombre dans une des Orcades, & entr'autres oiseaux dont cette Isle est remplie, il parle d'une certaine espéce, dont la fémelle pond ordinairement son œuf sur la

Tome IV. D

pointe la plus aiguë de quelque rocher, où elle le cole, pour ainfi-dire, avec un excrément fort gluant qu'elle pouffe de fon corps avec l'œuf, & qui le tient attaché au rocher. La fimple chaleur de l'air & les rayons du Soleil couvent & font éclorre le petit animal. Cet Auteur dit que les oifeaux font en fi grande abondance dans ces Ifles (Orcades) où il a été, que la terre & les rochers font tous blancs de leurs excrémens, & qu'on peut même les prendre affez facilement. On lit la même chofe en divers Auteurs de quelqu'autres Ifles defertes & habitées par les oifeaux dans le tems qu'ils font leurs œufs.

Je ne veux pas finir cet article fans faire remarquer que le Pere du Tertre, qui a fait l'Hiftoire des Antilles, affure que les Hirondelles font auffi rares dans ces Ifles qu'elles le font en France. Il ne nie pas que celles qui font fort proches des païs chauds y paffent; mais non pas celles qui en font fort éloignées, comme on le croit vulgairement. Il rapporte à cette occafion un paffage d'Ariftote, où il paroît que ce Philofophe avoit la même penfée que lui; c'eft-à-dire, que les oifeaux fe retirent en hyver dans des lieux folitaires, dans des grottes, & dans les fentes des rochers. * *Quæ procul locis ejusmodi (Calidis) morantur non mutant sedes, sed se ibidem condunt.* En effet j'ai remarqué plusieurs fois à Rome, qu'à peine le Soleil paroissoit-il en hyver, & rendoit l'air un peu doux, qu'on entendoit chanter le Roitelet. Or comme cet animal est si petit qu'il n'y a point d'apparence qu'il pût passer en Affrique, il est plus sensé de croire qu'il étoit caché dans quelque trou, soit de muraille ou d'arbre, comme la plûpart des autres petits oiseaux.

L'on sçait aussi que les Coucous & quelqu'autres oiseaux se retirent dans le creux des arbres; je me souviens à cette occasion d'avoir été présent chez un de mes amis, lorsque peu de tems après qu'on eut mis une buche dans le feu, & qu'elle commença à brûler, un Coucou qui étoit dans le creux de cette partie d'arbre se fit entendre en chantant : *Coucou, Coucou.* Ce qui parut non seulement étonnant, mais qui donna même occasion aux malins d'en rire, parce que cet homme étoit le mari d'une très-belle femme, & au surplus bien courtisée. Nous verrons en parlant du sentiment des animaux quelque chose de singulier sur leur pré-

* Historia animal.

voyance à pourvoir à leurs befoins futurs.

Correal dit qu'il y a dans l'Ifle de S. Domingue des mouches groffes comme le bout du doigt, qui font fi luifantes, & qui éclairent fi fort, que les Sauvages en mettent à leurs jambes & à leurs bras pour aller de nuit à la chaffe ou à la pêche, & qu'on peut lire à la lueur de cette lumiére. Elles ont quatre aîles, & leurs yeux font très-éclatans. Nous avons à Rome des mouches qui ne font pas fi grandes, ni fi lumineufes. Elles font à-peu-près femblables aux vers luifans de France, excepté qu'elles ont des aîles. On ne peut dire autre chofe de cette lumiére, finon que ces Animaux ont dans la partie inférieure de leur corps une liqueur fubtile, qui s'exhale & qui tranfpire avec l'efprit animal & agite l'air d'une maniére très-vive, lequel en frapant les yeux produit cette lumiére, ce qui eft évident en ce qu'elle ne paroît plus lorfqu'ils font morts.

On trouve dans la Province de *Huquang*, à la Chine, des vermiffeaux Sauvages qui font des Ruchés de Cire fort blanche, qui rend une odeur très-agréable lorfqu'elle brûle, il n'y a que les perfonnes aifées * qui fe fervent de la

* Le Pere Martini Atlas *Sinicus*.

bougie qu'on en fait, & elle a cela de plus, qu'en tombant sur les habits, elle ne les tache pas.

L'on nourrit au Pegu des Cocqs qui viennent de Basistan. Ces animaux ont une espéce de barbe, qui est proprement une chair fort brune qui leur pend sous le gosier, très-différente de celle qu'on voit à nos Cocqs. Ils sont fort insolens, ils veulent dominer sur tous les autres, & ne peuvent pas même simpatiser avec ceux de leur espéce. Pour avoir le plaisir de les faire combattre avec les Cocqs du Pegu, qui quoique insolens, ne sont pas tout-à-fait si furieux, ni si ennemis mortels entr'eux comme ceux ci, on les met dans des cages fort basses, qu'on approche les unes des autres, & aussi-tôt ces animaux s'attaquent mutuellement à coups de bec à travers les barreaux de ces cages. Ceux qui en ont soin les retirent quelquefois. Mais quand on veut les faire combattre tout de bon, on ouvre les cages, & c'est pour lors un plaisir de les voir rangés en ordre de bataille, s'attaquer & se battre avec une fureur qui va jusqu'à se déchirer par morceaux. On ne les laisse pas long-temps sans les séparer le plus doucement que l'on peut, mais il en reste toûjours un bon nombre sur le champ de bataille. Au reste, il n'y a rien de perdu; car quoique leur chair soit rougeâtre comme celle du Bœuf, néanmoins elle est fort bonne à manger, parce qu'elle est très-délicate & savoureuse.

Quoiqu'en cela il n'y ait rien de merveilleux, puisqu'on sçait qu'il ne faut pas grand chose pour faire battre deux Cocqs dans le même poulalier, & qu'en Angleterre on les instruit à combattre l'un contre l'autre, pour donner le plaisir de ce spectacle, qui y est très-ordinaire, & où l'on fait de grosses gageures pour celui qui sera victorieux; j'ai voulu rapporter cela, afin de faire voir qu'on a au Pegu, qui paroît reculé à l'extrémité de la terre, un goût semblable à celui des Anglois; que les uns & les autres nourrissent des Cocqs à cet effet, & que la plûpart de ceux qui les instruisent gagnent leur vie à les faire combattre. Il semble que ces animaux aient une espéce de gloire & d'ambition pour acquerir la victoire, ne combattant que pour cette fin. Un de mes amis, qui avoit été spectateur d'un de ces combats, m'a raconté qu'un de ces Cocqs ayant été battu par un autre, le vaincu se laissa tomber comme mort, & on le crut effectivement tel. Mais lorsqu'on y pensoit le moins, il se releva avec furie, & avec son argot, qu'on arme à Londres d'un acier fort pointu, il attaqua avec tant d'impétuosité son ennemi qui ne s'attendoit pas à cela, qu'en peu de tems il le tua. Après quoi (ce qui est remarquable) il se mit à chanter fort haut, comme pour marquer par-là le plaisir qu'il recevoit de sa victoire.

Cette coutume & ce plaisir de faire battre les animaux entr'eux étoit familier aux Romains. Peu de personnes ignorent que outre le combat des bêtes feroces dans les théâtres, où ils exposoient les hommes mêmes au combat & à la mort, (tant l'homme est méchant & cruel,) ils se donnoient encore le plaisir de faire combattre des cailles l'une contre l'autre. Leur superstition alloit même jusqu'à en tirer des présages pour l'avenir. A propos de ceci, on raconte que comme celle d'Octavien, qui fut ensuite appellé Auguste, avoit toujours le dessus sur celle de Marc Antoine, on augura que le genie d'Auguste étoit supérieur à celui de l'autre ; ce que le hazard verifia.

Il n'est pas nécessaire au reste de parler du grand nombre d'oiseaux de proye, si ce n'est pour donner occasion de réfléchir que dans l'air, les plus forts oiseaux mangent les plus foibles ; dans la mer, & dans les riviéres le plus gros poisson se nourrit des plus petits ; sur la terre, les Lions, les Tigres, les Loups, & plusieurs autres animaux mangent les plus foibles, sans épargner l'homme, qui de sa part mange tous les autres animaux ; & même suce le sang & la sueur de ses semblables, ce que les bêtes les plus cruelles ne font pas à l'égard de leur espéce, ni dans l'air, ni dans l'eau, ni sur la terre.

Je crois que ceci, & ce que nous avons dit de quelques quadrupedes peut suffire pour nous donner une idée des Animaux les plus singuliers ; nous reservant à la fin de cette partie, de parler en particulier de l'*Homme*, qu'on appelle le Roi, ou plûtôt le Tyran de toutes les Créatures.

CHAPITRE V.

Des Serpens, & autres animaux venimeux.

PArmi les fleaux que la divine Providence a répandu sur la terre, pour abaisser (à mon avis) la sotte vanité de l'homme, je crois que les serpens, & les autres bêtes venimeuses ne sont pas les moindres.

C'est particulierement dans les pays chauds que ces dangereux animaux sont les plus communs. Il y en a de gros comme la jambe, & longs de plus de quinze à vingt pieds, avec une très-belle peau, & variée de couleurs differentes. C'est assez de dire qu'il y en a d'un très-grand nombre d'especes, les unes plus dangereuses que les autres. Mais les plus venimeux & mortels, du moins aux Indes Orientales, sont les serpens de couleur rouge; ils sont fort hardis, & ils attaquent les hommes qui les regardent seulement, quoiqu'on ne leur fasse aucun mal. Au rapport du Pere du Tertre, il y a des serpens si gros en certaines Isles des Antilles, qu'ils avallent, sans le mâcher, un poulet de quinze jours. Il ajoute qu'après avoir tué la mere, ou du moins après l'avoir séparée de ses poussins, ces serpens ont la malice de clouffer & de contrefaire la poule, pour attraper les petits. Il dit encore qu'ils se mettent quelquefois sur les œufs, pour se faire couver & joüir de la chaleur de la poule, & lorsque les poussins sont éclos ils les avallent tous entiers sans façon. L'on assure qu'en approchant des narines de cette méchante bête, l'herbe qu'on appelle dictame, ou bien du poliot, on la tuë en moins d'une demi-heure, & qu'elle n'approche point des endroits où ces herbes croissent. Ces serpens sont communs dans la Virginie, aux Antilles, & dans plusieurs autres lieux. Ils sont longs de cinq pieds, fort gros, & leur couleur d'un jaune très-foncé.

Mais parmi les plus dangereux serpens de l'Inde Occidentale, est celui qu'on appelle *serpent à sonnette*, parce qu'il a, dit-on, sous le ventre une peau dans laquelle il y a quelque chose d'enfermé, qui fait un bruit qu'on entend d'assez loin quand ce serpent marche. D'autres prétendent que ce bruit est formé par un mouvement nécessaire de la queuë. On dit qu'il est fort gros, & qu'il a la tête si grande, & la gueule si large, qu'on lui a trouvé dans les boyaux des quadrupédes fort gros, & même de jeunes enfants qu'il avoit avallé tout entiers. Leur poison est mortel, & la providence leur a donné cette sonnette, ou la proprieté de faire certain bruit en marchant, pour avertir les personnes qui l'entendent de s'éloigner de ce monstre. Il est très-commun dans la Virginie, & dans quelqu'autres endroits des Indes Occidentales.

Je n'ose parler des dragons. Cependant Bosius *, fameux Historien, fait le récit de ce dragon qui désoloit les campagnes aux environs de la ville de Rhodes, contre la violence duquel n'y ayant pas moyen de résister, le Grand Maître fit deffense, sous peine de la vie, à tous ses Chevaliers de plus rien entreprendre contre cet animal, qui en avoit tué déja plusieurs des plus braves & des plus intrépides, qui s'étoient exposez à une si dangereuse avanture. Mais un Chevalier François, de la Province de Bretagne, méprisant la défense & la mort, passa exprés dans son pays pour accoutumer deux dogues bretons & un cheval, à ne point craindre un serpent de carton, semblable

* Histoire des Chevaliers de Rhodes, à present l'Ordre de Malthe, par Bosius.

au véritable, qu'il avoit fabriqué, & auquel il faisoit vomir des fumées très-puantes. Il retourna ensuite à Rhodes, & sans communiquer son dessein qu'à un seul valet, en cas qu'il en rechappât & qu'il eût besoin d'être secouru, il alla attaquer l'horrible bête & en remporta la victoire, comme l'Historien le raconte au long, quoique ce ne fût pas sans avoir besoin après du secours de son Domestique qui regardoit de loin le combat. En effet, il le secourut fort à propos, avec les essences & le contrepoison, dont il avoit eu le soin de se précautionner par son ordre. Mais son Histoire ne finit pas là, car après la mort du Grand Maître tous les Electeurs, dont il en étoit un, ne pouvant pas s'accorder sur le choix d'un successeur, d'un commun consentement ils s'en rapporterent à ce brave homme, pour qui ils avoient une grande estime, lui jurant de reconnoître celui qu'il nommeroit comme le plus digne. Alors ce Commandeur après avoir représenté les services qu'il avoit rendus en plusieurs occasions, & entr'autres celui de la défaite du dragon, conclut enfin son discours en se nommant lui-même, ce qui fut agrée de toute l'Assemblée, qui le reconnut de commune voix pour Grand Maître. J'ai vû son portrait au Temple à Paris, avec ce dragon dont l'Historien Bosius parle. Au surplus, plusieurs Voyageurs disent avoir vû la tête épouventable de ce dragon, qu'on mit dès lors sur une des principales portes de la Ville de Rhodes, pour memoire éternelle d'un si beau fait, qui passe pour constant parmi tous les Chevaliers de Malthe.

Le Pere Kirker raconte une avanture arrivée à un particulier, qui s'étant égaré de son chemin, & marchant de nuit dans les montagnes de Suisse, tomba dans une caverne où il y avoit deux dragons, mâle & fémelle, avec lesquels il vécut environ cinq ou six mois, en lechant comme eux l'humidité des pierres de cette grotte, mais quand le tems fût devenu chaud, les deux dragons déployant leurs aîles se disposerent à partir de ce lieu, d'où on ne pouvoit sortir qu'en volant. La fémelle étant sortie la premiere & le mâle la suivant, l'homme ne sçachant plus que faire, le désespoir le rendit assez hardi pour empoigner la longue queuë de celui-ci, & avec ce secours il sortit de cette caverne. Etant retourné ensuite chez ses parens qui le croyoient mort, il raconta son accident, qu'on peut attribuer avec beaucoup de raison à un miracle de la Sainte Vierge, pour qui cet homme avoit une particuliere dévotion. Cependant ses boyaux s'étant retressis, ses fermens consumez, & ne pouvant plus digerer, après avoir reçu les Saints Sacremens, il mourut au bout de deux jours. Je ne sçai pas au vrai ce qui en est de cette derniere histoire. Quant à la premiere, elle paroît trop averée pour la mettre en doute, & dans ce cas, elle peut nous persuader qu'il y a véritablement de ces menstres & de ces serpens aîlez. Il y a même lieu de croire que ces animaux monstrueux ne sont jamais en grand nombre, & qu'au surplus ils vivent dans des montagnes fort sauvages, ce qui en occasionne rarement la vûë; c'est pourquoi ceux qui ne croyent que ce qu'ils voyent, ont peine à se rendre aux recits des personnes les plus dignes de foi. Au reste, je rapporte ces faits en Historien, & je laisse à chacun la liberté de croire ce qui lui plaira davantage.

Il y a certains serpens dans une grotte au village de *Saffa*, à deux ou trois lieuës de Bracciano qui n'est pas éloigné de Rome, lesquels ne sont point malfaisans, au contraire ils guérissent la lepre & les ulceres. Cette grotte qui est très-chaude provoque la sueur, que ces serpens lechent avec les pustules.

J'ai lû dans l'Hiſtoire d'Ethiopie, qu'il y a beaucoup de ſerpens dans ce pays & dans pluſieurs autres endroits de l'Affrique, leſquels ſe mettant entre les branches des arbres, s'élancent ſouvent contre ceux qui paſſent auprés d'eux. Il y a pluſieurs de ces ſerpens aîlez, dit l'Hiſtorien, qui n'ont point de venin mortel.

Je me ſouviens qu'étant à un Château près de Paris, appellé *Breau*, appartenant à M. de Vertamont, Premier Préſident du Grand-Conſeil, on nous vint dire qu'à une demi-lieuë de là, un Payſan avoit tué un ſerpent qui avoit des aîles. Je voulus monter à cheval pour aller voir ce petit monſtre, mais comme on me repreſenta que cette bête ayant été tuée dans le grand chemin, les charrettes ou les carroſſes l'avoient ſans doute écraſée, cela m'empêcha de partir. En un mot, il n'y a rien qui repugne à croire qu'il y ait des ſerpens aîlez, y ayant tant d'autres animaux qui ont des aîles.

Quoiqu'il en ſoit, il eſt du moins certain qu'il y a des ſerpens qui ont plus de 25. ou 30. pieds de longueur, & gros à proportion. J'ai vû la peau d'un de ces animaux, qui a au moins 20. pieds de long. Ces ſerpens ſont aſſez hardis, (du moins entre le Pegu & le Bengale) pour attaquer un Buffle sauvage & le serrer si fort avec des nœuds réïtérés de leur corps *, que non-seulement ils l'étouffent, mais aussi lui brisent les os comme de la pâte, afin de pouvoir les avaller plus facilement. Ces Serpens ont des dents, & deux entr'autres fort crochuës, avec lesquelles prenant le buffle par le nez & la gueule, ils l'étouffent & l'empoisonnent. Quand ils ne peuvent pas venir à bout de le briser, ils entortillent l'extrémité de leur queuë à un arbre pour pouvoir le serrer avec plus de force.

Il est étonnant, qu'une aussi petite quantité de poison, comme est celle qui sort de la pointe de la queuë des Scorpions, dont la piqueure n'est visible qu'avec le secours du microscope, puisse donner la mort. Ce que je croirois volontiers qui arrive en ce que cette petite goutte de poison coagule une autre goutte de sang, & celle ci imbuë du ferment malin en coagule deux autres, & par multiplication tout celui qui est dans le corps. Ce que fait peut-être aussi le poison de la Vipere & autres semblables animaux.

En parlant des Scorpions, je rappor-

---

* Histoire de Zahn.

terai ce que Rhedy a experimenté sur ceux d'Afrique plus mortels que les autres. Il dit que les piqueures de ces animaux dans l'hyver ne font point de mal, & que dans le tems que le Soleil repasse l'Equinoxe, ces bêtes reprennent une nouvelle vigueur, & que leur piqueure alors est mortelle. Il ajoûte aussi, comme je viens de le dire, que le poison qu'ils font sortir par l'aiguillon de leur queuë dans la blessure, est en si petite quantité, qu'ayant fait piquer un de ces scorpions, sur une lamine de fer, à peine pouvoit-on discerner la petite goutte de cette liqueur mortifere sans microscope.

L'on croit communément que l'animal venimeux, qui a mordu l'homme ou la bête, écrasé sur la playe est le plus sûr remede pour garantir du danger; voici les propres paroles du Pere Avril, qui confirment cette opinion assez généralement reçuë.

» A peine eûmes-nous reposé une *
» heure, que le Pere Barnabé se sentit
» piqué par un Scorpion, qui s'étoit glis-
» sé insensiblement dans son sein, du-
» rant le tems de notre sommeil. Aussi-
» tôt que je l'eus entendu crier je me le-

* Voyage du Pere Avril, pag. 74.

» vai, & après avoir reconnu à la fa-
» veur de la lumière les marques de cet
» insecte, je crus mon compagnon perdu. Je
» revins pourtant bien-tôt de ma peur : car
» après avoir écrasé l'animal, qui est l'antido-
» te souverain (auquel il faut avoir recours)
» sur les piqueures qu'il lui avoit faites,
» & qu'il eut pris un peu de thériaque
» dont il eut soin aussi de se frotter, je
» le vis se rendormir comme auparavant,
» & nous passâmes tranquillement le reste
» de la nuit. De sorte que nous fûmes
» en état le lendemain de continuer notre
» voyage.

Avec tout cela je ne me fierois pas entierement à ce remede & j'en chercherois
avec celui-ci d'autres plus efficaces & plus
sûrs, tel qu'est la ligature, les ventouses,
le sucement & autres semblables.

Rhedi rapporte qu'une souris qu'il
avoit mise dans un vase avec deux scorpions ayant été piquée, elle mourut un
demi quart d'heure après. Il en remit
une autre plus grosse, qu'ils piquerent
aussi ; mais celle-ci les mangea, & elle
ne mourut point.

Mais pour revenir à quelqu'autre détail des bêtes venimeuses, un des animaux qui n'est pas moins dangereux que
commun parmi nous, est la vipere, dont

Charras fameux Apoticaire du Jardin Roïal à Paris, a fait une exacte description. L'on a dit beaucoup de choses fausses sur cet animal, qui ont été éclaircies par cet Auteur, aussi diligent & aussi exact que Rhedi, c'est pourquoi je crois faire plaisir au lecteur de lui présenter un abregé de ce que ce sçavant homme a observé. Rhedi de sa part a fait aussi à Florence, chez le Grand Duc son maître, un grand nombre d'expériences sur cet article; mais parce qu'il y a en certaines choses quelque difference d'opinions, particulierement sur le venin de cet animal, je rapporterai ce que l'un & l'autre disent, dequoi ils conviennent, & à la fin nous verrons en quoi consiste leur dispute.

Il est vrai que la vipere produit ses petits tous vivans, & c'est en cela que cette bête differe de tous les serpens ses semblables. Car les autres font des œufs, lesquels étant enterrés par leurs meres il en naît des serpentaux. Mais la vipere garde ses œufs dans l'ovaire & dans la matrice, qui éclosent dans leur tems, & il en sort les petites viperes, sans que la mere soit pour cela obligée de mourir, comme on le dit communément; ce qui n'est pas plus vrai que ce qu'on rapporte qu'elle tuë le mâle dans la conjonction, par le grand plaisir qu'elle ressent en lui sciant la tête avec les dents.

Il est néanmoins certain que le mâle a deux membres pour la génération assez longs, très-menus dans la pointe & qui grossissent en remontant vers la baze; la nature de la femelle a une seule ouverture, laquelle se divise aussi-tôt en deux petits sacs fort distincts, pour recevoir les deux membres du mâle, dont il se sert au même-tems. Ces deux membres sont couverts d'une peau ridée & & avec de petites éminences ou pointes comme des épines, qu'on croit nécessaires pour exciter la femelle au plaisir. Le sperme qui sort de ces trous est très-puant & fetide suivant Rhedy. Ce qui me feroit soupçonner que les anciens avoient peut-être quelque connoissance de ces choses, puisqu'ils donnent un sentiment si vif de volupté & de puanteur à ce méchant animal. Après ces sacs, on trouve la matrice qui reçoit la semence du mâle, qui féconde les œufs. Et notez que la plûpart des Serpens ont la matrice divisée à peu-près de même que la Vipere. Le nombre des œufs est different, & les petits Viperaux y sont au-dedans tortillés. Mais on remarque

que du côté droit il y a toûjours un plus grand nombre d'œufs, que du côté gauche.

A moins que la Vipere ne soit irritée, & qu'on ne lui fasse quelque mal, elle ne mord point, (dit Charras;) & même, ajoûte-t'il, si on la prend par le col, & qu'on la contraigne à mordre, son poison n'est pas mortel, quoiqu'elle ait laissé beaucoup de son venin jaune sur la playe, & elle ne fait d'autre mal hors celui de la piqueure, parce que, dit cet Auteur, il faut que la Vipere soit en colere & fachée naturellement pour faire du mal. Mais quand elle mord irritée, par un desir de vengeance, son poison est mortel. Ces esprits malins de colere reconcentrent le sang, & ils causent une coagulation ou confusion qui trouble la circulation.

La Vipere a ses dents principales, c'est-à-dire, les plus grandes, appuyées sur certaines glandes remplies d'un suc jaunâtre, qui sont placées dans les gencives. Ces dents ressemblent aux défenses du Sanglier, & sont creuses au-dedans, par où, dit Charras, les esprits irrités par la colere, se transmettent dans la blessure qu'elle fait, lorsqu'elle mord. Les vessicules ou glandes, dont nous venons de parler, ne contiennent au rapport de cet Auteur, qu'une espece de salive doucereuse, & ce ne sont, selon lui, que des vaisseaux salivaires, qui proviennent du cerveau. Le poison de la vipere est très-spiritueux, venant, comme dit Charras, des esprits coleriques du cerveau, ce qui fait sa violence, & qu'il en faut très-peu pour tuer ; ce qu'il prouve, en ce qu'ayant fait piquer cinq pigeons par la même vipere, le dernier mourut le premier. Il est vrai que les pigeons sont des animaux fort petits en comparaison d'un homme. Charras croit que la tête de la vipere appliquée sur la morsure ne produit point de guérison, & il croit que le meilleur remede est le sel volatile de vipere.

On a fait avaller à quelques viperes des contrepoisons qui ne leur ont fait aucun mal, l'esprit de vin & la thériaque qu'on leur fit avaller, les fit paroître d'abord un peu étourdies, & comme ivres, mais peu de tems après, elles parurent encore plus vives qu'à l'ordinaire. Le frêne ne leur fait non plus aucun mal, comme on le croit vulgairement, car Rhedy en ayant environné une dans un grand cercle de feüilles de frêne, elle se cacha dedans ces feüilles, & y demeura long-tems fort tranquille. Cette liqueur jaune, qui eſt ſous les plus groſſes dents, ne fait aucun mal étant avallée. Moi même, qui écrit, j'ai bû ſon ſang pluſieurs fois mêlé avec du vin d'Eſpagne, & mangé ſon cœur & ſa chair boüillie. J'ai trouvé ſur tout ſon foye, un manger très-delicat. Toutes ces choſes ſont des remédes, & il n'y a que cette liqueur jaune, qui ſuivant Rhedy, eſt maligne; il faut même pour faire du mal qu'elle ſorte avec colere de la gueule de l'animal, & qu'elle ſe mêle avec le ſang dans la circulation : on a remarqué de plus, que, ſuivant que la bête picque une artére, ou une veine, plus ou moins principale, l'effet mortel s'enſuit plus ou moins vîte. On croit que le poiſon de la vipere coagule le ſang, c'eſt pourquoi les remedes qui contiennent beaucoup d'eſprits volatiles ſont les meilleurs, & Charras loüë fort le ſel volatile de la Vipere-même, comme auſſi l'uſage de lier & de ſucer la playe récemment faite, qui eſt le meilleur remede, & il n'y a rien à craindre pour celui qui ſuce.

Le fiel de la vipere eſt fort amer, & un peu acre, mais ce n'eſt pas un poiſon comme pluſieurs grands Auteurs l'ont avancé, ce n'eſt ſeulement que ce qui vient de la dent lorſque la Vipere mord. Rhedy confirme auſſi que la liqueur jaune qui eſt dans les veſſicules, a le goût fade de l'huile d'amandes douces, & qu'elle ne fait point de mal étant avallée. Il aſſure de plus *, que diverſes perſonnes ayant fait cuire & mangé les poulets & les pigeons qui étoient morts de ce venin de la Vipere, elles n'en reçurent aucun mal. On peut dire que le feu, en cuiſant ces animaux, avoit ôté la force de ce poiſon, qui d'ailleurs étant avallé tout ſeul n'eſt pas mortel, quoique je ne croye pas qu'on en doive faire un grand uſage. Il rapporte auſſi qu'un chien qu'on avoit fait mordre au nez par une Vipere, lecha ſi long-tems ſa piqueure, qu'il rechapa de la mort, & ne ſentit aucun mal. C'eſt pourquoi il approuve fort de faire ſucer la playe, de la ſcarifier, d'y appliquer des vantouſes, ſans oublier de prendre encore au-dedans du Thériaque & autres contre-poiſons, d'autant qu'on ne peut trop ſe precautionner contre ce venin mortel. Rhedy ne croit pas que le Citron ſoit, comme dit Athenée, un préſervatif contre ce

* Rhedi obſervationes de Viperis. *Pag. 6. & ſequentibus*

poiſon,

poison, ayant expérimenté le contraire sur quelques poulets, qui moururent trois heures après avoir été mordus, quoique deux heures auparavant on leur eût fait prendre de l'extrait de ce fruit.

Cet Auteur ne croit pas non plus que la tête de la vipere qui meurt étranglée avec un cordon de soye cramoisie, étant portée au col d'une personne qui est malade de..... la guerisse, & même préserve de ce mal ceux qui n'en sont pas attaqués.

Quant aux dents de la Vipere elle en a grand nombre. Cependant on ne compte pas qu'il y en ait d'autres que les grandes qui fassent du mal, & celles-ci sont tortues, creuses, & posées sur les bubes qui contiennent le poison. On convient que les mâles n'ont que deux de ces instruments mortels, & plusieurs disent que la fémelle en a quatre, mais cela n'est pas bien sûr. Rhedy croit que cette bête en fermant la gueule fortement, le venin (qui consiste, selon lui dans cette liqueur dont sont remplies les vessicules qui sont sous les gencives) se répand par la compression dans la blessure qu'elle fait avec ses dents. Il avouë pourtant que ces dents principales étant ôtées à la Vi-

Tome IV. F

pere, quoique les autres bleſſent & s'attachent fortement, cependant elles n'ont pas donné la mort. C'eſt pourquoi il eſt évident que le poiſon, quel qu'il puiſſe être, s'inſinuë dans la bleſſure par le canal qui eſt dans les groſſes dents, qui d'elles-mêmes ne font aucun mal. Ce que Rhedy avance comme un fait conſtant, & à quoi Charras ne contredit point par ſes experiences : « car, dit Rhedy, aïant arraché de ces dents de viperes vives & mortes, & en aïant piqué des pigeons & des poulets, ils n'ont reçu autre mal que la douleur de la piqueure. » Ce qui marque que le venin conſiſte dans le poiſon qui paſſe par le canal de la dent, & non pas la qualité des dents, comme quelques Auteurs l'ont avancé. Il ne croit pas non plus que le ſon mélodieux des inſtruments les plus agréables, puiſſe guerir la morſure de la vipere, quoique quelques-uns aïent attribué beaucoup de vertu à la Muſique contre cette maladie, & pluſieurs autres. Il aſſure que la queuë de la vipere n'a pas plus de venin que le reſte du corps ; d'autant que ſi on la jette, en faiſant le Theriaque, c'eſt parce qu'elle n'a point de chair. Ce qui apparemment a donné lieu à cette fausse croïance, à quoi je crois que la queüe du scorpion a beaucoup contribué.

Les excrémens de la vipere ne sont ni puants, ni venimeux, & elle vit sans manger sept ou huit mois. Dans le moment qu'elle est enfermée, elle ne mange plus, mais ses morsures ne sont pas moins mortelles. Il y a même des Auteurs qui disent qu'elles sont encore plus dangereuses qu'à l'ordinaire, à cause peut-être du chagrin de se voir ainsi captive & renfermée.

La vipere a deux peaux, l'une interne, qui environne la chair du corps, & l'autre que l'on voit environnée d'écailles, dont les plus fortes sont sous le ventre, & desquelles elle se sert pour ramper, en les ouvrant suivant le besoin qu'elle en a. Elle se lance quelquefois comme une fleche contre ceux qui lui ont fait quelque déplaisir, & le plus sûr, dit-on, est de lui jetter un mouchoir ou quelqu'autre chose à quoi elle puisse mordre & s'attacher, ce qu'elle fait avec fureur, & comme si elle avoit du sentiment, de même qu'un chien en colere qui mord la pierre qu'on lui à jetté.

Rhedy n'ose pas assûrer par quelle

force ou proprieté ce poison est mortel, contre lequel on trouve si peu de remede. Il semble que le propre de son action soit de coaguler le sang dans les veines; mais il assure qu'il a trouvé des marques fort équivoques de cet effet, & que quelquefois il a trouvé le sang coagulé dans le cœur, & dans ses ventricules, & quelqu'autrefois point. De maniére qu'il n'ose rien affirmer sur les proprietés de ce poison.

Ce qui me paroit extraordinaire, c'est qu'il dit avoir trouvé dans les intestins des viperes fémelles non-seulement des vers qui y viennent, comme dans les boyaux des enfans & des adultes, mais aussi dans l'estomac, où il dit en avoir trouvé 30. vivans dans une vipere fémelle, & de plus un dans l'apre artere, & que ces vers étoient longs de plus de quatre travers de doigts & gros comme les grosses cordes de viole qui font la Basse. Il y en avoit de fort rouges, d'autres moins, & ils ont vécû hors du ventre de la vipere pendant trois heures.

Il assure aussi que la salive de l'homme ne fait aucun mal à la vipere, ni au scorpion, comme quelques Auteurs l'ont avancé, mais que deux ou trois gouttes d'huile sur le scorpion le font mourir en peu de tems.

Rhedy se moque avec raison, de ce que quelques Poëtes ont chanté dans leurs vers, que la Couleuvre fait l'amour avec la Lamproye, & qu'elle va la sifler sur le bord de la Mer, aïant vomi auparavant tout son poison sur une pierre, que cet animal reprend ensuite quand l'affaire est consommée ; & qu'au surplus, il se tuë si quelqu'un malicieusement a pris ou caché la pierre où étoit le poison. Je ne vois pas qu'il ait grand tort de se railler de cette description, quoique j'aye vû des animaux de differentes especes se joindre ensemble.

Cet Auteur fait l'abregé de sa lettre par ces paroles. " Je dis que la vipere n'a
" aucune partie en elle, soit humeur,
" excremens, ou autre, qui étant man-
" gée, ou bûë, puisse tuer. Qu'elle n'a
" point d'aiguillon dans la queüe avec le-
" quel elle puisse piquer. Que les males
" aussi bien que les femelles n'ont que
" deux dents, avec lesquelles ces ani-
" maux blessent, & qui sont creuses de-
" puis la racine jusqu'à la pointe, en
" forme de tuyau ou de canal. Ces dents
" d'elles mêmes ne sont point venimeu-
" ses quoiqu'elles piquent, leur qualité

» veneneuſe & mortelle ne procedant
» que de l'humeur jaune (ſuivant ſon
» opinion) que ces bêtes ont dans les veſ-
» ſicules qui ſont placées au-deſſous, la-
» quelle humeur n'eſt venimeuſe que
» lorſqu'elle ſe mêle avec le ſang. Cette
» humeur ne vient pas de la veſſicule du
» fiel, mais elle s'engendre dans toute
» la tête, & peut-être qu'elle s'aſſem-
» ble dans ces veſſicules par quelques
» canaux ſemblables aux ſalivaires, qui
» peuvent venir de la tête, & deſquels
» on ne peut pas parler avec aſſûrance.
» Vous pourrez être encore plus éclairci
» de ces choſes, ſi vous liſez l'Anato-
» mie de la vipere que j'ai envoyé à Mr.
» Charles Dati, où vous verrez auſſi,
» qu'il eſt très-faux ce que quelques-uns ont
» avancé, en diſant qu'il manquoit cer-
» taines parties à ces ſerpens, & parti-
» culiérement les vaiſſeaux de l'urine;
» car ils exiſtent dans toute la longueur
» du corps de la vipere, & ils ſont ſepa-
» rés des reins. Ce qu'il y a de particu-
» lier, c'eſt que j'ai trouvé quelquefois
» de petites pierres dans ces canaux uri-
» naires, comme j'en ai trouvé auſſi dans
» la chair des reins. Vous verrez ſem-
» blablement qu'il eſt faux que la vipe-
» re ait le cerveau de couleur noire, &

» qu'il soit si petit & si leger au rapport
» d'Ange Baldi, qu'il ne pese pas plus
» de trois à quatre grains de millet, puis-
» que j'ai observé qu'il pese plus de 12.
» à 13. grains de cette même graine.
» Vous aurez occasion de philosopher
» en considerant la fabrique merveilleu-
» se de son œil, l'origine des nerfs,
» des tuniques, & des humeurs, entre
» lesquelles le cristallin est parfaitement
» spherique, comme l'ont la plûpart des
» animaux aquatiques &c.

Voilà ce que j'ai sçû tirer des observations des Auteurs les plus modernes & les plus diligens qui ont examiné exactement la vipere ; lesquelles choses suivant ces Auteurs, peuvent convenir (du moins pour la plûpart) aux autres couleuvres, quoique leur poison puisse être different suivant les païs où ces bêtes vivent, & suivant aussi leur nature particuliere.

Mais surquoi ces deux Auteurs fort exacts ne conviennent pas bien, c'est sur la substance ou matiére du poison de la vipere. Car Rhedy prétend que cette humeur jaune qui est dans les vessicules de la machoire de la vipere est la vraïe matiére du poison, lequel se glisse par le canal de la dent, dans la playe que l'animal fait, & que cette humeur sort de ces vessicules & passe dans le canal de la dent, par la compression que la bête fait sur ces vessicules en mordant : mais Charras soûtient que le poison de la vipere ne consiste que dans certains esprits coleriques qui descendent du cerveau lorsque la vipere est en colére, & qu'elle veut se venger de quelque offence ou déplaisir qu'on lui a fait. L'un & l'autre de ces deux Auteurs opposent experience à experience. D'un côté il est vrai, & Rhedy en convient*, que cette liqueur étant avallée ne fait aucun mal, mais il dit qu'il faut qu'elle se mêle avec le sang, & qu'au surplus que la vipere soit irritée. Cependant, ce qui me pourroit faire pancher de son côté, c'est qu'il rapporte dans sa lettre, qu'aïant coupé la tête à douze viperes, après que ces têtes ne donnerent presque plus aucun signe de vie, il en tira la liqueur des vessicules, qui aïant été mise dans la blessure de huit tourterelles, en une demi heure de tems elles moururent toutes. Mais ce qui m'a encore frappé davantage, c'est

* Voyez Rhedy *Experimenta sive observationes de viperâ*, suivi d'une lettre dans laquelle il est parlé au long des choses dont Charras & lui ne conviennent pas.

qu'il

qu'il dit qu'aïant tué dans le mois de Juin plusieurs viperes, dont il tira une bonne quantité de cette liqueur jaune, il trempa dedans quelques brins de bois aiguisés comme des fleches, avec quoi il piqua dix jeunes pigeons dans la partie la plus charnüe de la poitrine, laissant ces petites fleches dans la chair, & ces animaux moururent tous en moins de deux ou trois heures. Il ne paroît pas par ces experiences que cet esprit de vengeance de la vipere puisse y avoir aucune part. Cependant, afin qu'il pût se guérir du scrupule que ces petites fleches eussent pû faire mourir ces pigeons, il * prit huit têtes de viperes qu'il avoit coupées dix heures auparavant, qui étoient absolument mortes, & aïant mordu avec ces têtes huit tourterelles dans la cuisse, elles moururent toutes en peu de tems. Il fit encore quelques autres experiences semblables qu'on peut voir dans le livre que j'ai cité. Ce qui m'a encore convaincu, c'est qu'il rapporte qu'aïant ramassé dans un vase de verre cette liqueur, qu'il avoit tirée de 250. viperes pour en faire à loisir des experiences, quelques affai-

* Page 19. & 20. de la susdite lettre.

Tom. IV.   G

res l'en aïant empêché, cette liqueur s'étoit coagulée comme de la glaire, couleur d'ambre, & enfin dans l'espace de 30. jours elle s'étoit desséchée, & réduite en une poudre friable. * Cette poudre étant inferée dans la piqueure de plusieurs poulets, pigeons, & tourterelles, ces animaux mouroient tous en peu de tems, sans pouvoir soupçonner que la colere vangeresse de la vipere y pût participer en aucune maniere.

De ces experiences, & d'avoir entr'autres experimenté que la tête de la vipere étant avallée par l'animal qui a été mordu, n'est pas un contre-poison pour les animaux qui sont mordus en Italie, comme le disent les Auteurs François; il conclut obligeamment que peut-être le poison des viperes de France, & celui de celles d'Italie est different, & que celui des Climats fort chauds est plus actif, comme on le rapporte des fleches de Bantam dans l'Isle de Celebs, dont la pointe teinte du venin de certains serpens, tuë dans le moment qu'elle touche & pénetre la chair vive, ce que Tavernier dit avoir vû lui-même. Il est certain que plusieurs peuples de l'Amerique empoisonnent leurs fleches, mais je crois

* Page 20. de la susdite lettre.

que c'est avec le suc de certaines herbes venimeuses. Quoiqu'il en soit, on peut voir que les mêmes experiences faites en un lieu, ne conviennent pas avec celles que l'on fait en un autre, & que comme le temperament des hommes en general, est different suivant la diversité des climats, il en est de même des animaux. C'est pourquoi nous sommes reduits à l'extreme des miseres Philosophiques, de ne pouvoir pas tirer rien de certain & d'infaillible des experiences-mêmes. Le fameux Boyle (*a*) a fait un livre entier sur l'infidelité des experiences, qui réüssissent une ou deux fois, & point du tout âprès.

J'ajouterai ici une observation de l'Academie de Londres, sur le poison des viperes, suivant ce que l'illustre Derham en dit dans son livre. (*b*) » L'inge-
» nieux Docteur Mend, aïant examiné
» avec le microscope le tissu du venin
» de la vipere, qu'on croit être cette
» liqueur jaune dont parle Rhedi, il y trou-
» va une très-grande quantité de sel qui
» surnageoit sur la liqueur, qui se mou-
» voit avec beaucoup rapidité. Mais en

(*a*) De infido experiment. successu.
(*b*) Livre 9. Chap. 1. des reptiles.

» peu de tems tout cela changea, &
» ces petites particules salines prirent
» la forme de petits miroirs très-res-
» plendissans, très subtils, & qui pa-
» roissoient fort trenchans, avec de cer-
» tains petits corps qui alloient de cô-
» té & d'autre, & qui ressembloient à
» de petites avelines, desquelles il pa-
» roissoit que ces petits miroirs prove-
» noient ; de maniere que tout le tissu
» représentoit une toile d'araignée,
» mais infiniment plus deliée«. Il est
parlé aussi dans ce livre des dents
percées, comme on l'a dit, & par où
la liqueur venimeuse passe de la maniére que Rhedi le rapporte. Sur quoi
on cite Galien, qui dit que les Charlatans bouchoient le trou de la pointe
de la dent, avec une pâte convenable
avant que de se faire piquer par la vipere. Ce qui fait voir que les anciens
avoient connoissance de ces dents & du
poison, & si ce n'étoit pas aussi exactement que les modernes, du moins ils
n'ignoroient pas tout-à-fait ce que nous
savons : car de tout tems il y a eu des
hommes curieux. Derham ajoute que ce
poison se sépare du sang par une glande conglomerée, qui est dans la partie
anterieure de l'os (de la machoire su-

perieure où est le poison,) à travers laquelle glande passe un petit tuyau qui porte le venin dans ce petit sac qui est attaché aux dents, comme dit Rhedi, de qui peut-être les Anglois ont pris la premiére connoissance de ce venin.

On sçait l'inimitié que les araignées ont pour les couleuvres, & comme elles s'élancent dessus pour les piquer & les tuer, à cause que les couleuvres mangent volontiers ces petits animaux, dont nous parlerons au chapitre des insectes. Mais le plus extraordinaire poison est celuy de cette araignée qui vient dans le Royaume de Naples, semblable à celles qui sont parmi nous & qui fait sa toille de même, qu'on appelle Tarentule, & en Italien *Tarantella*, laquelle merite qu'on en fasse l'histoire tout du long.

Cette espece d'araignée a huit pieds, le dessus du corps de couleur cendrée, avec deux taches rouges, & sous le ventre plusieurs taches noires. Le poison de ces animaux, qui ne piquent pas par l'aiguillon comme les autres araignées, mais qui mordent comme les serpens, n'est pas mortel, il produit seulement des simptomes différens, suivant la nature de l'araignée. Ce poison est fort glaireux, comme doit être l'humeur d'un animal qui forme de la toille, dont les fils sont aussi gros que des cordes de Guitarre. Son venin, de nature visqueuse, ne fait point paroître ses effets à l'instant qu'on en est mordu. Quelquefois il lui faut une revolution solaire pour se manifester : mais quelque tems auparavant on ressent diverses maladies, comme appetit violent, vomissemens, fievres, convulsions, & autres semblables suivant la nature du poison ; car les uns vomissent, les autres tremblent &c. Cependant tous se plaisent aux instrumens de musique, mais néantmoins convenables à la nature du poison ; car les uns veulent une harmonie agréable, d'autres le bruit des tambours, des trompettes &c. Ils aiment encore certaines couleurs, ils embrassent, baisent, comme s'ils étoient amoureux. Enfin il est admirable de voir les divers effets de ce poison. Il y en a qui sont bien aises d'être attâchés à un arbre, comme étoit la Tarentule qui les a mordu; & qui ont les mêmes pensées qu'ils avoient dans le tems qu'ils furent mordu. Ils voyent dans un miroir cet animal, & lui font l'amour comme à une maîtresse, la saluant &c. Chose qui, quoique merveilleuse, n'est pas singuliére, puisqu'on sçait que ceux qui ont été mordus d'un chien enragé craignent de voir l'eau, parce qu'ils disent qu'ils y voyent un chien qui les veut mordre : Ce qu'on appelle *Hidrophobie* ou crainte de l'eau, qui est une marque très-assurée de la rage qui possede le malade. D'autant que les Tarentules dansent naturellement sur leur toille, comme font toutes les araignées quand on les touche ; ceux qui en sont mordus aiment la danse & on les fait danser, ce qui les soulage beaucoup, par la sueur que leur occasionne ce mouvement violent & continu. On prétend que si l'on applique l'animal sur la playe qu'il a faite, la force du poison s'affoiblit. Quand à ce qu'on dit que les simptomes du mal se renouvellent tous les ans dans le même tems qu'on a été piqué, on pourroit dire que le venin de cet animal qu'on suppose fort gluant, n'étant nuisible que dans les tems chauds, & comme tel épaississant le sang, il faut attendre la même saison chaude, où le sang & le poison puissent un peu se raréfier ensemble pour produire les effets dont ce peu d'humeur maligne est la cause. Mais, en vérité, il est difficile de pouvoir assurer quelque chose de certain sur cet animal, qui n'est pas moins extraordinaire que dangereux. La vie de celui qui a été mordu ne dépend pas de la Tarentule, comme quelques-uns l'ont dit, car cet animal ne vit pas plus d'un an. Ceux qui dansent font cet exercice comme s'ils y avoient été instruits toute leur vie, dansant en cadence, & souffrant un grand tourment quand on ne joue pas d'accord, &c. Le Pere Kirker témoin oculaire, & qui a été dans le lieu où elles naissent, rapporte que cet animal se repait de mouches, & de petits papillons. Que la femelle fait environ soixante œufs, & les porte sous la poitrine aussi bien que les petits quand ils sont éclos, jusqu'à ce qu'ils soient grandelets. Il dit que dans les mois fort chauds ce poison est dangereux. Ce qui est commun à la plûpart des animaux venimeux, comme Rhedi nous l'a fait voir au sujet du scorpion, & ce qui est ordinaire aux viperes.

J'ai vû entre les mains d'un vendeur d'Orviétan à Rome, deux couleuvres longues d'environ un bon pied, d'une couleur de beau verd clair, qui avoient des cornes renversées en arriere, & il disoit que c'étoit des Cerastes, dont les anciens ont parlé. Je ne puis pas assurer si ces cornes étoient naturelles, ou appliquées par quelque artifice ordinaire à ces sortes de gens, mais cependant elles me paroissoient fort naturelles, puisque ces petits serpents se glissoient de toutes parts sans que ces cornes se détachassent. Il n'est pas au reste contre l'ordre de nature de croire que puisqu'il y a tant d'animaux cornus, il n'y ait aussi des serpens qui le soient.

Il y a certains serpens en France, qu'on appelle *Sourds*, dont la piqueure, à ce qu'on dit, est presque sans reméde.

On rapporte beaucoup de choses du Basilic, mais je ne crois pas que ce qu'on en dit soit vrai en tout. Comme j'ai parlé de cet animal, & des effets de certains regards malins au Chapitre (*a*) du Magnetisme des corps, j'y renvoie le Lecteur pour éviter une répétition ennuyeuse. J'ajoûterai seulement, que je crois bien qu'il peut y avoir des animaux (*b*), assez venimeux, pour que leur haleine, & la transpiration de leur vapeur pestiférée puisse donner la mort, & cela n'est pas

(*a*) 4. Part. Chap. 6.
(*b*) Cela est prouvé à la marge du Chapitre cité, par une Relation du P. Lobo, Auteur du voyage d'Abissinie.

hors des forces de la nature ; mais que cet animal tuë avec le seul regard, & qu'il forte de ses yeux des esprits si malins qu'ils soient capables de donner la mort, c'est ce que je ne sais pas, & je ne trouve point d'Auteurs qui nous l'assurent. J'ai rapporté dans le Chapitre que je viens de citer, plusieurs exemples qui pourroient cependant prouver cet effet, puisqu'entr'autres, il est vrai, & je le puis assurer, que le crapeau par ses regards trouble & empoisonne de maniere les esprits de la belette, qu'elle est contrainte d'aller se jetter dans l'horrible gueule du crapeau, (que quelques-uns de mes amis ont soutenu dans une compagnie être le basilic des anciens,) quoiqu'elle le fasse en gémissant. J'ai quelques exemples de cela, que je ne puis pas révoquer en doute, quoique je ne puisse pas dire avec la même assurance que la bellette ait sa revanche, & qu'elle fasse le même effet sur le rossignol, mais des Auteurs curieux le disent. Ce qui ne peut venir, à mon avis, que par une haleine pestilente, qui, à une certaine distance & suivant la sphere d'activité de cette haleine ou regard empoisonné, trouble & enyvre, pour ainsi dire, la belette, de maniere qu'elle va se précipiter dans le goufre pestilent du crapeau, comme le roffignol dans celui de la belette.

Il y a tant de fortes de ferpens, qu'il femble que l'homme a de quoi fe mortifier, & plus encore en confidérant qu'il y a des hommes, pour ne pas parler des femmes, plus dangereux & plus venimeux que les ferpens mêmes. Mais comme cette matiere me conduiroit à fatirifer, je finis cet article très-venimeux, renvoyant le Lecteur aux Peres Zahn, du Tertre, Kirker, & plufieurs autres voyageurs qui ont vû nombre de ces malignes bêtes, dans les païs où ils ont demeuré long-tems.

Je dirai feulement que les fcorpions à Rome ne paroiffent pas trop mal-faifans, puifque j'en ai trouvé plufieurs, & qu'ils font fort communs chez nous ; au contraire de ceux des païs chauds, comme l'Afrique, qui font fort dangereux. Et comme j'ai dit qu'il y a des ferpens d'une haleine venimeufe, il y en a auffi dont le foufle & la tranfpiration a l'odeur du mufc. Il y en a de la longueur de cent pieds & plus, & d'autres dont le poifon fait divers effets. Le ferpent *Boas* eft fi grand & fi gros, qu'il peut avaller un homme entier. Il fuit volontiers les troupeaux de vaches, & il les tette & fuce leur lait. Il y en a d'autres qui fans être nuifibles font fort amis de la jeuneffe, & qui fe joüent avec elle. On parle de certains ferpens des Indes Occidentales qui font auffi familiers que les chiens, & qui repofent dans les maifons, dans une taniere, fur du foin. Quand ces animaux ont faim, ils vont au maître, à qui par leurs careffes ils demandent à manger, & ils prennent ce qu'on leur donne. Sur ceci, comme fur la diverfe nature des ferpens, de leur poifon, & de leur figure, voïez l'ouvrage du Pere Zahn *, qui a ramaffé de divers auteurs & voyageurs tout ce que je pourrois dire fur ces animaux.

Je dirai encore en deux mots qu'on affure que plufieurs animaux venimeux portent eux-mêmes le remede du mal qu'ils font. Le fcorpion, comme nous l'avons vû, étant écrafé fur la piqueure qu'il a fait avec fa queuë, eft un remede à fon poifon. La morfure du chien enragé fe guerit en appliquant fon poil, ou un morceau de fa peau fur la bleffure. Le dragon marin a fur fon dos, fuivant Ariftote, Diofcoride, Mathiole, une quantité d'épines très-venimeufes; mais en écrafant un peu de ce poiffon fur la

* Tom. 2. page 420. & fuiv.

playe, il la guérit. Le crapeau, c'est-à-dire sa poudre buë dans du vin, est un remede contre son poison, & le mettant au col, garentit de l'air pestilent. Le crocodille guérit ses morsures, & la chair de vipere, suivant Rhedi & Charras, rotie & mangée, guérit de sa piqueure venimeuse

Il y a beaucoup d'autres animaux qui guerissent du mal qu'ils font, mais ces exemples-ci suffiront pour ne pas ennuyer le Lecteur.

CHAPITRE VI.

De la Génération des Animaux Aquatiques.

Nous dirons peu de chose sur la génération des animaux qui naissent & vivent dans l'eau, parce qu'on n'a pas pû l'observer aussi bien comme on a fait celle de ceux qui sont sur la terre; & d'autant plus qu'il ne convient pas à un Historien de faire aucun rapport, que des choses qui sont les plus certaines, ou qui paroissent telles.

Mais avant que de parler de la génération des Poissons, il est à propos de faire quelques remarques sur les animaux aquatiques. 1º. Leur figure est différente, comme celle des quadrupedes, & des volatiles, la nature affectant la variété en tout, suivant l'axiome : *Natura diverso gaudet*.

2º. La plus grande partie des Poissons ont le corps long & ployable, cette forme étant la plus propre pour fendre le liquide de l'eau, ce qu'ils font en ployant une partie du corps, & particuliérement l'extrémité de la queuë, comme je l'ai expliqué dans le traité du Mouvement.

3°. Il y en a plusieurs qui sont plats, tels que sont les soles, les rayes, & quelques-autres semblables, qui ne laissent pas neanmoins de se ployer de tous sens, & faire le même mouvement. Il y en a quelques-uns qui affectent la figure ronde, comme celui que les Latins appellent *Orbis*, ou boulle. On en voit qui paroissent enflés, d'autres bossus, & la plûpart ont des épines sur le dos, pour se défendre autant qu'ils peuvent d'être dévorés de leurs pareils, mais non pas des plus grands qui n'y ont guere d'égard.

4°. Il y en a qui sont armés d'une croûte dure, comme les lions de mer, les crables, les huitres, les moules & un grand nombre de limaçons marins, longs, plats, & d'une infinité de figures différentes. Il y en a qui ne sont couverts que d'une simple peau, tels que sont les lamproyes, les anguilles, &c. Il y en a même qui n'ont rien de tout cela, & qui sont semblables en quelque maniere à des huitres sans coquille, & ceux-ci se tiennent attachés aux écueils, comme certain petit poisson qu'on appelle en Italie *Anivelle de Mer*, qui est très délicat à manger. De ces poissons qui ont une croûte, il y en a qui ne nagent point, & ils demeurent toujours au fond de la mer, comme les huîtres, & certains gros limaçons qui ne font que ramper dans le fond, ou autour des écueils. Enfin il est très-difficile de donner une idée claire des diverses figures qu'il a plû à la nature de donner aux animaux maritimes, ayant pris plaisir à produire dans les eaux, non seulement tout ce qui est sur la terre, mais encore ce qui n'y existe pas.

Et à la verité, s'il est vrai que l'élement de l'eau est plus grand & plus spacieux que celui de la terre, suivant ces paroles du Prophete Royal : *Hoc mare magnum, & spaciosum manibus illis reptilia quorum non est numerus animalia, &c.* il est juste qu'il y ait, outre la ressemblance des animaux qui sont sur la terre, plusieurs autres espéces qui peuvent être plus commodément dans ce vaste élement.

Les poissons & autres animaux aquatiques sont estimés les plus imparfaits, nonseulement pour la nourriture de l'homme, mais aussi par les actions; lesquelles marquant que l'animal a beaucoup d'esprit & de discernement, ce qui est l'effet d'un temperament chaud & sec, cela ne se peut trouver dans les poissons,

ces

animaux étant engendrés & vivant dans l'eau, qui est un élement grossier, froid & humide. Quant à ce qui regarde la génération des poissons, elle se fait presque toûjours par des œufs, & les femelles en produisent une si grande quantité dans les tems convenables, que si tout venoit a bien, un seul poisson (pour ainsi-dire) pourroit remplir la mer. Elles font communément leur ponte au mois de Mai. C'est pendant ce tems que les mâles frayent avec eux, & leur font la cour. Il y a apparence que c'est par le seul plaisir que les femelles ressentent à la simple approche des mâles, (puisque les uns & les autres ne font que se chatoüiller mutuellement,) qu'elles répandent leurs œufs dans l'eau, dont la plus grande partie est devorée par d'autres poissons qui les suivent. De maniére que la nature a ordonné avec beaucoup de sagesse & de prevoyance que les femelles eussent une quantité superfluë d'œufs, afin que ceux qui échappent à l'avidité des autres poissons, puissent servir à perpetuer l'espéce. Mais il y a encore un autre myftere en tout ceci, puisque ces œufs seroient infeconds, comme ceux de la poulle & des autres oiseaux, si le mâle avec son sperme vivifiant ne les rendoit féconds. C'est pour cela aussi que

Tome IV. H

cette sage ouvriére a donné au mâle une si grande quantité de cette liqueur spermatique, qu'il répand sur les œufs de la fémelle avec qui il fraye : & c'est par la vertu de cette liqueur spermatique que ces œufs sont fecondés, nonobstant non seulement la froideur de l'eau qui les environne, mais encore (ce qui est remarquable) quoique ces œufs aïent une espece de pellicule assez dure, qui paroît ne donner aucun passage à la liqueur, qui s'attache & se prend fortement à la superficie des œufs. Ce qui me porteroit volontiers à croire que la superficie en est fort poreuse, & que les plus subtiles parties du sperme peuvent pénétrer à travers des pores & se mêler avec la substance de l'œuf, de façon que fermentant ensemble, par ce mouvement de fermentation le petit poisson se forme, de la même maniere que par la chaleur de la poule le poullet se produit dans l'œuf. Ce qui n'est qu'une simple conjecture se confirme par l'effet, puisqu'il est certain que si la liqueur spermatique du mâle, n'entroit pas dans la substance de l'œuf, il seroit inutile pour la génération, & la nature auroit pourvû en vain que les mâles des poissons eussent une si grande quantité de ce sperme, que les François d'un mot plus honnête appellent *lait*, qui, comme l'experience le fait voir, est nécessaire aux œufs des femelles pour les rendre feconds. C'est par la fermentation du sperme masculin que le petit poisson est formé, & cette fermentation équipole à la chaleur des quadrupedes & des volatiles, dont les œufs des uns sont couvés au dedans à la chaleur de la mere, les autres mettent leurs œufs au-dehors, les couvent, & les réchauffent ainsi jusqu'à ce que le petit animal en sorte parfait & vivant. On voit bien, par ce que je viens de dire, que suivant ma pensée le petit poisson se forme à peu près de même, petit à petit, comme le poulet dans l'œuf. Etant grandi, il brise semblablement sa coque, & nage aussi-tôt dans l'eau, cherchant sa nourriture, ou à nourrir quelque plus grand poisson, suivant la verité de ce proverbe ; *que le gros poisson mange le petit*. Il y a véritablement quelques poissons qui s'accouplent dans les saisons convenables, comme les quadrupedes, & qui portent semblablement leurs petits dans la matrice, jusqu'à ce qu'ils sortent parfaits du ventre maternel, comme la baleine, le lamentin, le dauphin, & peut-être quelques-autres que je ne connois pas.

Quoiqu'il en soit, il est certain que presque tous les poissons s'engendrent par des œufs fecondés du sperme masculin, soit en frayant ensemble, ou de quelqu'autre maniére semblable. Il est vrai, & je l'avouë franchement, que je ne comprends pas trop comment les huîtres, les moulles, & quelques autres poissons à croute qui leur ressemblent, où l'on ne trouve aucun indice d'œufs, & moins encore que ces animaux qui sont au fond des eaux, puissent s'accoupler ni fraïer ensemble comme les autres; je ne comprends pas aisément, dis-je, de quelle maniére ils peuvent produire par l'union des deux spermes, que nous disons être nécessaire pour la génération. On sait bien que les limaçons de mer s'accouplent, mais on ne sait pas comme font les autres. Cependant il est constant, & c'est une chose connuë des pêcheurs & de ceux qui y font attention, qu'il y a des huîtres mâles & fémmelles. Que les mâles sont faciles à connoître, à cause que leur frange (une certaine peau qui est dans leur extremité) est plus noire que celle des fémmelles. Ainsi la nature n'auroit pas fait inutilement cette diversité de sexes, s'il n'en étoit pas besoin; étant certain que Dieu & la nature ne font rien vainement : *Deus & natura nihil faciunt frustra*. Ne voïant donc aucune chose dans les huitres, dans les moules, &c. qui ressemble à des œufs, je supposerois, comme une simple conjecture, que ces animaux glaireux ne se multiplient point par des œufs, mais par une matiére gluante & spermatique, semblable à celle des quadrupedes, que le mâle & la fémelle repandent dans l'eau pendant les mois les plus chauds, c'est-à-dire, Juin, Juillet & Août, dans lequel tems les huitres sont moins bonnes à manger qu'en toute autre saison. On s'en abstient en effet, moins à cause de la chaleur de la saison, comme on le croit communément, que parce que ce poisson n'est pas bon pour lors, à cause que l'amour le rend maigre & d'un mauvais goût. Il se peut donc faire, sans miracle, que ces deux spermes que le mâle & la fémelle repandent dans l'eau, se joignent ensemble, & par la fermentation de l'un avec l'autre, produisent conjointement l'animal sans coquille, qui se produit ensuite des plus grossieres parties de la bave que le petit animal transpire; étant très-visible que cela se forme peu-à-peu, par les differentes feuilles couchées les unes sur les autres dont la coquille est composée, & à proportion que l'animal qui est dedans devient plus grand. Ce que j'avance comme une simple conjecture, en attendant que quelques savans qui soient proches de la mer, & qui auront plus de loisir que moi, puissent nous développer au vrai de quelle manière se fait la generation de cette espece d'animaux marins, qu'on apelle *crustacei*, à cause qu'ils sont enveloppés d'une croute dure, comme le sont les huitres, les moulles, & quelques-autres semblables.

Mais quoique les tortuës soient enfermées dans une écaille fort dure, néanmoins on sait, à n'en point douter, qu'elles pondent nombre d'œufs. L'on n'ignore pas non plus qu'étant prêts à pondre, elles sortent de la mer & vont reconnoître un lieu solitaire qu'elles choisissent, où elles viennent ensuite faire une fosse en grattant le sable avec leurs pattes, après quoi elles y pondent dedans deux où trois cent œufs, qui ressemblent à ceux d'une poulle, qu'elles couvrent aussitôt du même sable qu'elles avoient tiré, avec tant de soin & d'industrie, qu'à moins d'être aussi goulu & aussi rusé que l'homme, il seroit fort difficile de pouvoir connoître où elles ont fait leur ponte. Il est constant que ces animaux s'accouplent comme les quadrupedes, ce que j'ai remarqué non pas dans les tortuës de mer, mais dans les tortuës de terre, dont nous avions toûjours à Rome certaine quantité dans la maison, d'autant qu'elles sont fort bonnes & appetissantes à manger, quand elles sont bien accommodées. Les œufs que les femelles marines ont produit étant ainsi couverts, alors elles n'en ont plus de soin, & les petits viennent tous seuls; & à peine ces petits animaux sont-ils sortis de la coque, qu'ils s'en vont tout aussi-tôt dans la mer, qui est leur élément.

Je ferai encore une observation qui paroît assez vrai-semblable. C'est qu'il y a lieu de croire que le sperme des animaux à croute, qui, suivant toutes les apparences, produisent par l'union des deux spermes, que leur sperme, dis-je, ne souffre point d'alteration dans son action par la froideur de l'eau qui l'environne; comme il paroît par celui qui feconde les œufs des poissons femelles, lesquels sans son secours ne produiroient rien. Que si une partie de ce sperme masculin se perd sans feconder, il se perd aussi de la même maniére beaucoup d'œufs qui sont mangés des poissons, ce qui n'arrive pas si facilement aux huitres &

aux autres poissons à croute, à cause que leur écorce, ou écaille, les deffend & les met à l'abri de souffrir le tact. Ce qui paroît donner quelque force à ma conjecture, que je donne comme telle, c'est d'avoir lû dans l'histoire des Indes Occidentales, qu'on avoit vû en quelques endroits où les branches des arbres panchoient vers la mer, que la plus grande partie de leurs feüilles étoient couvertes d'huitres, & qu'on ignoroit comment elles avoient pû monter sur ces arbres. Mais je croirois, avec le Pere du Tertre *, que le flux de la mer venant à couvrir & moüiller ces branches, y avoit pû laisser de cette humeur spermatique & gluante des huitres, qui s'y étoit facilement attachée, & avoit produit ensuite l'animal. Ce qui pourroit en quelque maniere achever de me persuader, c'est que sur le chemin qui va de Roüen à Caën dans un endroit proche de Dives, qu'on appelle les *Vaches-noires*, parce qu'il est parsemé de petits rochers noirs qui restent à sec pendant que la marée est basse, mais qui dans le flux sont couverts d'eau; j'ai vû ces rochers garnis de moulles assez grosses, qui ont peut-être été produi-

* Histoire des Antilles.

tes par un semblable moyen, je veux dire que le flux de la mer y porte le sperme des moules, qui s'attache à ces petits rochers & produit enfin les moules, sans parler de quelqu'autres poissons à coquilles qui s'y forment apparemment de la même maniére.

Je ne puis m'empêcher de raconter ici un fait, que je voulus éclaircir étant à Dives. La mer qui frappe les bords de ce Bourg fourmilloit autrefois de sardines, suivant le rapport que m'en avoient fait à Paris deux Normands d'esprit & de probité, de façon que quelques gens d'affaires, avides du gain, demanderent & obtinrent la permission exclusive de pêcher les sardines, pour en faire de l'huile meilleure que celle de baleine, & qui pouvoit servir aux pauvres gens à la place de celle d'olive. Sur cette permission, ils établirent à Dives des fourneaux & des chaudieres pour cette manufacture. La premiére & seconde pêche réussit au souhait des traitans. Mais après cela les sardines s'enfuirent de maniére, que dans toute la mer voisine on n'en trouve plus aujourd'hui; & où on en donnoit dix ou douze pour un sol, à présent on en paie une dix ou douze sols. Je ne croïois point cette verité qu'on me disoit; & je ne me la persuadai que sur le lieu, où je m'en informai à plusieurs personnes, qui me l'affirmerent toutes avec les mêmes circonstances.

Je ne sais pas si l'on doit croire que les sardines ont été détruites par ces deux pêches, ou bien s'il n'est pas plus probable de penser que ces animaux (comme les autres) aïent eu quelque connoissance du danger, & qu'ils se soient éloignés de ces côtes dangereuses. Car enfin qu'il n'en soit pas resté aucun, & qu'on n'en trouve que par hazard, c'est une chose particuliére.

Quoi qu'il en soit, les poissons qui ne peuvent pas nager, à cause de la pesanteur de leur coquille, demeurent au fond de la mer, ou bien s'attachent aux rochers. Et n'aiant pas besoin par leur nature froide & gluante de beaucoup de nourriture, l'eau & le sel de la mer suffisent à leur subsistance, avec peu d'autre chose.

Il y en a plusieurs, qui, chacun dans son espece, affectent de fréquenter certains lieux. Les uns aiment à s'approcher des terres, d'autres à fréquenter les rochers, & ceux qui sont avides de nourriture, se tiennent volontiers dans le fond où ils trouvent des herbes qui leur conviennent, ou bien ils mangent de petits poissons. Il y en a qui suivant les saisons passent d'un climat chaud dans un autre plus froid, ou de celui-ci en un autre plus temperé; comme font les cailles, les hirondelles, & plusieurs autres oiseaux sur la terre.

Par exemple, les baleines vont volontiers l'hyver dans les lieux les plus glacés des mers de Groënlande, de Spitzberg, & de la nouvelle Zemble, où la cruauté des hommes va les poursuivre pour en avoir l'huile & les os. Les harangs passent en troupes vers la fin de l'Automne pour venir dans nos mers, où les pêcheurs en font un grand massacre, pour les vendre ou frais ou salés. Les tons en font de même, & ils passent de l'Ocean dans la Mediterranée en grande quantité, où ceux qui les attendent dans ce tems en font des prises considérables. Cette pêche se fait après le solstice, car j'en ai vû dans cette saison une prodigieuse quantité à Rome, où on vend ce poisson à très-bon marché. Quoiqu'un peu pesant comme le saumon, néanmoins il ne lui cede gueres en bonté, & on peut l'appeller *le bœuf de la mer*, en comparaison des poissons qui sont plus délicats. En un mot, il y a differentes especes de poissons passagers, & d'autres qui se tiennent au fond de la mer, ou dans les trous des écueils, qui ne se font voir qu'en certains tems, comme par exemple le maquereau, qu'on ne voit que pendant les mois d'Avril, de May, & de Juin.

Il y en a quelques-uns en certains tems qui cherchent l'eau douce des riviéres; parmi ceux-ci nous connoissons l'alose, l'éturgeon, & même le saumon, qui tous se prennent plus ordinairement dans les riviéres que dans la mer.

Généralement parlant les monstres que la superstition des anciens a divinisés, auxquels ils avoient donné le nom de *Tritons*, que nous appellons, à cause de la ressemblance, *Hommes Marins*, quoique d'autres veulent qu'on les appelle *Singes Marins*; ces monstres, dis-je, se tiennent au fond de l'eau, ou dans le creux des rochers. Je n'en parlerai pas cependant ici, parce que j'en reserve la description pour le chapitre suivant, où je vais faire l'histoire de plusieurs poissons rares & singuliers.

CHAPITRE VII.

De quelques Animaux les plus rares & les plus curieux de la Mer.

SI la baleine n'étoit pas si commune & si connuë, à peine croiroit-on son exiſtance, si on en faiſoit la deſcription. C'eſt l'éléphant de la mer, & il eſt bien plus grand que celui de la terre, puiſque les baleines qu'on pêche aux Bermudes ont au moins cent pieds de long, & celles de Groënland & de Spitzberg paſſent deux cent, les plus communes ayant d'ordinaire cent cinquante & cent ſoixante pieds, & elles ſont auſſi en plus grande abondance. Ces pauvres bêtes ont beau ſe retirer parmi les glaces du pôle, l'homme cruel les pourſuit dans les climats les plus froids, pour en faire de l'huile, & en emporter les côtes. Ce n'eſt pas l'homme ſeul qui eſt ſon ennemi. Il y a dans la mer un autre poiſſon bien plus petit, mais fort hardi, qui oſe l'attaquer & la combattre quand il la rencontre. C'eſt la *Licorne marine*, qui a une corne cannellée & fort aiguë dans son muſeau. La nature a fait en petit un ſemblable animal, dans le poiſſon que nous appellons *Aiguille*; ſa figure eſt ſemblable à une petite anguille, & il a une corne allongée dans le muſeau, qui n'eſt pas plus dure que l'épine interne, que je m'imaginerois qui s'allongeroit dans la tête, & qui ſortiroit dehors, comme je viens de le dire. Quand ce poiſſon (la grande licorne) rencontre la baleine, il s'éleve hors des eaux, & ſe vibrant le plus qu'il peut en l'air, il tâche en retombant de la percer avec ſa corne, la baleine s'enfonce alors dans la mer afin d'éviter le coup, & avec ſa queuë & ſes aîlerons, ou nageoires, elle fait ce qu'elle peut pour frapper la licorne, Ces deux animaux par une antipatie naturelle ſe battent ainſi à outrance, juſqu'à ce qu'un des deux fatigué quitte la partie, & s'en aille ailleurs. Il y a au contraire un autre petit poiſſon, qui, au rapport de Plutarque, conduit & guide la baleine, comme un Cocher fait le carroſſe. Il lui eſt d'autant plus utile, que ſuivant cet Auteur, elle ne voit point. Il ajoûte que ſi elle le perd, elle ſe frotte & ſe frappe contre les écueils. En récompenſe de ce ſervice, ce petit poiſſon entre dans sa gueule, & il y dort en sûreté. Que pourroit faire de mieux un homme connoissant & reconnoissant, s'il y en a. Plutarque dit avoir observé & vû cela dans l'Isle d'Antichire, en aïant auparavant entendu parler.

Les baleines n'ont point de dents, & quand on ouvre ces vastes corps, on ne trouve au-dedans que dix ou douze poignées de petites araignées noires, & quelque peu d'herbe verte rejettée du fond de l'eau. Il y a apparence que les baleines ne vivent ni de cette herbe, ni avec ces araignées, mais seulement de l'eau de la mer qui produit l'herbe & les araignées. Cette mer * est quelquefois si couverte de cette sorte d'insectes, qu'elle en est toute noire. C'est une marque infaillible pour les pêcheurs que la pêche sera bonne, parce que les Baleines suivent ordinairement l'eau où se produit cette vermine. La baleine ne fait point d'œufs, mais elle produit des petits baleine aux parfaits.

Il en est de même du *Lamentin* qui est un poisson inconnu en Europe, & estimé dans l'Amérique comme le veau

---

* Dans le Groënland.

de la mer. * Il a souvent douze ou quinze pieds de longueur, & sept à huit de rondeur. Sa chair est fort délicate. Il a sous le ventre au défaut de la tête, deux petites mains avec quatre doigts, qui sont assez semblables à celles de l'homme. Ce poisson est fort gras, & pour la délicatesse il est comparable au veau, c'est pourquoi on en fait grand cas aux Antilles. Il est velu d'un poil couleur d'ardoise. On le frappe du harpon lorsqu'on le peut joindre, & qu'il est à demi endormi sur l'eau. La femelle produit ordinairement deux petits qui la suivent par tout, & qu'elle allaitte avec deux tettes qui sont placées sous le ventre. Quand on prend la mere, les petits sont bien-tôt pris, parce qu'ils ne la quittent pas. Le dauphin produit aussi ses petits tout vivans, comme le lamentin.

Le *Tiburon* que les François appellent *Requiem*, à cause que c'est un animal très-grand, y en aïant de plus de quatre-vingts pieds de long, & qui mange fort bien les hommes ou autres animaux qu'il peut attrapper dans la mer, & qui peuvent difficilement s'échaper de lui. Sa gueule est garnie de trois, de quatre, &

Hist. des Antilles du Pere du Tertre, Tom. 2. page 200.

souvent de cinq ordres ou rangées de dents extrêmement dures. Sa chair est dégoûtante, & donne le flux de sang. On croit que sa cervelle desseichée en poudre est bonne pour la gravelle. Son foye se résout en huile, & le Pere que j'ai cité ci-dessus, assure en avoir vû prendre un, dont le foye donna quarante pots d'huile.

Il y a un poisson dans les Antilles, qui, au rapport de ce même Auteur, cause à ceux qui en mangent la même yvresse que s'ils avoient bû beaucoup de vin. Si on en mange peu, il fait dormir cinq ou six heures; mais si on en mange beaucoup, on s'endort du sommeil de la mort.

La *Gallere*, comme on l'appelle aux Antilles, est un poisson si extraordinaire, que le Pere du Tertre, qui en fait la description, avoüe qu'il ne l'avoit pas si bien examiné dans son premier voyage comme il a fait dans le second. Voici ce qu'il en dit. » J'ai remarqué que tout ce » qui paroissoit au-dessus de l'eau, n'est » qu'une vessie de la grandeur d'un œuf » d'oye. Cette vessie est claire & trans- » parente comme une feüille de tale bien » fin, toute violette & bordée par le haut

» (où elle se rétrecit) d'un filet incarnat.
» Toute cette figure ovale est mollement
» plissée, à la façon d'une coquille. Elle a
» au-dessous une petite masse gluante, de
» laquelle sortent huit bras, comme huit
» lanieres, qui ont environ la longueur
» de la main, dont quatre s'élévent en
» l'air des deux côtés, pour lui servir de
» voiles, & les quatre autres lui servent
» de rames dans l'eau.

» Ce qui m'a fait croire & dire dans
» ma premiere édition que ce poisson nais-
» soit de l'écume d'un petit limaçon,
» c'est que j'ai vû pendant certains tems
» le long des côtes de ces Isles, une gran-
» de quantité de petits limaçons de mer,
» dont l'ouverture de la coque étoit bou-
» chée de ces petites Galleres, qui n'é-
» toient pas plus grosses que de petites
» féves. Mais peut-être que les œufs de
» ce poisson s'étoient arrêtés dans ces co-
» ques, & que les poissons s'y étoient for-
» més.

» Ce poisson croît par succession de
» tems jusqu'à la grosseur d'un œuf d'oye,
» ou quelque peu davantage : il flotte
» perpétuellement sur l'eau au gré des
» vents & des ondes, bien loin de
» s'enfoncer au fond de la mer quand on

» lui fait peur, comme Pline & quel-
» ques-uns après lui l'ont aſſuré, je crois
» qu'il lui eſt impoſſible de le faire. Car
» j'en ai vû frapper avec des cordes,
» tourmenter avec des ſeaux pour les
» prendre, ſans en avoir vû une ſeule al-
» ler au fond.

» Cette Gallere eſt autant agréable à
» la vûë, qu'elle eſt dangereuſe au corps.
» Parce que je puis aſſurer avec vérité,
» que cette Gallere eſt chargée de la plus
» mauvaiſe marchandiſe qui fût jamais ſur
» la mer, & qu'elle porte avec elle le ve-
» nin le plus prompt & le plus ſubtil qui
» ſoit dans tout le reſte des Créatures.
» J'en parle comme ſçavant, puiſque j'en
» ai fait l'expérience à mes dépens. Car
» un jour que je gouvernois un petit Ca-
» not, aïant apperçu en mer une de ces
» Galleres, je fus curieux de voir la for-
» me de cet animal, & d'examiner ſi je
» pourrois y rencontrer quelque choſe de
» remarquable. Mais je ne l'eus pas plû-
» tôt priſe, que tous ſes fibres m'englué-
» rent entierement la main, & à peine en
» eûs-je ſenti la fraîcheur, (car ce poiſ-
» ſon eſt froid au toucher,) qu'il me
» ſembla d'avoir plongé mon bras juſqu'à
» l'épaule dans une chaudiere d'huile

» boüillante, & cela avec de si étranges
» douleurs, que quelque violence que je
» me pusse faire pour me contenir, de
» peur qu'on ne se moquât de moi, je ne
» pûs m'empêcher de crier par plusieurs
» fois : *misericorde, mon Dieu, je brûle.*

» De bonne fortune pour moi, cela
» m'arriva à deux heures après midi. Car
» s'il arrive qu'on tombe dans cet acci-
» dent le matin, la douleur augmente
» toûjours jusqu'à midi, & diminuë à
» mesure que le Soleil décline, & le So-
» leil se cachant sous l'horison on est en-
» tiérement guéri.

» On en voit quelquefois toute la côte
» bordée, ce qui est une marque infailli-
» ble d'une tempête prochaine. Et lors-
» qu'on marche dessus elles pettent comme
» ces vessies que l'on trouve dans le corps
» des Carpes, mais il faut prendre garde
» que ce ne soit pas à pieds nuds, parce
» qu'on ressentiroit les mêmes douleurs.
» L'eau-de-vie battuë avec un peu d'huile
» de noix d'Acajou, est le remede dont
» on se sert pour dissiper cette douleur,
» à quoi les frictions fortes sont excel-
» lentes, &c.

Le remede d'eau-de-vie & d'huile d'A-
cajou qui sont des liqueurs fort chaudes,

me fait croire que ce venin est de nature froide, suivant l'Aphorisme d'Hipocrate : *contrariis contraria curantur*, & que dans la liqueur de ce poison il y a des pointes salines, qui pénétrant les chairs & les nerfs causent cette douleur cuisante comme si l'on brûloit ; car l'ardeur du feu ne vient que des petits corps salins que la flamme lance dans les chairs. Les frictions fortes servent aussi pour briser ces pointes de sels qui piquent, & pour dissiper en partie la douleur qu'elles causent. Quant à ce que la douleur augmente à proportion que le Soleil monte, & qu'elle diminuë à mesure qu'il descend, ou qu'il se cache sous l'horison ; on doit pardonner à un Astrologue, qui croit les influences des astres, de dire que le Soleil se fortifiant & agitant l'air à mesure qu'il monte au méridien, il agite l'air, & l'un & l'autre ensemble agitent les pointes salines qui font la douleur, qui diminuë à mesure que le soleil diminuë de force, & que l'humidité de la nuit tempere & fait cesser tout à fait l'agitation des sels qui causent le sentiment douloureux. Je crois que cela doit suffire pour ce qui regarde ce poisson Gallere.

Quant au poisson que les habitans des Antilles appellent *Remora*, parce qu'il s'attache fortement aux navires, & même à quelques gros poissons, comme le Pere du Tertre dit en avoir vû quatre attachés à un *requiem*. Il y a apparence que ce poisson remora, à qui on attribuë la vertu d'arrêter un vaisseau, quoiqu'il coure avec le vent le plus fort, ou par la force des rames qui pousse une Gallere ou autre batteau ; il y a apparence, dis-je, que ce poisson est fabuleux, quoiqu'on raconte que le vaisseau de Marc Antoine fut arrêté par ce petit animal dans la bataille qui se donna entre lui & Auguste, pour se rendre l'un ou l'autre maître absolu de l'Empire. Ce qui fait croire que la vertu qu'on attribuë à ce poisson est fabuleuse, c'est que depuis deux mille ans on n'a point vû aucun effet semblable, & que dans les Antilles où l'on donne le nom de remora à certain poisson, dont le Pere du Tertre fait la description, on ne voit point que ces poissons qui s'attachent volontiers aux navires, en aient arrêté aucun lorsqu'il a mis à la voile. Il est donc probable que les vaisseaux d'Antoine & de Caligula, que l'histoire rapporte s'être arrêtés sans sçavoir comment, l'ont été par quelqu'autre cause que celle de ce poisson, & qu'en ayant trouvé un attaché au vaisseau, on lui a attribué cet effet, qui, avec raison, paroissoit surprenant. Cependant comme depuis tant de siecles il n'a point paru rien de pareil aux yeux d'aucun marinier, il y a tout lieu de soupçonner que la vertu qu'on attribuë au remora, n'est pas véritable, plûtôt que de dire que les poissons ausquels on donne ce nom, parce qu'ils s'attachent fortement aux vaisseaux, ne sont pas le véritable remora dont les Anciens ont parlé. Il est vrai que j'ai lû dans Montagne que le poisson remora est un coquillage, parconséquent fort différent du remora des Antilles, & des autres à qui on donne ce nom. Mais ce sur quoi je me fonde, c'est qu'on n'a rien vû jusqu'à present qui approche de cet effet prodigieux. C'est ce qui me porte à croire que la vertu de ce poisson dont on parle, est imaginaire, quoi qu'il y en ait d'autres à qui la nature a donné des vertus qui ne sont guéres moins prodigieuses, comme nous verrons en parlant de la torpille. C'est mon opinion & celle de plusieurs autres, plus sçavans que moi. Mais comme je ne prétends pas gêner personne, je dis mon opinion sur ceci comme dans toutes les autres choses, laissant à chacun la liberté de penser & de croire ce qu'il lui plaira.

On trouve aux Antilles un poisson qu'on appelle *Pilote*, " à cause, dit le " Pere du Tertre, qu'ayant fait rencon- " tre d'un navire, il ne quitte jamais la " proue, & on le voit nager toûjours un " pied devant, sans s'écarter jamais à " droite ou à gauche. Il semble, ajoûte " le Pere, que ce petit poisson, qui est " de la grandeur d'un maquereau, ait " été créé pour donner de l'exercice au " requiem. Car on en voit peu qui " n'aient un de ces pilotes devant eux, " qui semble leur servir de guide sans les " abandonner nullement. Véritablement " il y a du plaisir, à voir le petit pilote " se divertir & se donner carriere devant " cette bête carnaciere, qui se voïant " pour ainsi dire morguée de ce petit " poisson, le devore à tout moment des " yeux, & enrage de ne pouvoir pas le " devorer & manger de la gueule. Si-tôt " que le petit pilote se trouve sur la tête " du requiem, le requiem se tourne " promptement pour l'engloutir ; mais " le petit gaillard & alégre pilote, est " plûtôt à la queüe du requiem qu'il " n'a fait la moitié du tour. De sorte " qu'en ouvrant la gueule il est contraint " de boire un coup, au lieu de manger " un morceau. Si-tôt qu'il est retourné,

le

» le pilote paſſant gaillardement ſur ſon
» corps, gagne le devant, & fretillant la
» queüe lui ſouflette de tems en tems le
» muſeau, comme pour ſe moquer de
» ce qu'il a manqué ſa priſe. Jugez ſi cela
» eſt capable d'inquiéter & de faire en-
» rager une bête de ſi haut apetit. « Ce
manége donne lieu de croire que les poiſ-
ſons-mêmes ne ſont pas tout-à-fait privés
de connoiſſance, puiſque ce pilote ſait ſe
ſauver ſi à propos de la gueule du requiem, & le faire enrager comme il fait;
d'autant plus que les pêcheurs m'ont aſſuré, que lorſque le poiſſon peut appercevoir les filets dans ſon chemin, il fait
effort & ſaute par-deſſus, & par-là il
évite d'être pris. Si cela n'eſt pas convain-
cant, je le laiſſe à juger. C'eſt peut-être
ce petit poiſſon que Plutarque dit avoir
vû lui-même dans l'Iſle d'Antichire ſervir
de guide à la baleine, & pour lequel ce
terrible animal a de la reconnoiſſance, en
le laiſſant repoſer en ſûreté dans ſa gueule : Il en eſt de même du roitelet à l'é-
gard du crocodile ; car ce petit oiſeau
ſert de ſentinelle à cet animal, & ſi l'Ic-
neumon, ſon ennemi, s'aproche pour le
combattre, il chante, & le beque même
pour la reveiller lorſqu'il dort. Auſſi re-

connoît-il ce bien fait, en le recevant dans sa gueule, sans lui faire du mal, où il se nourrit des restes qu'il a entre les dents. Ce qui marque plus de choses qu'on n'en pourroit dire, & dont je parlerai au long dans le Chapitre du sentiment des animaux.

Le poisson *Zigem* aux Antilles, (qu'on appelle en Italie *Marteau*,) est fort gros & très-monstrueux, particulièrement la tête qui est composée comme si deux maillets étoient joints ensemble. Aux deux extrémités, il y a deux yeux gros comme des boulets de canon. Sa gueule est fort large & garnie de dents, comme celle du *requiem*, & il n'est pas moins dangereux & carnacier, quoiqu'il ait plus de peine à mordre. Sa chair est dure, filasseuse, & très-mauvaise.

Il y a des rayes monstrueuses aux Antilles, & on en a vû quelques-unes qui avoient douze pieds de la tête à la queuë, & dix d'un aileron à l'autre. Ce que je rapporte simplement pour montrer que les diverses mers ont des poissons differens en grandeur, quoique de même espece.
» Le foye de celle que l'on prit en 1634,
» dit le Pere du Tertre, fut transporté
» avec peine, par plusieurs hommes, chez

» Mr. Dernambuc, Gouverneur de l'Isle.

Le poisson *Scie* & l'*Espadon*, sont si communs, qu'il ne faut pas en parler. L'espadon se trouve non-seulement aux Antilles, mais dans les mers de Sicile. Il est appellé ainsi à cause d'une épée d'os qu'il a dans le groüin, & qui est longue de plusieurs pieds. On le darde, & on ne l'approche qu'en chantant une certaine chanson, que le Pere Kirker rapporte & qu'on n'entend pas, parce que je crois que c'étoit l'ancien langage Sicilien, & de ceux que les Latins appelloient *Magna Gracia*. Les mariniers la sçavent par tradition. Quand on la chante avec l'air qui convient, ce poisson se laisse aprocher. On donna le plaisir de cette pêche à Philippe de Bourbon nouveau Roi d'Espagne, lorsqu'il alla prendre possession des Royaumes des deux Siciles. L'un & l'autre poisson sont communs aux Antilles.

Tant de gens ont parlé du *Poisson volant*, qui se trouve près de la ligne, qu'on ne peut pas en douter. Ce poisson est de la grosseur d'une grosse sardine, ou d'un harang ; ses aîles ne sont autre choses que des nageoires allongées, qui sont aussi longues que son corps. Il a tant d'ennemis, qu'il ne peut se sauver en aucun endroit. La *Dorade* le poursuivant pour le devorer, il s'élance hors des ondes pour se sauver, mais les oiseaux n'en sont pas moins friands. Au surplus, le soleil desseichant ses aîles membraneuses, il est contraint de retomber dans la mer, où il est bien tôt dévoré par la dorade, qui a effectivement des écailles dont on ne peut pas se lasser d'admirer la beauté; on y voit briller le plus vif éclat de l'or, mêlé avec des nuances d'azur, de verd, & de violet, telles qu'on ne peut rien imaginer de plus beau: le goût de sa chair ne répond pas à cette grande beauté.

Le poisson que les Latins appellent *Torpedo*, & les Italiens *Torpilla*, est comme une espece de raye. On lui a donné ce nom, parce que non-seulement celui qui la touche reste avec tout le bras engourdi, comme s'il étoit de bois; mais ce qui est plus étonnant, c'est que les mariniers qui tirent la corde des filets, où ce poisson se trouve pris avec d'autres, restent avec le bras aussi engourdi comme s'ils l'avoient touché. Je ne suis pas trop étonné de l'effet de ce poisson quand on le touche, étant possible qu'il y ait une émanation de particules salines qui sortent de son corps, & qui se mêlant avec le sang de celui qui le manie, le refroidit de maniere que le bras en reste engourdi. Mais qu'en tirant la corde du filet où ce poisson est pris, ou qu'en le touchant seulement avec un bâton il puisse s'ensuivre un effet si étrange, j'aurois eu peine à le croire, si le sieur Rhedi, si critique & si difficile, en fait de semblables expériences, n'assuroit en avoir fait lui-même l'expérience avec tout le succès possible. On assure de plus qu'elle se cache au fond de l'eau pour attendre les autres poissons, & que ceux-ci passant par-dessus sans la voir, restent immobiles, & deviennent sa proye. Ce qui marque qu'elle sent & connoît sa vertu.

On dit qu'il y a un poisson dans l'Ethiopie, qui guérit la fiévre tierce en le tenant dans la main. L'effet qu'il produit est un si grand tremblement dans tout le corps, & une si grande émotion, que la guérison s'ensuit infailliblement. L'Histoire du païs * ajoûte, que les Ethiopiens ont plusieurs autres remedes semblables pour guérir certains maux, n'aïant pas besoin du fâcheux secours des autres hommes.

* Histoire d'Ethiopie, Part. 2. page 6.

Il y a un petit poisson qui vient dans l'Egypte, dont la chair excite à la luxure comme la Cantaride, & on l'emploie dans la composition du *Satirion*.

J'ajoûterai à ce que je viens de dire de la Torpille, que le sieur Aléxandre Fabien, Gentilhomme Espagnol, à qui Kirker dédia son Traité du Régne Magnétique de la Nature ; que ce Gentilhomme, dis-je, envoïa à ce savant Religieux deux coquilles qui avoient la même vertu, puisqu'étant touchées & approchées à une distance convenable, elles produisoient non-seulement un effet semblable à celui de la Torpille, mais elles produisoient de plus une telle émotion dans toutes les humeurs du corps, qu'il sembloit que toute la machine se séparoit en piéces, & qu'on étoit près de la mort. De sorte que l'effet de la Torpille n'est pas unique & renfermé dans ce seul poisson de la mer Méditerranée, puisqu'on voit que dans l'Occean, & même dans les poissons armés de croute, la nature a mis cette espece de poison stupéfiant, contre ceux qui sont assez hardis pour les toucher. Ces coquilles étoient ornées de plusieurs petits boutons & de belles couleurs, dont on peut voir la description dans Kirker, telle que le Gentilhomme qui lui fit ce prefent la lui envoïa.

Il y a des Huitres en Amérique, où l'on trouve en les ouvrant (la nuit) des petits vers luifans, qui font fort lumineux. Ces vers ont beaucoup de jambes, ils font fort tendres, & on ne peut pas facilement les manier.

C'eft quelque chofe qui étonne de voir des arbres chargés d'Huitres. Le Pere * du Tertre dit qu'il y en a plufieurs dans les Antilles. Et le Pere Bouffigaut rapporte qu'il y a à Plimouth, en Angleterre, des arbres femblables. Ce n'eft pas pourtant que les arbres produifent des Huitres, il n'eft queftion que de voir comment elles y font venuës. La principale circonftance eft, qu'il eft certain que cela n'arrive qu'à des arbres qui font fur le rivage de la mer. Il y a donc apparence que la mer couvrant ces arbres dans les tempêtes, & dans les grandes marées, comme je l'ai dit dans le Chapitre précédent, ait laiffé deffus du fperme des Huitres, lequel étant glutineux s'y eft attaché fortement. Que les petites Huitres y font venuës, d'autant qu'elles ont été nourries par le flux de la mer qui y vient tous les jours: Et les Huitres ve-

* Hiftoire des des Antilles.

nant à croître, les branches devenuës plus pesantes se sont encore abaissées davantage vers la mer, qui les nourrit ainsi grossies avec plus de facilité & d'abondance, les Huitres s'y tenant fortement attachées avec leurs barbes, comme elles font sur les écueils, & voilà tout le merveilleux découvert. Il faut, à la vérité, que toutes les circonstances précédentes se rencontrent pour produire un tel effet.

Le poisson nommé *Philin* a cela de particulier, qu'il forme un nid comme les oiseaux, composé d'Ahge marine, pour pondre ses œufs, & pour défendre aussi ses petits des tempêtes de la mer. Il pond deux fois par an.

L'*Aiguille* est proprement une petite Anguille, du museau de laquelle sort une espece d'Aiguille, comme de celui de la Beccasse, qui est de la longueur d'environ le tiers de son corps. Ce poisson n'a point d'arêtes, & il y en a beaucoup dans la Méditerranée.

L'*Ombrine* est appellé ainsi à cause de sa couleur sombre. Ce poisson nageant, en produit dans l'eau une couleur, qui a quelque ressemblance avec l'Iris céleste.

Le *Scorpion de mer*, ainsi nommé, parce qu'étant armé de fortes épines, ses

piqueures

piqueures sont si venimeuses, qu'il n'y a point d'autre reméde que d'appliquer sur la blessure un morceau d'un autre poisson, qu'on appelle en France *Surmulet*.

L'*Orbis*, qu'on appelle de ce nom à cause de sa figure ronde, a, dit-on, simpathie avec les vents, en ce qu'étant suspendu au plancher il tourne sa tête vers l'endroit où le vent souffle.

Le poisson *Ayal*, est semblable au crocodile. Lorsque la graisse de ce poisson brûle, on ne la peut point éteindre par aucun artifice, comme le feu Grégeois. Ce poisson vient dans la Province de *Honan* à la Chine. *

Quoique le *Bœuf marin* soit fort grand & gros, comme celui de terre, cependant il est très foible. Aussi sentant bien sa foiblesse, lorsqu'il veut attaquer le gros poisson, ou l'homme qui est sur le bord de la mer, (car il est friand de chair humaine,) il se jette sur lui & tâche de le suffoquer par la grandeur de son corps, avec lequel il presse sa proïe, qu'il tient serrée avec ses aîlerons le mieux qu'il peut. Quand l'homme est mort, faute de respiration, alors ce bœuf marin mange & jouit de sa prise.

* Martini Atl. sinic. pag. 75.

Le poisson *Abarmon* a cela de particulier, que la femelle ne pond ses œufs qu'en frottant son ventre contre un sable fort grossier, & qu'elle ne quitte point ses petits. Mais ce qui me paroît de plus étonnant, c'est que dans le tems des tempêtes, ce poisson avalle ses petits, & les rejette quand la mer est appaisée.

L'*Alcion* connoît le tems où la mer doit être tranquille, & fait ses petits sur le rivage.

Quoique la *Seiche* soit un poisson fort commun, je ne laisserai pas de rapporter deux propriétés qu'on lui donne. On sçait que ce poisson a la figure d'une poche, d'où pendent deux longs cordons. Il y a un os dans cette poche qui sert aux Joyailliers, pour jetter en moule le métal dont ils veulent former leurs joïaux. Il y en a de différentes grandeurs. Nous en mangeons à Rome, dont le corps n'est pas plus gros que le pouce, & fort agréable au goût. Il y en a d'autres de la grandeur de la main, & un fameux plongeur Sicilien disoit, (*a*) que dans le fond

---

(*a*) Le Roi de Sardaigne, qui vit aujourd'hui en simple particulier, après avoir abdiqué la Couronne en faveur de son Fils en 1730. se faisoit un plaisir, étant en Sicile, de voir plonger cet homme, à qui il jettoit quelquefois des rafles

de la mer de Sicile, il y en avoit de gros comme une barrique. Pour venir à ce que ce poiſſon a de ſingulier, c'eſt qu'on rapporte que ſi les gros trouvent quelqu'un qui ſe baigne dans la mer, ils lui lient les jambes avec leurs cordons d'une maniere ſi difficile à pouvoir s'en détacher, qu'il faut néceſſairement qu'il ſoit la proye de ces poiſſons, & d'autres auſſi voraces. La ſeconde propriété de cette Seiche, petites & grandes, c'eſt qu'entre ces cordons il y a une veſſicule très ſubtile, pleine d'une liqueur noire ſemblable à de l'encre, c'eſt pourquoi nous les appellons en Italie *Calamari*, c'eſt-à-dire, Ecritoires. Quand ce poiſſon ſe voit pourſuivi d'un autre plus grand, & en danger d'être pris, il lâche de cette bourſe tout ſon encre, qui rend l'eau ſi trouble & ſi ſombre, que le poiſſon qui le pourſuit ne peut plus le voir, & par cette

d'argent dans la mer, & il les lui donnoit s'il pouvoit les trouver, à quoi il ne manquoit preſque jamais. Il rapportoit qu'il y avoit dans le fond de cette mer, outre le poiſſon dont on parle, beaucoup d'autres poiſſons monſtrueux, qui fuioient en le voiant. Cependant il s'en trouva à la fin quelqu'un plus hardi qui l'empêcha de remonter en haut, puiſqu'ayant plongé un jour devant le Roi, on ne le vit plus reparoître.

ruse il s'échape ordinairement de la gueulle de son persécuteur ; ce qui ne me paroît pas moins adroit, que ce que nous avons dit ci-devant, des poissons qui sautoient par-dessus la corde des filets tendus pour les attraper.

Le poisson appellé *Passer*, entendant les pêcheurs, trouble l'eau afin de n'être pas vû, & se coule au fond le plus qu'il peut.

Quoique la *Mole* soit un poisson monstrueux, & semblable à la mole que les femmes produisent dans les accouchemens monstrueux, & qu'elle ait une peau très-rude, quoique de couleur argentine, cependant il émane de son corps une vapeur bleuâtre, très-étincellante & lumineuse comme la flâme, qui se voit de fort loin. Ce poisson est fort gras, & il grogne comme le cochon lorsqu'il est pris. Beaucoup de poissons reluisent étant morts, comme les vers luisans pendant qu'ils sont vifs ; c'est pourquoi je ne trouve pas merveilleux que ce poisson exale une vapeur lumineuse, & qu'étant plus gros que notre Mouche (*a*) luisante, il exale plus de vapeur, qui parconséquent se rend plus visible, & de plus loin.

(*a*) Certaines mouches d'Italie, dont l'Auteur veut parler.

On dit que le poisson *Acaramueu*, étant suspendu, luit beaucoup mieux dans les ténébres, que les huitres & le harang. On assure de même qu'il semble que l'*Hippocampo* en se mouvant dans la mer, jette du feu. On dit à peu près la même chose des franges de l'*Accara*; Aristote parle de ce poisson.

Le *Morminus* a cela de particulier, que si l'on vuide les filets où il est pris, sur le sable près de la mer, il fait de tels efforts qu'il s'en retourne dans l'eau: ou, s'il en est loin, avec la queue il remuë si fort le sable, qu'il s'y enterre & disparoît.

S'il y a des animaux dans l'air, qui passent de compagnie d'un climat à un autre, il y en a aussi dans la mer; on voit passer le harang, le ton, & plusieurs autres especes en grand nombre & de compagnie d'un lieu à un autre. A l'égard des tons, ils ont cela de particulier qu'ils suivent un dauphin qui les méne droit aux filets qu'on tend pour les prendre à leur passage, & quand ils sont tous dedans, on a soin de crier au dauphin de sortir par un endroit qu'on laisse exprès ouvert; ce qu'il fait, aussi-tôt qu'il entend la voix qui l'invite à se retirer, après quoi les pêcheurs ferment ce lieu & s'emparent des tons. Il reste à sçavoir, si le dauphin rend ce service, par l'amitié qu'il a, dit-on, pour les homme; mais quant au fait il est constant.

Le *Veau marin* est un amphibie qui est le plus souvent dans la mer, mais il ne laisse pas d'aller quelquefois à terre pour paître dans les pâturages. Ce poisson est velu, & il a deux grosses dents plus blanches que l'ivoire; c'est pour les avoir que l'homme cruel va chercher ce poisson dans les climats les plus glacés du Septentrion, où ces animaux demeurent d'ordinaire, & on les voit dormir sur les glaçons au soleil quand il luit. Ce poisson qui va souvent à terre, aussi-bien que quelqu'autres qui en font de même, a donné lieu aux Poëtes de dire que Protée méne paître le troupeau de Neptune. Quant à moi je penserois volontiers que les Poëtes n'ont pas tant inventé, qu'embelli & orné les vérités, qui étoient le fondement de leurs fables, & je ne doute point que les Anciens, particuliérement les Romains, n'eussent connoissance de la mer glaciale, puisqu'ils ont décrit ces climats où Borée & Aquilon résident, tels que nos Navigateurs qui fréquentent ces lieux, les trouvent à present; c'est-à-dire, que dans les mois de Juillet &

d'Août au lieu de pluye, la nége y tombe en abondance, & qu'on y voit les mêmes ou semblables monstres qu'ils ont attachés au char de Neptune, avec les Tritons & les Néréïdes, qui composoient sa cour & son cortege. Je parlerai donc de ces Tritons & de ces Néréïdes ou Sirennes, sans craindre de passer pour un conteur de fables, comme, fort mal-à-propos, on a souvent accusé Pline, qui, quoiqu'il ait plus d'une fois suivi des mémoires qui n'étoient pas tout à fait sûrs, a cependant presque toujours dit vrai; ce que le Pere Hardoüin, Jesuite, a fort bien démontré dans ses commentaires sur cet Auteur.

Je dirai donc que la mer non seulement produit la plûpart des animaux & des fruits qui sont sur la terre, comme par exemple, les chataignes marines, les veaux, les loups, & plusieurs autres; mais aussi des hommes & des femmes marines, à qui les anciens ont donné le nom de *Tritons*, de *Neréïdes*, & de *Divinités* marines. Les Modernes ne sont pas si liberaux, car leur vanité ne permet pas seulement de donner à ces poissons, que l'antiquité avoit divinisés, le nom d'*Hommes Marins*, mais tout au plus celui de *Singes*, soit donc hommes, ou singes, voilà ce que je trouve écrit d'eux.

Il est rapporté dans la vie de l'Empereur Maurice Tibere *, que Mene Gouverneur d'Egypte, se promenant un matin sur le rivage du Nil, dans cette partie de l'Egypte qu'on appelle *le Delta*, tout-à-coup il vit sortir du fond de la riviére un homme d'une figure gigantesque & fiere, les cheveux blonds mêlés de blanc, les jouës fort grosses & grandes; & en un mot il étoit semblable à ceux qui font profession de la lutte, &c. L'Historien ajoute qu'il ne montroit que la moitié du corps, le reste étant caché sous les eaux. Le Gouverneur l'aïant consideré, il le conjura ainsi. » Si tu es quel- » que Demon, je te conjure au nom de » Dieu de ne faire mal à personne ; mais » si tu es un ouvrage de la nature, je te » prie de ne point partir que tout le mon- » de n'aît eu le plaisir de te considerer. Le bruit se répandit, suivant la superstition de ce tems, que c'étoit le Dieu Nil qui paroissoit, & tout le monde accourut sur le rivage d'Alexandrie. Cet homme ou singe marin, demeura environ

* Histoire de Théophila Simocatta. *Lib.* 7. cap 16.

trois heures à peu-près dans la même situation, se laissant voir à tous ceux qui le vouloient. Ensuite il parut encore près de lui une femme marine, car elle paroissoit telle, non seulement parce qu'elle avoit la gorge d'une jeune personne, mais par la beauté & la blancheur de son visage, aïant une bouche agréable & vermeille, un joli nés, les cheveux noirs, & enfin telle que l'on peint les plus belles Sirennes. Ils demeurerent ainsi exposés à la vûë des spectateurs jusqu'à la fin du jour, dans lequel tems ils retournerent au fond des eaux, aïant auparavant donné quelques signes de voix, comme en saluant le peuple. Pline & Pausanias ont parlé de ces hommes & femmes marines, mais parmi les plus modernes, Alexandre ab Alexandro rapporte * que le sieur Daconeti Napolitain, homme de qualité aussi sçavant que curieux, racontoit qu'en servant le Roi d'Espagne à la guerre, il avoit vû un homme marin, tout à-fait de figure humaine, à l'exception des parties inferieures, qui finissoient en poisson. Il avoit la phisionomie d'un homme âgé, une barbe rude, & le corps plus grand que n'ont d'ordinaire

---

* 3. Genialium dierum.

les hommes. Qu'il avoit une espece d'ailes cartilagineuses, avec lesquelles il fendoit les ondes à la place des barbes que les poissons ont ordinairement. Le même Auteur ajoute encore l'exemple d'un autre homme marin qu'on avoit pris sur les côtes d'Epire, qui sortoit de sa grotte, & poursuivoit les femmes qu'il rencontroit sur le rivage, & quand il pouvoit les attraper, il les emportoit dans sa demeure pour en abuser ; où, sans doute, elles étoient suffoquées par l'eau. Loüis Güichardin & Fulgose rapportent que du tems du Pape Eugene IV. on prit près de Sebenie un homme marin, qui avoit enlevé un jeune garçon, qu'il emmenoit à la mer, on le poursuivit, & on le tua à coups de pierres & de bâtons. Il avoit la figure tout-à-fait humaine, excepté la peau qui étoit semblable à celle d'une anguille, & qu'il avoit dans la tête deux petites cornes. Ses mains au surplus n'étoient formées que de deux doigts fort longs, entre lesquels il y avoit une peau qui lui servoit pour nager. Ses jambes se terminoient en poisson, & il s'étendoit de l'extrémité de son corps jusqu'aux épaules, une peau semblable à celle d'une chauve-souris. Mais quant à moi j'avouërai franchement qu'il n'est pas facile de comprendre de quelle manière ce demi homme, demi poisson, pouvoit se traîner sur la terre, & enlever un garçon, ou une femme, à moins de dire qu'il rampoit comme les couleuvres, ou bien qu'il y a diverses espéces de ces monstres, comme nous le montrerons par la suite. Pierre Gilles assûre qu'on prend souvent de ces tritons dans la mer rouge. Un de mes domestiques me racontoit à Rome en avoir vû un à Ancone, qu'on avoit pris par hazard, & que des Charlatans montroient à une foire, le tenant dans une grande cuve pleine d'eau de la mer, il disoit qu'il étoit semblable à un homme, excepté qu'il avoit le corps couvert d'écailles comme les poissons. Cela, & ce que je vais dire après ceci, me donneroit lieu de croire qu'il y a une varieté dans l'espéce de ces hommes marins, semblable à celle qu'on remarque sur la terre, les Ethiopiens étant peu semblables aux Flamands, & les Tartares & les Lapons différens des autres Européens, quoiqu'à la verité la différence ne soit pas si grande. Ce qui me fait croire aussi cette varieté, c'est le fait que Scottus * &

* Physic. chap. 4.

plusieurs autres Auteurs rapportent unanimement d'une de ces femmes marines, qui fut jettée par la tempête dans la mer de Harlem, & que ceux de cette ville prirent l'année 1403. elle se laissa habiller comme les autres femmes, & se nourrit de lait, & des autres viandes ordinaires aux Hollandois. Au surplus, elle apprit à filer, à coudre, & elle faisoit très-exactement tout ce que ses maîtres lui ordonnoient; mais quoiqu'elle vécut ainsi plusieurs années, neanmoins elle ne parla jamais, ce qui paroît, & est en effet presque incroyable.

Quoique ce récit paroisse surprenant, néanmoins il n'est pas sans exemple, si on veut s'en rapporter à des faits historiques, qui nous font voir que ces tritons (du moins quelques-uns) peuvent vivre un tems considérable hors de l'eau, qui est leur Element naturel.

L'on compte qu'en 1187. on pêcha près d'Oxford un triton, ou homme marin, qu'on garda six mois dans le Château, d'où il se sauva enfin dans la riviere pour aller à la mer. Dans l'année 1433. on en prit un autre à Stengrave en Cleveland, qu'on nourrit pendant long-tems de poisson cru, jusqu'à ce qu'il trouva moyen aussi de se sauver. On parle de quelques-autres avantures semblables, mais celles-ci doivent suffire pour en avoir une idée.

La Martiniere * dit avoir vû un de ces hommes marins dans son voyage, étant pour lors vis-à-vis les côtes de Norvege, & les Mariniers l'assûrerent que c'étoit un présage de tempête, ce qui se verifia peu de tems après. Les Portugais des Indes Orientales parlent beaucoup de ces monstres marins, & ils attribuent aux os de ces poissons la faculté d'arrêter le sang. Feu Mr. le Duc de Brissac me donna un chapelet qu'on disoit être de ces os de tritons, mais en aïant fait experience sur moi-même, je la trouvai fautive. Il est vrai que les grains de ce chapelet paroissoient plûtôt d'Ivoire que d'os d'aucun animal, car la tromperie des marchands est fort grande. Je laisse à chacun la liberté de croire ce qu'il voudra, tant sur ce fait, que sur les circonstances de ces monstres marins.

Quoique je sois persuadé que tout ce que j'ai rapporté jusqu'ici paroîtra incroïable à ceux qui ne croïent que les choses qu'ils voïent, & qui mesurent les forces de la nature à l'aune de leur entende-

* Voyages du Nord.

ment ; cependant je ne laisserai pas d'ajouter encore quelque chose de plus, & de rapporter même des paroles & des discours de ces animaux.

En 1619. Chrétien IV. Roi de Dannemarc aïant envoïé deux de ses Conseillers en Norvege pour quelques affaires, pendant leur navigation se promenant un jour sur le Tillac, où ils consideroient la mer, tout à coup, le Ciel étant alors fort serein & calme, ils aperçûrent sur les eaux un homme marin bien formé, lequel portoit une petite quantité d'herbes marines sous son bras. Les matelots lui aïant tendu des pieges, ils le prirent & le tirerent dans le navire, où étant resté étendu par la foiblesse qu'il ressentoit d'être hors de son élement, quelqu'un des assistans en le considerant s'étant écrié » En verité, Dieu est admirable dans ses » ouvrages, aïant produit même dans le » sein de la mer des hommes, & d'au- » tres monstres merveilleux. « Tout aussitôt l'homme marin prononça distinctement ces paroles : *si vous connoissiez toutes les créatures que Dieu a formées sous les eaux, & dans les lieux les plus profonds de la terre, en plus grande quantité que sur sa superficie, vous trouveriez ce Dieu encore plus digne d'admiration.* Après cela il demanda en grace de le remettre dans l'eau, les menaçant de la mort & d'un nauffrage inévitable s'ils ne le faifoient pas. C'eſt pourquoi intimidés en partie par la crainte, & d'un autre côté étant innutile de garder cet homme qui feroit bien-tôt mort, ils le délierent & le remirent dans la mer, où il s'enfonça tout auſſi-tôt.

Le même auteur qui m'a fourni l'hiſtoire précedente, rapporte que Frederic II. étant dans un vaiſſeau, vis-à-vis du cap de Samo-Danoiſe, (*Samo-Danica,*) ce Prince vit paroître fur l'eau une Nimphe marine avec laquelle il s'entretint pendant quelque tems, & qui, parmi pluſieurs choſes qu'elle lui dit, l'aſſûra entr'autres que la Reine (qui étoit groſſe pour lors) accoucheroit heureuſement, & que ce feroit d'un garçon qui feroit l'heritier du Royaume. En effet, ce fut Chrétien IV. Elle dit au furplus que fon nom étoit *Ibrand,* qu'elle étoit âgée de 80 ans, & que fa mere, fon ayeule, & fa bifayeule vivoient encore dans cette mer. D'ailleurs l'on ajoûte que cette Nimphe étoit fort belle, ayant de grands yeux, petit nez & petites oreilles, belle bouche, & tout bien formé. Sa peau étoit couverte d'un poil blanc & fin, femblable à celui du loup & du veau marin. La partie inferieur étoit couverte d'une membrane en forme de juppe, comme celle qu'on voit aux dauphins. Je ne sçais que dire & que croire de toutes ces circonstances, particuliérement de ces discours.

Olaüs Magnus parle d'un poisson, que Gesnerus*décrit fort exactement. C'est un homme marin, tout à fait semblable à un moine, qui fut pris dans la mer Baltique, près du Château d'Elboa, à quatre lieües de Copenhague. Il ressembloit parfaitement à un homme, mais la tête rasée comme un moine, avec le capuchon derriere le col. Il fut pris en 1540 & porté au Roi, qui le fit accommoder & embaumer pour le conserver comme une chose rare. Il y en a un autre qui est semblable à un Evêque.

En 1550 on prit dans le Golphe de Venise, entre Ravenne & Chiozza, un poisson monstrueux qui voloit sur les eaux, sa figure avoit plûtôt celle d'un bouc que d'un homme.

Quoiqu'il en soit, je ne doute pas comme je l'ai dit, qu'il n'y ait differentes espéces de cette sorte de poisson. L'Auteur de la relation du Groënland dit que

* Gesnerus de Aquat lib. 4.

Chronique

Chronique Islandoise rapporte ce qui suit.
« L'on a vû le tems passé trois monstres
» marin assez grands, & d'énorme figure.
» Le premier est appellé par les Norve-
» giens *Hoffstromb*, qu'ils ont vû de la
» ceinture en haut, au-dessus de l'eau.
» Il étoit semblable aux hommes de ce
» lieu, de la tête, de la face, du nez &
» de la bouche, si ce n'est que la tête
» étoit extraordinairement élevée, &
» pointuë en haut. Il avoit les épaules
» larges, & au bout de ses épaules deux
» tronçons de bras sans mains ; le corps
» étoit délié en bas, & on n'a jamais vû
» comme il étoit formé au-dessous de la
» ceinture. Il y a eu de grands orages tou-
» tes les fois que ce phantôme a paru
» sur l'eau. « (Ce qui s'accorde avec ce
que les matelots dirent à la Martiniére)
» Le second monstre a été appellé *Mar-*
» *guguer*. Il étoit formé jusqu'à la cein-
» ture comme le corps d'une femme. Il
» avoit de gros tetons, la chevelure é-
» penduë, de grosses mains au bout de
» ses tronçons de bras, & de gros doigts
» attachez ensemble, comme sont les
» pieds d'un oye. On l'a vû tenant des
» poissons dans la main & les mangeant,
» & ce phantome a toûjours précedé
» quelqu'orage. L'Auteur ajoûte, que si

Tome IV. M

138 HISTOIRE NATURELLE

ce monftre tournoit le vifage vers les hommes du navire, c'étoit une marque qu'ils ne feroient point naufrage. Mais s'il tournoit le dos ils étoient perdus. » Le troifiéme monftre étoit plûtôt un » Méteore, &c.

On voit par la defcription de celui qui n'a point de mains, & de l'autre qui en a, la difference des efpeces.

Je n'aurois jamais fait, fi je voulois décrire tous les monftres marins. Ceux qui ont quelque foi à ces chofes peuvent en voir davantage dans Jean Zahn Allemand, duquel j'ai tiré une partie de ce que j'en ai écrit.

Mais afin d'oter tout doute, fur l'exiftance de ces hommes, finges, ou monftres marins, je veux inferer ici la relation que Mr. le Comte d'Hautefort a envoyé à Paris dans le mois de Juin 1725, par où l'on pourra voir plus particulierement ce qu'on peut croire fur cette matiére. La voici mot à mot.

Relation envoyée par Mr. le Comte d'Hautefort, commandant la Marine à Brest.

« LE vent étant à L. S. S. E. beau tems.
» Nous étions à trente brasses d'eau,
» lorsqu'à dix heures du matin, il parût
» un homme marin tout proche le na-
» vire, premiérement à bas bord, où
» étoit le Contre-Maître Guillaume l'Au-
» mône, qui prit une gaffe pour le tirer
» à bord. Mais notre Capitaine, nommé
» Olivier, l'en empêcha, craignant qu'il
» ne l'entrainât avec lui à la mer. Ledit
» l'Aumone lui donna seulement un coup
» sur le dos, pour l'engager à se tourner,
» afin de le mieux considerer. Quand ce
» monstre se sentit frappé, il présenta le
» visage, les deux mains fermées, com-
» me s'il eût marqué de la colere, ensuite
» il fit le tour du navire, & quand il fut
» à l'arriere il saisit avec ses deux mains
» le gouvernail, & nous obligea de l'af-
» surer avec deux palens, de crainte qu'il
» ne l'endommageât. Delà il passa à tribord
» en nageant toûjours de même maniére.
» Lorsqu'il fut à notre avant, il consi-
» dera quelque tems la figure qui étoit à
» notre proüe, laquelle représente une

» très-belle femme. Après quoi il prit la
» foûbarbe du beaupré, & il s'éleva hors
» de l'eau, comme s'il eût voulu prendre
» cette figure. Tout cela se passa à la vûe
» de l'équipage & à la mienne. Il revint
» ensuite à bas-bord, où on lui présenta
» une moluë penduë à une corde. Il la
» mania avec ses mains sans l'endommager;
» après quoi il s'éloigna à la longueur
» d'un cable au vent à nous ; puis il
» revint à notre arriére, où il reprit de
» nouveau le gouvernail. Dans ce mo-
» ment le Capitaine Morin fit apporter un
» harpon pour l'harponner. Il le prit lui-
» même pour lui lancer le coup, mais le
» cordage du harpon s'étant embarrassé,
» il manqua son coup, & le manche du
» harpon frappa seulement le monstre, le-
» quel se retourna, & présenta son visage
» comme il avoit fait la premiere fois.
» Ensuite il passa à notre avant, où il s'ar-
» rêta de nouveau à considerer la figure
» de notre proüe. Le Contre-Maître se fit
» porter l'harpon, mais la peur le prit &
» il n'osa lancer son coup, s'imaginant
» que ce monstre étoit le nommé la Com-
» mune, qui s'étoit tué lui-même dans le
» vaisseau l'année auparavant, & qui avoit
» été jetté dans la mer dans ce même pa-
» rage. Il se contenta de le pousser par le

» dos avec le manche du harpon, & lors-
» qu'il se sentit toucher, il retourna son
» visage comme il avoit fait les autres
» fois. Ensuite il revint le long du bord,
» de maniére qu'on auroit pû lui donner
» la main. Il eut la hardiesse de prendre
» un cordage que tenoient Jean Maziére,
» & Jean Defiete de Seigneurie, qui en
» voulant le lui arracher des mains, le ti-
» rerent le long du bord, de façon qu'il
» voulut mettre la tête sur notre bord,
» mais le cordage étant au bout il se laissa
» retomber à l'eau, après quoi il s'éloigna
» de la portée d'un fusil le vent à nous.
» Aussi-tôt il revint proche du bord, &
» s'éleva hors de l'eau jusqu'au nombril.
» nous remarquâmes, que son sein étoit
» aussi beau qu'aucune femme le puisse
» avoir, ensuite il se retourna sur le dos,
» & nous laissa très-bien voir sa nature,
» qui est toute semblable à celle d'un Che-
» val entier avec toutes ses parties. Il fit
» derechef le tour du navire, en pous-
» sant à notre arriére, aïant le dos tour-
» né, il s'éleva hors de l'eau, & fit ses
» immondices ; après quoi il s'est éloigné
» & nous ne l'avons plus vû.

» Je jure que depuis les dix heures jus-
» qu'à midi, il a été le long de notre
» bord, & si la peur ne s'étoit pas répan-

» duë, on l'auroit pû prendre avec les
» mains plusieurs fois, n'étant éloigné du
» bord que d'un pied. C'est pourquoi tout
» l'équipage a eu la facilité de le bien con-
» siderer. Cet homme marin a environ
» huit pieds de long. Il a la peau brune
» & bazanée, & sans écailles. Tous les
» mouvemens de son corps ressem-
» blent à ceux des hommes. Il a les
» yeux bien proportionnés. La gueule pe-
» tite à proportion de son corps. Le nez
» fort camard, large & plat. Les dents
» larges & très-blanches, la langue épaisse,
» les cheveux noirs & droits. Le menton
» couvert de barbe mousseuse, des especes
» de moustaches sous le nez, les oreilles
» comme celles d'un homme, des nageoi-
» res entre les doigts des mains & des
» pieds comme les canards, un très beau
» sein, à cela près semblable à un homme
» très-bien fait. Ce qui est prouvé par le
» rapport certifié, des Capitaines Olivier,
» & Marin, de moi Jean Martin, Pilote
» de la *Marie de Grace*, & de tout l'équi-
» page composé de trente-deux personnes.

Addition de l'Editeur.

J'ai crû que je ne déplairois point au Lecteur curieux, d'ajoûter ici l'extrait d'une Lettre, qu'un de mes amis, premier Secretaire de l'Intendance à la Martinique, m'écrivit peu de tems après son arrivée dans ce païs, qui confirme la Relation précédente ; le voici.

J'oubliois de vous dire au sujet du vaisseau La Marie de Grace de Honfleur, sur lequel je devois m'embarquer d'abord sans l'accident qui lui arriva, que c'est le même, auquel il est arrivé la rencontre d'un monstre marin, dont vous avez la Relation, qui m'a été certifiée par un homme de l'équipage qui y étoit lors de cet événement, & qui a trouvé juste & véritable la Relation que je lui en ai lûë, & dont j'avois pris copie chez vous. C'est un beau vaisseau de trente canons, en frégate, dont la figure qui est à la prouë est une très-belle femme, tignonée, & habillée d'une robe jaune, doublée de bleu. C'est la plus belle figure que j'aie encore vû à aucun vaisseau depuis que je navigue. Je crois que cette certitude vous fera plaisir, &c.

Mais quelque chose qui paroîtra encore plus extraordinaire, à ceux qui ne peuvent pas croire que les monstres marins ont la figure humaine, c'est ce que l'Abbé de Choisi rapporte dans la Relation du voïage qu'il fit à Siam avec l'Ambassadeur du Roi. * Il dit donc que le

* Louis XIV.

Roi de Siam a certains réservoirs de Poissons dans ses jardins, où parmi ceux qu'on y conserve, il en a vû entr'autres certains qui ont le visage semblable à celui des femmes. Peut-être que cette ressemblance n'est pas bien exacte, mais c'est toûjours une curiosité de nature.

On trouve des *veaux marins* dans le détroit de Magellan, dont le Capitaine Narborough nous donne la description suivante dans les voïages de Coreal. » Les mâles, quand ils sont
» vieux, sont ordinairement aussi
» grands qu'un veau, & ressemblent du
» col, du poil, de la tête, du museau,
» du crin, à un lion. La femelle ressem-
» ble aussi par-devant à une lionne,
» excepté qu'elle est toute veluë, &
» qu'elle a le poil uni comme un cheval.
» Au lieu que le mâle ne l'a uni que sur
» le derriere. Ils sont fort difformes. Le
» derriere leur va toûjours en rapetissant
» jusqu'à deux nageoires ou pieds fort
» courts qu'ils ont à l'extrémité du corps.
» Ils en ont deux autres à la poitrine, de
» sorte qu'ils peuvent marcher sur terre,
» & même grimper sur les montagnes as-
» sez hautes. Ils se plaisent à coucher au
» soleil & à dormir sur le rivage. Il y en
» a qui ont plus de dix-huit pieds de long

&

» & qui sont gros & gras à proportion.
» Pour ceux qui n'ont que quatorze pieds
» de longueur, il y en a des milliers,
» mais les communs n'en ont que cinq,
» & ils sont fort gras. Ils ouvrent toûjours
» la gueule, & deux hommes ont assez
» de peine à en tuer un des gras avec un
» espieu, qui est la meilleure arme dont
» on puisse se servir en cette occasion.
» La chair en est aussi belle & aussi blan-
» che que celle de l'agneau, & très-bon-
» ne à manger fraiche; mais elle est bien
» meilleure quand on l'a tenuë un peu
» dans le sel. Tous les veaux que nous
» aprêtames (car on en sala beaucoup)
» étoient des plus jeunes, & *qui tétoient*
» *encore leurs meres*. Dès qu'elles viennent
» à terre elles bêlent, & les petits les
» suivent en bêlant comme des a-
» gneaux. Une vieille femelle en alaitte
» quatre ou cinq, & chasse les autres pe-
» tits qui s'approchent d'elle, d'où je juge
» qu'elles ont quatre ou cinq petits d'une
» ventrée. Les petits que nous tuâmes &
» mangeâmes étoient gros comme un
» chien de moïenne grandeur. Nous dé-
» graissâmes les plus gras, & nous en fî-
» mes de l'huile pour les lampes, & pour
» les usages du vaisseau : mais nous gar-
» dâmes pour la friture l'huile qu'on tire

Tome IV. N

» des jeunes, mes gens la trouvoient auſſi
» bonne que de l'huile d'olive. Et cela
» fut cauſe que la plûpart ramaſſérent des
» herbes pour les manger en ſalade, &c.

Il y a auſſi en Angleterre du côté d'Oxford des veaux marins, qui vont ſur les rochers ſe chauffer au ſoleil, & pendant qu'ils dorment il y en a un qui eſt en ſentinelle, & qui fait du bruit quand il entend quelqu'un. Alors ceux qui dormoient ſe réveillant ſe jettent dans la mer, & s'ils ſont pourſuivis de trop près, ils jettent avec les pieds de derriere du ſable, des pierres, & tout ce qu'ils trouvent dans leur chemin. Ce qui eſt ſemblable à ce que j'ai rapporté des autruches, & à ce qu'on raconte des ſinges du Cap de Bonne-Eſpérance, lorſqu'ils vont à la picorée dans les jardins des hollandois; mais comme le ſinge a plus d'eſprit, il fait auparavant proviſion de pierres, pour les lancer avec ſes mains contre ceux qui voudroient le pourſuivre.

Je laiſſe à la diſcrétion du Lecteur de croire tout ce qu'il plaira des choſes que j'ai rapportées. Cependant il eſt certain que Dieu, auteur de la nature, en a plus fait que l'homme n'en peut imaginer; étant juſte qu'une ſageſſe infinie, en fit plus, que ce que l'homme imbécille & fini peut comprendre.

Il y a un grand nombre d'autres poiſſons que nous appellons monſtrueux, parce qu'ils ne reſſemblent à rien de ce que nous ſommes accoutumés de voir. Mais j'ai déja dit que la Nature ne s'eſt pas arrêtée à nos idées, & elle ſe diverſifie en tout, comme nous en avons vû quelques eſſais dans le cours de cet ouvrage, qui doivent ſuffire aux perſonnes d'eſprit pour comprendre la ſageſſe infinie, qu'on appelle Nature, laquelle n'eſt autre choſe que Dieu même, auteur & cauſe premiere de tout ce qui exiſte.

CHAPITRE VIII.

Des Limaçons & des Huitres de mer, suivant les observations de Messieurs Lister & de Willis, de la Société Royale de Londres.

J'AI crû que je ne devois pas finir la considération des animaux curieux de la mer, sans parler des poissons qui ont une croûte dure, tels que les huitres, & grand nombre de limaçons, de figures si différentes, & de couleurs si belles, qu'il faut avouer que la grandeur de l'ouvrier se fait admirer jusques dans ses plus petits ouvrages. J'abrégerai autant que je pourrai les observations que de savans Membres de la Société Royale de Londres ont fait sur cette matiere, d'autant que ce seroit un ouvrage infini, si on vouloit diviser & distinguer toutes les espèces de ces poissons qui ont une croûte. Je les réduirai seulement à deux espèces, c'est-à-dire à ceux qui sont comme les huitres, enfermés dans deux coquilles, & ceux qui ne sont enfermés qu'en une seule croûte, comme les écrevisses, limaçons, & autres semblables.

La substance de ces animaux à croûte est une certaine chair pleine de muscles, dans laquelle on ne trouve ni os, comme dans la seche, ni épines, comme dans la plus grande partie des poissons. Il semble que la nature ait placé au-dehors dans cette croûte (où l'animal est renfermé) ces os ou arêtes qui sont au-dedans des autres pour soutenir leur chair, afin de nous faire remarquer que la sagesse infinie de l'ouvrier sait faire les choses en plusieurs manieres, ce qui bien considéré me paroît admirable.

Quant à moi, je ne doute point que cette croûte ne soit formée par la liqueur que l'animal même jette de sa propre chair; & cette liqueur étant fort visqueuse & semblable à la salive épaisse de nos crachats, par la consommation de l'humidité superfluë, elle se durcit. Ce qui me le persuade encore, c'est qu'on voit que le coquillage est formé d'une quantité de feuilles couchées les unes sur les autres, dont la derniere, sans doute, est toûjours celle où l'animal est immédiatement enfermé, & laquelle s'étend suivant que l'animal même croît & s'étend. Je croirois volontiers que cette matiere visqueuse se répand plus abondamment des franges ou extrémités de l'huitre, que du reste de son corps, d'autant que la coquille est toûjours plus étenduë que le poisson. Il faut dire aussi qu'il y a ce petit poisson qu'on appelle *Pacellis*, certaine espece d'huitre attachée au rocher, qui n'a qu'une seule écaille du côté de la mer que la nature lui forme par un semblable moïen, comme si elle vouloit empêcher ce poisson d'être devoré par les autres. C'est pourquoi il se couvre de cette écaille comme d'un bouclier contre l'avidité des poissons voraces, quoique la nature en laisse d'autres tous nuds sur les mêmes écueils qui sont fort délicats, & fort bons à manger.

Quant aux autres qui sont enfermés dans une seule coque, comme les écrevisse, les limaçons, & autres semblables, c'est particuliérement sur ceux-ci que je veux m'arrêter un peu, parce qu'il semble que la nature ait pris plaisir d'orner leurs coques de couleurs si brillantes, qu'on n'en peut regarder sans admiration le mélange & la beauté ; les unes marquetées différemment, les autres ondoyées d'une maniere bizarre, &c. Quant à ceux-ci, dis-je, il faut dire que leur coquille est formée de même par la transfusion de la liqueur glaireuse qui sort de leurs corps. Ce qu'on peut prouver par l'exemple des limaçons; car si on contraint ces petits animaux à répandre plus abondamment qu'à l'ordinaire cette liqueur interne, en la ramassant, & la mettant sur le feu, elle se réduit facilement en une matiere dure comme la pierre, & semblable à leur coquille. De plus, plusieurs limaçons jettent une espece de boüe, quand l'hyver approche, qui bouche tout l'orifice de l'ouverture de la coque, pour dormir en repos tout l'hiver. Quelques-uns même tiennent cette pierre attachée à leur bouche, de maniere qu'ils ferment exactement cette ouverture, & ce couvercle est aussi dur & aussi ferme que la coque où ils demeurent. D'ailleurs, puisque cette croûte qui enveloppe leur corps n'est point formée par l'addition d'aucune substance externe, il faut bien dire qu'elle vient de la matiere interne de l'animal, qui n'a pas ordinairement de dents, mais seulement des gencives, formées par un os assez dur pour pouvoir manger ce qui lui convient.

Mais ce qui paroît curieux est la recherche du sexe de ces limaçons de mer, qu'on ne peut pas si bien observer comme ceux de terre; voici néanmoins ce qu'on rapporte des uns & des autres. La plus grande partie (si non tous) des limaçons qui ont une coque sont androgines, c'est-à-dire, que chacun a les deux sexes mâle & fémelle. Comme ils ne pourroient pas cependant s'en servir étant renfermés dans leur coque, si leurs sexes étoient placés au milieu du corps, comme à plusieurs autres, la nature y a pourvû en les plaçants vers le col. Au surplus, (chose rare,) elle a donné à ces animaux le privilege d'agir & de souffrir reciproquement dans le même tems pour engendrer. Ce qui se fait de la manière suivante. Il sort au même tems de l'ouverture du col, du mâle & de la fémelle, une petite vessie enflée, semblable dans sa proportion à celle d'une carpe, diaphane & transparente, & les deux limaçons s'approchant alors, chacun d'eux l'introduit dans le trou qui est placé au col de l'animal, & s'embrassant ils demeurent ainsi quelque tems sans notable mouvement. Pendant même qu'ils sont dans cette conjonction, on peut les transporter où l'on veut, sans qu'ils se détachent. Ce membre masculin est extrêmement grand, à proportion de leur corps. Ces animaux produisent leurs œufs par la même ouverture, & ils les répandent dans des lieux convenables à leur espéce. Les terrestres dans la bouë, dans le creux des arbres, ou des rochers, & où il convient pour les faire éclore, & y trouver de la nourriture. Cette même nécessité fait que ces animaux ont un boyau qui de la bouche s'étend tout du long du corps, & après rebrouffant chemin remonte vers l'oreille, par où ils déchargent les excrémens. C'est apparemment par ce membre ou quelque-autre semblable, qu'ils font l'action de la génération.

Quoique ce soit une chose extraordinaire, néanmoins nous avons vû que le mâle de la vipere a deux membres, & la femelle deux vagins pour le recevoir. Ce que je rapporte, afin de désabuser ceux qui veulent réduire les operations de la nature sous une regle, parce qu'elle fait ce qu'elle veut, & nous ne pouvons faire autre chose que d'admirer ce que nous remarquons. Il est vrai que des œufs précedens sortent les petits limaçons quand il est tems, plûtôt ou plus tard, suivant la saison où ils s'accouplent. Car tous ne s'accouplent pas dans la même saison, mais suivant la chaleur & le suc nourricier dont ils ont besoin pour être excités à faire l'action de la génération. C'est ordinairement durant les trois mois du printems, & dans l'eté qu'ils pondent leurs œufs, souvent au nombre de plus de cent, d'où sortent ensuite les petits limaçons qui ne font pas plus gros qu'un grain de poivre, & quelquefois comme un grain de millet. C'est un plaisir de voir sortir ces petits animaux hors de l'œuf, les cornes élevées, marcher, & se nourrir dès le moment qu'ils commencent à vivre.

Il est à remarquer que la coque où ils sont, est déja formée dans ce tems en sortant de l'œuf, quoique très-mince & transparente comme un tendre cartillage. Quoi quils fassent tout d'eux-mêmes, néanmoins les limaçons les plus gros conduisent leurs petits au pâturage, & ils ne s'éloignent pas beaucoup d'eux, jusqu'à ce qu'ils soient un peu plus grands & faits aux dangers, comme font les Scolopendres.

Il y a des limaçons (je parle des terrestres) qui ne s'accouplent que dans l'Eté, & produisent leurs œufs au commencement de l'Automne. Ceux-ci ne s'ouvrent qu'au Printems suivant, comme font les œufs de la plûpart des insectes.

Quant aux limaçons aquatiques, il y en a qui produisent des œufs comme les terrestres, & d'autres qui répandent une espece de matiere spermatique gluante, semblable au blanc d'œuf d'une poule.

Si l'on obferve ce fperme tranfparent avec le microfcope, on remarque certains points plus ou moins opaques & grands, fuivant la groffeur de l'animal, & ces points en croiffant donnent lieu de voir & de diftinguer les petits limaçons, qui demeurent quelque tems envelopés dans cette humeur gluante, dont ils fe nourriffent (chofe admirable) jufqu'à ce qu'ils foient plus grands. Ce qui donne lieu de connoître que ces petits animaux naiffent vivans dans le ventre de la mere, d'où ils fortent avec cette matiere glaireufe, qui leur fert comme de lait dans ce commencement: ou bien il fe peut que cette fubftance glaireufe foit la matiere de la fémelle, qui produit l'animal dans les endroits où elle eft arrofée du fperme mafculin, & cette matiere gluante que la femelle fait fortir de fon ventre, fert comme d'une efpece de *Placenta* à ces petits animaux. Car on remarque que non-feulement ils en fuccent une partie par la nourriture, mais qu'ils la brifent auffi en croiffant, comme les grenouilles font de la peau où elles font enveloppées.

Le nombre des petits limaçons eft différent, auffi bien que la maniere de les produire; d'autant qu'il faut obferver qu'il y a des limaçons qui produisent toute leur famille dans le même tems, d'autres, particulierement les plus gros, en différens morceaux de cette matiere glaireuse, & féparément.

Il faut noter aussi que les limaçons de tout genre, tant terrestres qu'aquatiques, n'observent point en s'accouplant l'union de la même espece précise. Mais il suffit qu'il y ait quelque médiocre ressemblance, soit dans la grandeur, la figure, ou les couleurs: ni plus, ni moins que deux chiens de grandeur & de poil différent, ou comme l'âne & la jument, le lion avec la femelle du léopard, le singe quand il peut avec la femme, & des hommes brutaux avec des quadrupedes; enfin suivant la disposition réciproque.

Quant aux parties de leur corps, les limaçons, tant terrestres qu'aquatiques, ont deux ou quatre cornes; mais les maritimes n'en ont d'ordinaire que deux, de la même substance de leur corps. Ils peuvent retirer ces cornes tout à fait au-dedans de leur tête, comme s'ils n'en avoient jamais eu, & on peut conjecturer par cet effet, que la substance de ces cornes n'est composée que de muscles. Dans leur pointe il y a une espece de petite boule, qui termine la corne comme une tête d'épingle.

Ces cornes méritent d'être admirées, car il y en a de tortues comme celles des bœufs, d'autres qui sont cannellées comme celle de la licorne marine, & quelques-unes remplies de tubérosités semblables à celles des cerfs. En un mot, la corne suit la nature de la croûte, qui lorsqu'elle est lisse, la corne est lisse, ou rigolée, &c.

Mais ce qui me paroît encore plus curieux, c'est que quoique les limaçons qui ont deux cornes, aïent les yeux placés au pied de ces cornes, & qu'on puisse les distinguer comme deux points noirs; néanmoins on observe que la situation des yeux des limaçons n'est pas fixe, car les uns les ont placés en divers endroits de ces cornes, & quelques autres, en assez grand nombre même, les portent dans la pointe de ces cornes où est cette petite boule ronde, de maniére qu'ils regardent par cette corne, comme avec un telescope. Cependant il faut remarquer que dans ceux qui ont quatre cornes, les yeux sont communement dans la pointe des plus petites cornes, & ceux qui n'en ont que deux, leurs yeux sont placés assez souvent au milieu de chaque corne.

Dans ceux qui ont les yeux placés au pied des cornes, outre les fentes des yeux, on en remarque encore deux autres, dont on ne peut pas sçavoir au vrai quel en est l'usage, & si elles servent d'oreilles ou de narines, ou de quelqu'autre organe que nous ne connoissons pas.

On remarque aussi qu'il sort de ce trou d'enbas, qui fait l'office d'anus dans la plûpart des limaçons aquatiques, une espéce de petit tuyau semblable à une langue, avec laquelle non-seulement ils léchent leur propre corps, mais aussi leur coque; au surplus, par ce petit tuyau ils rejettent l'eau, comme fait la baleine, soit pour la nécessité de respirer, ou pour leur plaisir, & d'autant que ce petit canal n'est pas toûjours au-dehors, on conjecture que c'est par cet instrument qu'ils respirent, & qu'il communique avec les poulmons. Peut-être aussi qu'il est necessaire aux animaux qui vivent dans l'eau, d'avoir plusieurs endroits par où ils puissent respirer. Ce canal ou langue est d'une longueur assez considérable, car elle a au moins un demi pied, & c'est avec elle, comme je l'ai dit, que l'animal se léche lui-même, & la partie intérieure de la coque où il demeure.

Quoique ces animaux aïent des pieds,

néanmoins ils imitent dans leur marche les vers & les couleuvres, & ils ont au bas une espéce de frange fibreuse, avec laquelle s'attachant fortement dans l'endroit où ils marchent, ils peuvent non-seulement marcher sur la terre, mais s'élever aussi sur les murs les plus unis. Cependant lorsqu'ils veulent monter trop haut, par le poids de leur coque ils sont précipités vers le bas. La pesanteur de leur coquille est la cause que la plus grande partie demeure sous l'eau, & ne peuvent pas nager, particulierement quand ils sont vieux, & que leur coque est trop grosse. Il y en a néanmoins qui viennent sur l'eau en déployant & élargissant leurs franges; & lorsqu'ils veulent retomber, au fond, ils n'ont qu'à rentrer dans leur coque, dont la propre pesanteur les entraîne au fond des eaux.

Cependant ces animaux vivent tous d'ordinaire dans le fond des eaux, où ils rampent, & se repaissent du limon & des herbes de la mer, ou bien des poissons ou autres limaçon plus petits, suivant la regle génerale de nature, *que le plus fort opprime le plus foible*. Comme ces animaux sont pesans, ils sont transportés de côté & d'autre suivant les mouvemens de la mer, qui les jette souvent sur le sable du rivage, où ils restent à sec jusqu'au retour des eaux. Les plongeurs rapportent qu'on entend au fond de la mer un grand bruit, qui résulte de ce que ces animaux s'entrechoquent avec leurs coques, ils disent aussi que le fond de la mer est parsemé & rempli, pour ainsi dire, de ces animaux, & qu'il y en a d'une grandeur prodigieuse, comme par exemple le limaçon qu'on pêcha sur les rivages d'Holstein, qui pesoit 464. livres, étant certain que nous ne voyons que la plus petite quantité des poissons de la mer.

Mais on doit remarquer deux choses entr'autres. La premiere, que la figure de leur coque suit celle de leur corps; car ceux qui ont le trou rond, ont tous cette circonlocution qu'on observe en ces sortes de limaçons, & leur corps est fait ainsi en maniére de spire. Ce qui me paroît en second lieu très-curieux à remarquer, c'est que tous ceux qui sont en deçà de l'Equinoxial, excepté quelqu'uns qui sont très-rares, ont leur spire tourné de la gauche à la droite, c'est-à-dire de l'Occident à l'Orient, comme si elles imitoient le mouvement de la Terre. Mais pour parler juste, il faudroit
sçavoir

sçavoir comme les spires des limaçons sont tournés au-delà de l'Equateur.

Quoique tous les limaçons terrestres aiment une humidité, ce n'est pas néanmoins les tems de pluye, & encore moins celle qui est froide, mais cette humidité qui est produite par une rosée chaude & subtile, qui humecte les campagnes. C'est alors que ces animaux sortent, & qu'ils mangent avec plaisir des herbes, particulierement celles qui sont aromatiques, & qui ont un goût & une odeur aiguë, & de substance visqueuse. C'est pourquoi on les nourrit à Rome avec du romarin, pour les manger, afin de temperer leur nature flegmatique par la nourriture qu'ils aiment.

Avant de finir ce discours sur les limaçons, il faut dire aussi deux mots des Limaces, qui quoique sans coque n'en sont cependant pas tout-à-fait dépourvûës, puisqu'elles ont sur le dos, au-dessous de la peau, un certain cartilage, qui, quand elles se retirent en elles-mêmes, les couvre & les met en partie à l'abri des injures externes. Ce cartilage devient quelquefois aussi dur qu'une pierre, ce qui fait que quelques-uns ont dit que ces limaces ont une pierre dans la tête, à laquelle on

Tome IV. O

attribue beaucoup de vertus. Cependant on se trompe, quoi qu'il puisse bien être que quand on touche la limace, & qu'elle se retire en elle-même, cet os vienne répondre à la tête, & ait occasionné de croire que ce cartilage osseux est dans cette partie : mais il est véritablement sur le dos, & dans la plus grande partie du corps, comme je crois l'avoir suffisamment expliqué.

Quand ces limaces veulent s'accoupler ensemble, cela se fait d'une maniere curieuse. Elles jettent quantité de bave du haut où elles sont vers le bas où est l'autre, & forment ainsi une espece de corde semblable à la toile de l'araignée tortillée. Elles se glissent sur cette corde-là la tête en bas, & réciproquement elles se joignent & s'embrassent au col, où l'une & l'autre fichent leur aiguillon, qui, comme nous avons dit, est semblable à une vessie de carpe. Quelque tems après, parmi les pierres, ou les arbres pourris, elles pondent leurs œufs, qui produisent ensuite les petites limaces sous la figure de vermisseaux très-petits.

Il semble, & il est vrai, que je me suis étendu beaucoup sur la considération de ces animaux, qui ne paroissent pas mériter notre attention ; mais je l'ai fait exprès, afin qu'on voïe que dans les choses qui semblent les plus méprisables, le divin Créateur se plaît à faire voir les plus grands effets de sa toute-puissance. Car en considérant la beauté & l'ordre des couleurs dont la nature les a revêtus, la diversité qui est entre tous ces animaux, &c. il faut avoüer qu'ils sont très-dignes de notre attention, pour y contempler la grandeur & la sagesse de l'Auteur de l'univers, qui a diversifié de tant de manieres les créatures qu'il a répandu dans tous les élémens : aïant mis tant de variété dans les figures, tant de plumes si belles dans les oiseaux, de poil dans les animaux, & de couleurs brillantes dans ces poissons pierreux. Je ferai remarquer ici que l'humeur glaireuse de tous les poissons qui ont une croûte dure les rend très-indigestes, & produisent de mauvaises humeurs. C'est pourquoi Moïse, en homme inspiré & comme bon Philosophe, défendit aux Juifs d'en manger.

Aïant à parler des animaux à coque les plus curieux de la mer, un de ceux qui mérite le premier rang, est sans doute celui qui fournit la couleur dont les plus grands Princes s'ornent, je veux dire le limaçon qui donne la *Pourpre*. C'est le sang d'un limaçon turbiné & vermiculé en long, de la grosseur d'une grande noix. L'animal est semblable à un limaçon terrestre. Sa chair est jaune, avec des taches rouges & bleues. Il a deux cornes, dans le milieu desquelles les yeux sont placés. Il fait sortir par un petit canal sa langue, qui est couleur de pourpre.

Ce limaçon venoit abondamment sur les côtes de Tir, dans quelques lieux de la Grece, & dans la mer des deux Siciles. On dit que le chien d'Hercule aïant trouvé un de ces limaçons sur le rivage de Tir, qu'il prit dans sa gueule, & qu'il écrasa, ses barbes en furent teintes de cette belle couleur de pourpre, ce qui donna de l'admiration à Hercule qui l'enseigna aux Tiriens.

Il y a de ces limaçons de pourpre de différentes figures, les uns plus grands ou plus petits, quelques-uns avec des pointes; & suivant la variété de figure de la coquille, l'animal est différent aussi, car c'est l'animal qui fait la coquille, comme je l'ai dit. La couleur de leur sang est différente, suivant les lieux où ils vivent, y en aïant dont la couleur est plus obscure, ou plus claire. Pline loüe celle des limaçons de Pozzolo, près de Naples, parce que leur couleur est de vrai écarlate; il y en a quelques-uns qui l'ont cramoisi, & d'autres violette. Il y a de ces coquilles non-seulement marines, mais il y en a aussi de rivieres, qui donnent quelque couleur rouge, & il en vient en Angleterre dans la riviere de Cam, dans le Duché d'Yorck. On trouve encore aujourd'hui dans la Méditerranée abondamment d'une espece de limaçons qui jettent une belle couleur rouge, en forme d'écume, qui teint les mains de ceux qui les touchent, & le linge, & cette teinture ne s'en va pas facilement en lavant la toile qui en est teinte. La figure de ce limaçon est differente de toutes les autres especes. La partie qui est enfermée dans la coque est spirale, comme celle des autres limaçons, mais celle qui sort de la coque ressemble tout-à-fait au membre de l'homme dans l'état d'érection. Il a une glande au bout, de la grosseur d'une féve, où l'on remarque une fente assez subtile, qui ressemble tout-à-fait au sexe féminin, & qui est fort rouge en dedans. Il y en a plusieurs autres qui ressemblent au membre humain, mais ces limaçons sont entortillez comme des cornées, tant la nature se plaît à diversifier ses ouvrages.

Pline rapporte qu'il falloit observer, pour se servir de la couleur pourpre,

1°. Que l'animal fut vivant, sans quoi la couleur se perd. 2°. De l'ouvrir en un instant, afin que l'animal ne sentît point une longue douleur. Après cela, dit-il, on mettoit ce limaçon dans des vaisseaux de plomb, avec du sel qui donne du lustre, & on le faisoit bouillir, ensuite de quoi on teignoit la laine.

La bonne pourpre étoit celle du mâle, & si en jettant de l'huile elle ne s'en imbiboit point, elle étoit parfaite.

Les ouvriers en pourpre étoient exempts de toutes impositions, par l'estime qu'on en faisoit, & les Princes & les Sénateurs seuls pouvoient s'habiller de cette couleur.

Aujourd'hui on ne se sert plus de ce poisson, la cochenille qu'on dit être un vermisseau qui se produit en quantité dans certains endroits de l'Amérique, fournissant de quoi faire cette couleur avec moins de peine & de dépense.

Ce limaçon précieux m'invite à dire quelque chose de ceux qui produisent des perles. J'ai dit ailleurs que les huitres & les moulles en produisent, mais je rapporterai de plus les paroles suivantes qu'on dit à ce sujet. * » Vous notterez,

---

* Relation de Groenland, page 182.

» Mr. que les moulles de Danemarck
» sont pleines de semence de perles im-
» parfaites, & que ceux qui en mangent
» ne trouvent presque autre chose que de
» cette sorte de gravier dessous les dents.
» On pêche de ces moulles en abondance
» dans la riviere de *Golding*. Il y en a
» qui ont des perles fines, quantité de
» petites, & quelques-unes assez grosses
» & rondes. Ce Groenlandois (qu'on
» avoit amené en Danemarck) avoit fait
» connoître qu'on pêchoit des perles en
» son païs, & qu'il étoit expert en cette
» pêche. Le Gouverneur de Golding le
» mena avec lui dans son gouvernement,
» & lui donna de quoi s'exercer dans la ri-
» viere qui porte des perles. Le Sauvage y
» réussit à merveilles, car il alloit sous
» l'eau comme un poisson, & n'en reve-
» noit point sans moulles qui eussent des
» perles fines. Ce Gouverneur se persuada
» que si cela continuoit, il mesureroit
» bien-tôt les perles au boisseau. Mais
» son avidité lui fit perdre ses espérances,
» parce que l'Hiver le surprit, & que
» ne voulant pas se donner la peine d'at-
» tendre l'Eté pour continuer sa pêche,
» il envoyoit ce pauvre Sauvage à l'eau
» comme un barbet, où il le fit plonger
» si souvent dans les glaçons qu'il en mou-

rut, &c. Ce recit qui nous fait voir que les perles viennent en tant d'endroits, tant dans les huitres que dans les moulles, fortifie le penchant que j'ai à croire que la perle est formée par cette humeur gluante que l'animal ne peut tout-à-fait expulser dehors, & qui lui cause cette espece de pierre. Soit qu'on la puisse appeller maladie ou non, c'est toûjours un excrément glutineux de cet animal, dont nous faisons un si grand cas, ce qui fait voir notre misere.

La mer contient non-seulement des poissons semblables à tous les animaux de la terre, mais même aux étoilles du Ciel, car il y a de ces animaux à croûte qui ont la figure d'étoilles à cinq & même plusieurs pointes, (j'en ai vû une qui étoit d'un rouge passablement beau) & d'autres marquetées de petites élévations comme des petits boutons, & ils vivent & se nourissent comme les autres. Il y a aussi des chataignes de mer, qui sont rondes & épineuses, comme la coque dans laquelle naissent les chataignes sur l'arbre, & dans ce coquillage on remarque dans la place où est la queuë du véritable fruit, une espece de bouche par où l'animal se nourrit ; car on trouve au-dedans de cette chataigne ses boyaux, & beaucoup de

nourri-

nourriture qu'on jette, pour avoir certaines petites parties charnuës, longuettes & rouges, qui sont fort agréables à manger. Notez, que toutes les épines de cet animal ont du mouvement, & il se roule sur elles comme sur autant de pieds pour aller de côté & d'autre chercher la nourriture. De maniere qu'il n'est pas facile de dire comment cette croûte mobile peut avoir du sentiment, n'ayant aucune figure d'animal, mais comme je l'ai dit, seulement celle d'une chataigne attachée à l'arbre. Cependant elle se meut, & elle cherche & trouve ce qui lui convient, tant la nature est admirable dans ses ouvrages.

On trouve aussi dans les rochers certaines pierres semblables au Tuff, dans les trous desquelles il y a de petits poissons nichés, que les friands trouve d'un grand goût, & il faut casser ces pierres à coup de marteau pour avoir le petit poisson. Il y en a qui croyent, que ce poisson forme la pierre, comme l'huitre sa coquille. Mais je suis porté à croire avec d'autres, que ces petits animaux s'y retirent étant fort petits, & peut-être qu'ils se nourrissent de cette pierre salée pour n'être pas étouffés ; cependant ils sont toûjours naturellement fort petits.

Tome IV. P

J'ajoûterai encore une remarque qui m'avoit échapé, & qui me paroît digne d'attention. C'est qu'une grande partie de ces poissons à croûte, comme les huitres, les moulles, & autres semblables qui se tiennent attachés aux écueils, font sortir à travers de leur coque certaines barbes, ou espece de racines avec lesquelles ils s'attachent si fortement aux pierres des écueils, qu'il n'est pas facile de les arracher, si grand est le soin que la nature se donne pour pourvoir à leur sûreté. Quoique à dire vrai avec peu d'utilité, puisque outre que les autres poissons dentés les détachent, les brisent & les mangent, s'ils échappent à ceux-ci, ils ont beau se cacher dans les plus sombres recoins de la mer, rien ne peut les mettre à l'abri de l'avidité insatiable des hommes, qui les y vont chercher pour les devorer.

Mais parmi les coquillages, le plus étonnant & le plus monstrueux, est celui dont le Pere Boussigaut * nous donne la description. C'est le géant des coquillages, comme la baleine l'est des poissons. Il est fait, & c'est en effet un vrai limaçon, mais gros comme un tonneau, aïant les cornes presque semblables à celles d'un

* Théatre du monde. Part. 2. pag. 159.

cerf, au bout defquelles, & à fes rameaux il y a des petits boutons ronds, & luifans comme des perles fines. Ce limaçon a le col fort gros, les yeux qui lui éclairent comme une chandelle, fon nez eft rond & fait comme celui d'un chat, avec un peu de poil autour. Il a la bouche très-fenduë, au-deffus de laquelle pend une éminence de chair, auffi hideufe & horrible qu'on puiffe voir. Il a quatre jambes, & des pattes larges & crochuës qui lui fervent de nageoires, avec une queuë toute martelée & de diverfes couleurs comme celle du tigre. Cet animal eft amphibie. Quand le tems eft ferain il vient fur la terre, c'eft-à-dire fur le rivage de la mer, où il paît & mange ce qu'il trouve de meilleur. Lorfqu'il fe tient en mer, c'eft de peur, car il eft fort craintif. Je crois que ceci doit fuffire fur cet article.

Je ne puis pas finir fans répéter encore que la figure des limaçons terreftres & marins, comme auffi celle des coquilles, eft merveilleufement diverfifiée. Les uns ont l'ouverture ronde, les autres de travers. Parmi les poiffons à coquille, les uns ont une fimple coque, comme les padilles qui font attachées aux rochers, les autres en ont deux, comme les huitres, les moul-

P ij

les, & leur superficie tant des limaçons que des coquilles, en quelques-uns est fort lisse & unie, ou rabotteuse. Quelques coquilles sont rondes, les autres spirales, & avec diversité de spires. Les unes ont de grandes excroissances, les autres fort petites, ou de grandes stries ou canaux, ou en long ou en large, ou de travers, & quelques-unes à double sens. Il y en a de vermiculées, d'autres feuillées, les unes en forme de la trompette dont sonnent les tritons, dont il y en a de longues, d'autres de forme inégale. Il y en a qui ont des pointes courtes, d'autres fort longues, & enfin de figures si merveilleuses qu'elles causent de l'étonnement. Il cesse cependant, quand on considére que leur coque est semblable à la structure du corps qui est dedans. Les couleurs donnent aussi de l'admiration, tant par leur vivacité, comme par leur disposition, qui semble plûtôt l'ouvrage de l'art que de la nature. Mais cet étonnement cessera aussi en partie, en considérant que leur coque est formée par les vaisseaux excrétoires de l'animal, & qui sont diversement disposés.

Car si on veut se donner la peine de considérer que de même que tous les animaux & nous-mêmes avons des glandes

& des visceres par où se séparent certaines liqueurs, qui ont leur couleur particuliere, semblablement on doit croire que c'est la même chose dans ces animaux: or de même que chez nous le foïe crible une certaine liqueur verte, qui est le fiel; la rate une humeur noirâtre, qui est la bile; par les veines & les artéres une liqueur rouge, qui est le sang; par les vaisseaux limphatiques, ou salivaires, une humeur crasse ou limpide. Il faut concevoir que l'Auteur de la Nature a disposé les glandes excrétoires de ces animaux (& c'est en quoi nous devons admirer le Créateur) de maniere qu'ils puissent former la coque avec telle & telle couleur, parce que la coque & la couleur sont la même chose, c'est-à-dire, cette bave visqueuse teinte d'une couleur ou d'autre, suivant les glandes d'où elle sort. D'où il en résulte que les couleurs ou sont mêlées, ou disposées avec la diversité qu'on voit, ce qui dépend absolument de la disposition & arrangement de ces glandes, d'où sort l'humeur visqueuse qui forme la coquille de l'animal. C'est pourquoi, comme je l'ai dit, il n'y a pas tant de quoi admirer la disposition réguliere ou mélangée des couleurs, comme l'arrangement des fibres

174 HISTOIRE NATURELLE
de l'animal, qui en conséquence doit produire nécessairement un tel effet. Lesquelles couleurs seront plus ou moins claires & vives, suivant que l'animal est dans une eau plus claire & moins bourbeuse, comme on le remarque dans les huitres qui produisent les perles.

Ce seroit, comme on dit, *la mer à boire*, de vouloir décrire toutes les curiosités de ce vaste élément. Il me suffira d'avoir donné au Lecteur le goût d'en connoître davantage chez les Auteurs qui ont traité amplement cette matiere.

CHAPITRE IX.

Des Insectes & des petits Animaux visibles par le secours du Microscope.

L'Auteur de la nature fait voir non-seulement sa puissance & sa sagesse dans la varieté infinie des especes differentes de quadrupedes, de volatiles, & de poissons; mais il semble qu'il ait pris plaisir encore à la faire connoître dans la production des differens insectes, en partie invisibles sans le secours du Microscope, qui sont aussi bien organisés que les grands animaux, & qui ont au surplus un grand nombre de membres que ces derniers n'ont pas.

Je n'entreprendrai pas de traiter cette matiére en particulier, d'autres Auteurs aïant déja fait cet ouvrage avec beaucoup de soin ; je me bornerai seulement à faire remarquer quelques circonstances dont la connoissance nous donnera lieu d'admirer certaines actions de ces petits corps, qui sont doüés du même principe qui anime les autres animaux. C'est, comme je l'ai dit, ce qui a déterminé les Académiciens à

P iiij

admettre une matiére senſible d'où provenoit le ſentiment. D'autant que ſi les animaux ſont animés d'ame ſenſitive, il faut que cette ame vienne d'un principe univerſel, dont tous les êtres ſenſibles ont quelque portion.

La premiére choſe qu'il faut ſuppoſer, comme fondée ſur des expériences conſtantes (que Rhedi Florentin a commencées, & que pluſieurs grands hommes ont continuées après lui avec toute l'attention imaginable) c'eſt qu'aucun animal ne s'engendre par la corruption, comme les anciens le croïoient. Je veux dire que, ni de la chair ou du bois pourri, ni du fumier, ni des excrémens ou des herbes corrompuës, ni enfin de quelqu'autre matiére que ce ſoit, ſaine ou pourrie, il ne ſe produit aucun animal. Mais l'expérience nous enſeigne que la femelle répand ſes œufs, après qu'ils ont été fecondés par l'accouplement du mâle, ſur les choſes qui ſont convenables à la nature de l'eſpéce qui en doit ſortir. Lorſque les œufs viennent à éclore, il en ſort ordinairement un vermiſſeau, qui trouve auſſi-tôt ſon aliment dans l'endroit où l'œuf a été répandu. Il ſe nourrit, & croît juſqu'à ce qu'il ſoit tems de ſe plonger dans un certain ſommeil, pendant lequel l'animal est appellé *Nimphe dorée*. Il fort ensuite de ce ver, réduit en nimphe, ou un papillon ou une mouche, ou quelque autre insecte de la nature de l'animal qui a produit l'œuf.* On peut lire les ouvrages de Rhedi, de Swammerdam, & de plusieurs autres sçavans, pour être tout-à-fait instruit & convaincu de cette production.

Je ne puis néanmoins passer outre, sans arrêter mon lecteur, sur une chose qui me paroît digne de toute son attention. Je l'admite, & je l'admirerai toutes les fois que j'y penserai. Il est en effet admirable de voir que la fémelle, comme je l'ai dit, ne répand ses œufs que sur ce qui convient & qui est propre à la nouriture des petits vermisseaux qui en doivent éclore. J'ai plusieurs fois regardé avec admiration, de quelle maniére un papillon disposoit ses œufs, qui ne doivent éclore qu'au Printems. En premier lieu la fémelle choisit un arbre, ou une plante, dont les feuilles soient propres à nourir l'animal qui doit naître. Il y en a même plusieurs qui repandent ces œufs dans un certain ordre & d'une simetrie admi-

* Rhedy de generat. Insect. Swammerdam, des insectes. Goedart &c.

rable, ce qu'on peut remarquer dans les points des figures marquées 1. 2. 3. 4. 5. 6. qui en donneront une plus parfaite description. *

Après que la femelle a choisi l'arbre qui lui convient, elle répand sur l'endroit où elle veut faire ses œufs une espece de bave, qui se durcit peu-à-peu, de manière qu'elle est capable de resister aux pluyes, aux neiges, & aux autres injures de l'hyver qui doit survenir; & c'est dans cette espéce de toile que l'animal pond un grand nombre d'œufs, qu'il a soin d'envelopper de la même substance glutineuse, qui forme un tissu assez fort pour garantir ces œufs des rigueurs de la saison. Le Printems commençant à rechauffer l'air, la chaleur qui fait bourgeonner l'arbrisseau, fait aussi éclore les œufs, qui produisent chacun un vermisseau. Ces petits vers rongent ensuite la toile qui les enveloppe, comme les poussins & les autres oiseaux brisent la coque dans laquelle ils sont enfermés, & aussi-tôt que ces insectes voïent le jour, ils trouvent aussi leur nourriture toute préparée dans les bourgeons de l'arbre, qui étant alors fort

* Voyez la figure à la fin de ce Volume.

tendres & succulens, sont un aliment convenable à ces tendres animaux. Il faut noter aussi qu'à proportion que ces feüilles acquierent une plus grande consistance, l'animal croît aussi, & devient plus robuste, & plus propre à se nourrir d'alimens plus solides. Ces feüilles, je l'ai déja dit, ne sont pas prises au hazard, mais telles qu'elles conviennent à la nature de l'espéce de l'animal qui les a choisies; car chaque fémelle ne fait pas ses œufs sur le premier arbre qu'elle trouve, elle choisit celui qui convient le mieux à ses petits. Tous les insectes ne pondent pas une égale quantité d'œufs, ni dans le même tems, ni de la même maniére. Les mouches ordinaires se retirent, & font leurs œufs dans les endroits les plus sales; d'autres font leur ponte dans les fentes des arbres, & en un mot dans tous les endroits qui conviennent à la nourriture des petits qui doivent éclore. Il y en a même qui ne pondent leurs œufs qu'au Printems, lorsque les fruits commencent à se former. Il est admirable de voir alors la fémelle sur un de ces fruits encore tendres, qui fait sortir de son derriere une espéce de *vilbrequin* (comme Malpigius l'appelle) avec lequel elle fait un trou dans le fruit, où elle pond un œuf, enveloppé d'une matiére gluante qui le colle dans ce trou. Cet œuf enfermé dans le fruit, produit dans son tems le vermiſſeau ordinaire, qui ſe nourrit du ſuc, ou de la poulpe du fruit. Ce ſont ces vers qu'on trouve dans les ceriſes, les poires, les pommes, & dans d'autres fruits ſemblables, & qu'on eſt étonné de voir, parce que la plus grande partie du monde ne comprend pas comment le vermiſſeau a pû s'y former, & qu'ils croïent y être entré quand le fruit étoit déja gros. Mais c'eſt tout le contraire, car c'eſt l'œuf qui y entre de la maniére qu'on vient de le décrire, & il arrive ſouvent, au ſurplus, que le vermiſſeau voulant ſortir quand il eſt un peu grand, il fait un trou au fruit, qui par conſéquent le gâte, & neanmoins on ne trouve pas le ver qui l'a gâté.

Du vermiſſeau qui eſt ſorti, après avoir paſſé l'état de nimphe, il s'en produit enfin une mouche ou un papillon, grand ou petit, ſuivant la nature de l'eſpece qui l'a produit.

Je ne m'amuſerai pas à décrire le progrès de ce vermiſſeau, ni le tems qu'il paſſe dans cette eſpéce de ſommeil, qui le change en *Nimphe dorée*, après quoi quittant son enveloppe, qui le fait appeller ver, il devient ensuite une espéce d'oiseau, c'est-à-dire, une mouche ou papillon, orné de couleurs si belles & si agréables, qu'il est autant beau dans cet état, qu'il étoit dégoutant sous la forme de ver. Tant de bons Auteurs ont traité à fond cette matiére, entr'autres Swammerdam, Goedart, Mouffet & plusieurs autres, qu'il seroit superflu d'ajoûter quelque chose à ce que ces excellens hommes curieux des choses naturelles en ont dit.

Malpigius ajoûte que non seulement les papillons & les mouches, particuliérement *la Falene*, répandent leurs œufs dans les fruits encore tendres, mais aussi très-souvent sur les feüilles, comme il le montre dans son excellent traité intitulé *de Gallis*, où il fait voir que ces excrescences ou boutons qu'on remarque sur les feüilles de la plûpart des arbres, viennent souvent de ce que la mouche ou papillon a piqué la feüille, & que par l'humeur acre que ces animaux répandent en pondant l'œuf, non seulement la feüille est blessée, mais cette humeur maligne en fermentant avec le suc naturel de l'arbre, produit ces bubes qu'il appelle *Galles*, & fait que souvent les feüilles sont entortillées, quand cette âcreté tombe sur quelqu'une des fibres de la feüille. Cependant je crois qu'il est à propos d'avertir, pour justifier ce grand écrivain, que toutes les feüilles qu'on voit entortillées, ou avec ces excressences, ne renferment pas un œuf ou un ver ; d'autant qu'un effet semblable peut souvent être produit par des gelées, & par des vents contraires à l'arbre : mais très-souvent aussi cela arrive, comme il l'a dit, par l'animal qui veut mettre son œuf sur ces feüilles qui lui conviennent. Car aïant cherché à vérifier ce que Malpigius avance, je ne l'ai pas toûjours trouvé vrai, & je me suis apperçu, comme je l'ai dit, que les vents & la saison faisoient quelquefois le même desordre dans les feüilles que l'animal y produit.

Mais il me semble qu'on pourra faire ici une difficulté, en demandant si les insectes, pendant qu'ils sont sous la forme de ver, ont toutes les parties qui doivent former dans la suite un papillon, une mouche, ou d'autres animaux, & si leur véritable figure est simplement couverte à la vûë de la peau qu'ils quittent, après avoir passé dans cet état d'immobilité & de sommeil qui les fait appeller *Nimphes dorées* ; ou bien si dans ce sommeil, le vermisseau change effectivement, & se forme de la figure qu'il paroît aïant quitté sa peau.

Dans ce doute, la plûpart des Carthesiens, pensent comme dans les autres générations, que le papillon, ou la mouche, ou autre insecte est tout formé sous cette peau, ou du moins que les premiéres traces de l'animal futur sont déja faites, & qu'elles ne font que se perfectionner entiérement pendant le tems de ce sommeil.

Quoique la maniére de se débarrasser d'une pareille difficulté soit assez commode, en disant, que cela étoit déja tout fait, & que nous ne pouvons pas le discerner, à cause de la grossiereté de nos organes; cependant j'avouë que nonobstant cette commodité, je ne puis m'accommoder tout-à-fait d'une pareille opinion. Car étant vrai que nous ne pouvons avoir aucune évidence des choses que par le secours des sens, & que celui de la vûë, quoique fortifié par les microscopes, ne peut pas découvrir la verité de ce que ces Mrs nous disent, & d'ailleurs que la vûe & les microscopes me prouvent tout le contraire, je crois que j'ai raison de suspendre au moins mon jugement sur une telle décision, & d'autant plus qu'aïant ouvert & examiné quelques-unes des plus grosses chenilles, je n'ai trouvé dans cette peau qu'une substance fort liquide, semblable au sperme des quadrupedes, sans avoir remarqué ni vestige, ni aucun commencement de membres, & moins encore d'un corps organisé, tel qu'il paroît dans la suite.

Car qui pourroit appuïer ma conjecture c'est que Goedart, qui a fait des Livres où il fait voir son application à examiner les insectes, dit clairement que l'endroit où ces animaux avoient les pieds, pendant qu'ils étoient sous la forme de vers, devient le dos lorsqu'ils sont devenus papillons, n'étant pas vrai que les jambes de ces volatiles viennent dans le même lieu, comme les Carthésiens, qui veulent que l'animal soit tout formé, le prétendent.

De manière que dans cette incertitude je suis porté à penser comme j'ai déja fait, & comme je l'ai expliqué en parlant de la génération des quadrupedes & des oiseaux, que la liqueur seminale qui est dans la peau de la chenille fermente par l'action du feu étérée qu'elle contient, pendant le sommeil de l'insecte, & par cette fermentation se forment peu à peu & successivement les membres de ces petits oiseaux (qu'il me soit permis de les appeller

appeller de ce nom) à peu-près de la même manière que je l'ai expliqué lorsque j'ai parlé de la formation des quadrupedes & des oiseaux, avec cette différence que l'homme & les quadrupedes tirent leur accroissement par la nourriture qu'ils prennent du sang maternel, & les poulets & autres oiseaux se nourrissent de la substance de l'œuf où ils commencent à se former ; mais l'insecte n'a point d'autre nourriture que celle de la liqueur spermatique, dans laquelle le vermisseau s'est liquefié. Si cela se fait ainsi dans les autres animaux, il est certain que la même chose se peut faire dans les insectes.

Je sçais bien que mon opinion paroîtra extraordinaire aux Méchaniciens du tems, qui veulent, pour se tirer plus aisément d'intrigue, que le vermisseau soit tout formé, quoiqu'invisiblement, dans l'œuf, & le papillon dans le ver. Cependant comme il n'est pas question de se tirer d'intrigue, mais d'examiner ici les ouvrages de la nature, je dis ce que j'ai vû, & je répéte qu'il est impossible de découvrir avec aucun microscope, dans cette liqueur du vermisseau, nul vestige ou trace d'animal, ni rien qui en approche. Je ne m'accommode pas de l'opinion de ces Mrs qui veulent que ces membres soient si petits, qu'il n'y a point d'œil, ni de secours de microscope qui puisse les faire distinguer, parce que cela me paroît dit *gratis*, & vouloir ôter à la nature la gloire de sçavoir faire un animal, d'une liqueur gluante & assez vilaine, comme elle fait en effet, ce que je me flatte d'avoir assez clairement expliqué à ceux qui ne sont pas trop prévenus. Car enfin quelque surprenante que soit cette action de l'Auteur de la nature, ce n'est pas à nous de décider de son pouvoir, par raport à nos foibles lumieres ; mais seulement de voir ce qu'il fait, & l'admirer. Néanmoins comme chacun peut penser à sa maniere, sur les choses naturelles, je laisse à tous la liberté que Dieu m'a donné, & que j'espere qu'on me laissera, comme je la laisse aux autres, de croire ce que je vois, & non pas ce que je m'imagine.

Quoiqu'il en soit, on peut dire que tous les insectes, ou du moins la plus grande partie, naissent trois fois. 1o. Dans l'œuf que la femelle produit, lequel quoiqu'il ne contienne pas l'animal formé, comme beaucoup de Sçavans le prétendent, cependant on peut dire que c'est une premiere naissance, puisqu'il contient dequoi former l'animal. 2°. Quand il sort de cet œuf en forme d'un petit ver, c'est pour lors une naissance visible de l'animal qui s'est formé dans l'œuf. 3º. Lorsque ce vermisseau devient un papillon ou mouche, après qu'il s'est liquefié en nimphe dorée, comme on l'appelle.

Il faut remarquer aussi que le microscope nous a fait voir que les papillons ont une infinité de petites plumes de différentes couleurs, & bien formées, qui, lorsqu'on les touche, s'attachent à la main comme de la farine, d'autant qu'elles se détachent facilement de ces petits corps, où elles ne sont pas trop enfoncées.

Ce seroit passer les bornes que je me suis prescrit, si je voulois entrer dans le détail de tout ce qui regarde la génération de ces petits animaux, aussi bien que de décrire la différente construction de leurs corps.

Je dirai seulement que les mouches, les cousins, & quelques autres de ces petits volatiles, ont des yeux tout à fait différens des autres animaux, & qu'on remarque avec le microscope qu'ils sont bordés comme d'une espece de cordonnet subtil qui passeroit sur une glace de miroir, qui est le fond de leurs yeux. Ce qui leur forme un très-grand nombre d'yeux, difposés en différentes facettes lenticulaires. De forte qu'on peut foupçonner que chacune de ces facettes forme un œil, dont les raïons s'affemblent au fond de la retine, & que cette conftruction des yeux de ces infectes leur a été néceffaire, à caufe qu'ils ne peuvent pas les tourner de côté & d'autre vers les objets, comme ceux des quadrupedes. C'eft apparemment par la même raifon que la plûpart des araignées ont quatre, fix, & quelquefois fept & huit yeux, afin qu'elles voyent de tous côtés, fans être obligées de tourner les yeux vers les objets. La mouche dragon, que les Latins appellent *Libella*, a la tête toute remplie d'yeux, ce qui eft d'un excellent ufage à cet animal vorace, pour fe jetter fur les autres petites mouches dont il fe nourrit, de maniere qu'il y en a très-peu qui puiffent lui échapper. Ce qui convient auffi aux araignées.

Les cornes, ou antennes de la plûpart des infectes, font d'une beauté finguliere quand on les regarde avec le microfcope, & on croit qu'elles ne leur fervent pas feulement pour orner leur tête, mais auffi pour tâter le chemin qui eft devant eux, & connoître par là s'il n'y a rien qui s'oppose au passage de leurs corps. Il est visible que lorsque ces animaux marchent, leurs cornes sont ordinairement dressées vers l'endroit où ils veulent aller : Peut-être que cela est nécessaire par des raisons que l'on ne peut pas facilement découvrir. Il est vrai aussi qu'ils se servent quelquefois de ces antennes, comme de leurs jambes, pour se nettoyer les yeux, mais il y en a de telles qui ne peuvent pas leur servir à cet usage.

Il n'est pas moins digne d'attention de voir avec quelle facilité ces petits corps peuvent marcher sur le verre & toute autre matiere aussi unie, par la construction de leurs jambes & de leurs ongles aigus. Pouvant par ce moïen s'attacher par-tout, avec autant plus de facilité, que leur petitesse rend leurs corps fort legers. Il y en a plusieurs dont les jambes sont si fermes, quoique fort minces, qu'ils peuvent s'élancer fort haut avec beaucoup de vitesse, comme font les sauterelles, les cigales, & plusieurs autres semblables. Mais la puce l'emporte par-dessus tout, puisque avec des jambes plus subtiles qu'un cheveu, elle saute soixante & quatre-vingt fois plus haut que la grandeur de son corps.

Il est constant que la petitesse de corps

de ces animaux, fait paroître d'autant plus grande la puissance & la sagesse du Créateur, qui semble avoir pris plus de soin de diversifier & d'orner d'une maniere extraordinaire ces petits corps, que les plus grands ; non-seulement par la diversité de leurs membres, mais par la variété des couleurs vives & éclatantes, dont ils sont peints. Leur aïant donné au surplus & des aîles & des jambes pour faire certaines actions, que les plus grands ne peuvent pas faire ; & quoique la plûpart de ces animaux ne soient pas visibles à nos yeux, ils ne sont pas moins beaux ni moins ornés. Presque tous les insectes ont des pannaches sur la tête, même les plus petits sont ornés de très-belles couleurs. Ceux aussi qui rongent les pierres, quoi qu'invisibles, comme ceux qui sont dans l'air, ont quelque chose de remarquable & de singulier.

J'ai vû voler un animal de la longueur d'un vermisseau, très-blanc & transparent. Il avoit quatre jambes, & deux aîles assez longues, très-subtiles & transparentes, un peu larges. Sur la tête il avoit deux belles cornes, ou pannaches, & deux yeux bordés, comme ceux de la mouche, de couleur noire, & au milieu, sur la même ligne, il en avoit encore trois autres plus petits de la même couleur, placés comme on le peut voir dans la septiéme figure.

Cette multitude d'animaux invisibles devroit en quelque maniere détromper l'homme, qui pense avec les Stoïciens, que tout est fait pour lui, & non pas pour la gloire du Créateur, à moins qu'il ne veuille dire que le ciron, les mouches, les cousins, & plusieurs autres petits insectes encore plus dangereux soient faits pour le tourmenter, le manger, & même le tuer.

Je l'ai dit ailleurs, mais il ne sera pas mal à propos de faire souvenir qu'il y a des insectes si petits qui viennent dans l'eau, qu'étant joints ensemble, ils forment une espece d'écume verte, jaune, rouge, & d'autres couleurs. On ajoûte * qu'il est impossible de pouvoir distinguer exactement le nombre de ces petits animaux qu'on voit dans une petite goutte, à cause qu'ils sont tous en un continuel mouvement de part & d'autre, ce qui empêche de pouvoir les compter avec exactitude. Mais dans une goutte, qui n'é-

---

* Derham, page 321. de la Traduction Italienne.

toit pas plus grosse que la tête d'une épingle, on en a vû plus de cent.

Je ne dois pas obmettre de faire remarquer que ces puces aquatiques, (comme on les appelle,) & autres semblables animaux qui viennent dans l'eau, y jettent leurs œufs comme les poissons.

Ce qu'il faut observer aussi, c'est que ces petits animaux naissent par-tout, & que les murailles qu'on voit d'ordinaire verdoïer par l'humidité, ne sont vertes le plus souvent qu'à cause du grand nombre de ces petits animaux verds, dont les meres ont jetté leurs œufs dans ce lieu humide propre à leur génération. Et il est fort probable, ce que le Père Calmet dit : Que Moïse avoit ordonné de purifier les lieux que l'Ecriture appelle *Lépreux*, en les raclant. Ordonnant de n'y pas demeurer sans cette purification; d'autant que ce savant Législateur connoissoit bien ou par sa science, ou par l'instruction divine, que ces lieux qu'on appelle Lépreux étoient infectés par ces animaux, qui pouvoient être nuisibles à la santé des Hébreux.

Il n'est pas hors de propos de dire que les pierres des murs que l'on voit souvent tomber comme de la poussiere, ce qu'on a attribué autrefois aux vapeurs de la lune qui rongeoit les pierres, & les Philosophes modernes au soleil qui les calcine; l'expérience fait voir que les uns ni les autres, guidés par leur imagination, n'ont pas sçû ce qu'ils disoient: puisqu'on a remarqué par le moïen du microscope, qu'il y a de petits animaux qui rongent & se nourrissent de ces pierres. Le Pere Calmet entr'autres, dit que ces petits animaux ont la tête grosse, avec dix yeux disposés, comme on le voit dans la huitiéme figure. Il faut dire que ces petites bêtes ont des dents assez fortes, ou assez aiguës pour briser ces pierres, ce qu'à peine le fer le plus dur peut faire. A moins qu'on ne veüille supposer (comme je le crois) que les dents de ces petits animaux sont assez subtiles pour pénétrer entre les pores que les particules laissent entr'elles, & d'en déranger peu-à-peu la connexion, se nourrissant peut-être non pas de la pierre-même, mais de quelque humidité ou suc qu'ils trouvent entre ces pores. Ce qui n'empêche pas de dire qu'il faut que ces petites bêtes aïent les dents bien dures, puisqu'elles peuvent défaire la connexion de ces pierres, (ce qui me paroît digne de remarque,) mais voïons ce qu'en dit le Pere Calmet.

Il faut remarquer, * dit-il, que ces petits animaux viennent par tout. Non-seulement il y en a qui rongent les pierres mêmes, mais il y a aussi de ces petits animaux qui rongent les coreaux, & même le verre : c'est pourquoi nous ne devons pas nous étonner quand nous voïons les étoffes, les manchons, & autres choses semblables rongées par de petits animaux, d'autant que l'air est plein de ces petits insectes voltigeans, comme l'expérience journaliere le montre. L'on voit donc souvent les pierres qui forment les murailles, particulierement de quelque parc ou maison de campagne, tomber en miettes subtiles comme de la farine. Et on avoit raison de croire, avant d'en avoir connu la véritable cause, que les pluïes, les raïons du soleil & de la lune, & plus encore la gelée de l'hiver pouvoit causer cet effet dans les pierres, qu'on appelloit rongées par le tems. Cependant on a découvert par le microscope, que la plûpart de cette moisissure des pierres vient de certains vers, dont les dents sont assez fortes & dures pour ronger, & se nourrir de ces pierres. Il ajoûte encore de plus, à l'occasion d'expliquer les diffé-

* Explication de la Sainte-Ecriture, Tome I.

rentes sortes de ladreries dont Moïse *
parle dans la Sainte-Bible, que ces vers
(vûs par le microscope) sont noirs,
longs d'environ deux lignes, & larges de
trois quarts de ligne, & qu'ils paroissent
enfermés dans une espece de coque gri-
sâtre. (Ce pourroit bien être la poudre subtile de la pierre qu'ils rongent,
& dont ils sont couverts, qui les fait paroître tels.) Il faut dire aussi, que sans
le secours du microscope ils sont invisibles. Mais avec le microscope on voit
qu'ils ont trois pieds de chaque côté,
semblables à ceux d'un poux, & assez
proche de la tête qui est fort grosse. On
voit dans leur gueule quatre especes de
mandibules en croix, qu'ils remuent continuellement, & qu'ils ouvrent & ferment comme un compas à quatre branches.

Le mortier est aussi rongé par une infinité de vers d'une autre espece, qui paroissent (au microscope) gros comme
des mittes de fromage. Ils sont noirs,
& ont quatre pattes ou pieds assez longs
de chaque côté.

* Dissertation du Pere Calmet sur les livres
de la Bible.
Recherche des causes & effets de la Lépre,
pag. 243. & suivant.

Ce qu'on ne doit pas trouver étonnant, dit le Pere Calmet, puisque l'on voit des branches de corail, & les plus beaux coquillages percés de vers, & qu'on a vû même un morceau de verre vermoulu, d'où on a tiré plusieurs vermisseaux. Ce sont apparemment (ajoûte-t-il) ces sortes de vers qui causent ce dégat dans les pierres, dans les murailles, & autres endroits des bâtimens qui sont les plus humides, & les plus aisés à pénétrer. De-là vient que ces endroits sont communément verdâtres ou rougeâtres, & qu'on y voit une espece de moisissure & de taches, qui sont produites par l'humidité. Les pierres en deviennent friables, & quand les vers en ont consumé les parties les plus déliées, on en voit tomber les grains; car les parties les plus minces, sont ordinairement celles qui font tenir ensemble les particules, entre lesquelles il se fait de grands pores. Le mortier tombe de même, & se réduit en gros grains de sable, après que les vers ont consumé ce qu'il y avoit de plus subtil dans le composé. Quant à moi je suis fort de l'avis du Pere Calmet, que les étoffes & les fourures sont rongées par ces petits animaux dont l'air est plein, & qu'on voit qui s'attachent aux étoffes & aux peaux des animaux morts, (car la transpiration des vivans les tuë ordinairement,) ou des autres choses dans lesquelles ils se plaisent, particuliérement de celles dont ils peuvent se nourrir, comme les mittes du fromage, & les petits animaux des liqueurs où ils sont attirés. Il est vrai que le Pere Calmet semble croire (& j'ai connu plusieurs personnes qui le croioient comme lui) que la petite vérole, & toute autre maladie contagieuse est causée par de petits animaux qui rongent la peau, & lesquels étant fort legers, & par consequent très aisément emportés dans l'air d'un corps à un autre, ils causent les maladies dont on est atteint ; mais c'est à quoi je ne puis pas souscrire facilement. Car quoiqu'il soit vrai qu'on trouve souvent de ces sortes de vermines sur les ulcéres & autres semblables plaies, je croirois plus volontiers que ces petits animaux qu'on y trouve, sont de l'espece de ceux qui sont dans l'air, & qu'ils y ont été attirés par cette matiere purulente dont ils se nourrissent, comme d'autres sont attirés par l'odeur du vinaigre, ou par l'infusion du poivre. Puisqu'il est constant qu'on a vû des blessures mal pensées, & qui avoient dégénérées en ulcéres, où l'on a trouvé des petits insectes ; & on ne peut pas dire que l'insecte ait formé la plaïe, que l'épée ou un autre accident avoit fait, mais que le petit insecte y étoit venu ensuite, attiré par l'odeur d'un appas purulent qui est de son goût. Et ces insectes s'y multiplient souvent presqu'à l'infini, parce qu'ils sont très-féconds. Ce qu'on voit particulierement dans la tête de ceux qui ont la teigne, qui est causée sans doute par une corruption d'humeurs, où ces animaux prennent ensuite leur siége; d'autant qu'ils se plaisent dans cette espece de pourriture, & non pas qu'ils en soient la cause. Car si cela étoit, malheur à nos têtes, qui seroient toutes couvertes de teigne, sans en excepter celles des Rois; d'autant que ces animaux voltigent dans l'air qui en est tout rempli, & ne demandent qu'à s'attacher à quelque corps. Je suis donc porté à croire que la plûpart & peut-être toutes les maladies viennent de corruption d'humeurs, dont la seule vapeur peut infecter un corps qui est disposé au mal, & qui approche du corps mal affecté. Que la peste n'est autre chose qu'une corruption particuliere de l'air, alteré par des exhalaisons venimeuses, qui étant respiré donne la mort à ceux qui ont de mauvaises dispositions, en altérant la nature du sang; & que les exhalaisons qu'un pestiféré transpire s'attachent facilement au linge, aux étoffes, &c. Et ces choses touchées par quelqu'autre personne peuvent infecter le sang, comme feroit le poison d'une vipere, ou d'un scorpion. A moins qu'on ne veüille soutenir que la fiévre qu'on prend quelquefois en fréquentant les personnes qui en sont attaquées, ne soit autre chose que de petits animaux qui sortent des pores du malade, ce qui me paroît absurde. Ce que je dis pour desabuser, s'il est possible, ceux qui ont donné dans ce systême, qui me paroît ridicule de croire que les maladies contagieuses, comme la petite vérole, & plusieurs autres, & la peste-même, sont causées par de petits animaux, à cause qu'on en a trouvé quelquefois sur des ulcéres, ou dans la pourriture des bubons.

Quoiqu'il en soit, je suis du sentiment de croire que l'air est presque plein de ces petits animaux.

Je ne crois pas non plus avec Mr. Lewenhook,* que les piqueures du poivre, que l'on sent sur la langue, viennent des petits animaux qu'il suppose dans le poivre, parce qu'il a trouvé que dans l'eau, où

* Journal d'Angleterre du 28. Mai 1678.

on a infusé du poivre, il y a divers animaux ; & ce qui appuïe mon sentiment, c'est qu'il avoüe avoir observé les mêmes ou semblables animaux dans l'eau de pluïe, qu'il a même distingués en plusieurs especes. Ceux de la premiere espece, dit-il, ont leur corps en ovale, lequel est formé de 10. 12. ou 14. globules distinctes. Quand ils se meuvent, ajoûte-t-il, ils se recueillent en rond, & quand ces globules disparoissent autour d'eux, c'est quelques parties aqueuses dont ils étoient composés.

Peu après il en vit une très-grande multitude, & si petits, qu'un million de ces insectes, à peine (dit-il) auroient eu l'étenduë d'un grain de sable, & dans une petite goutte d'eau il en vit environ six à sept mille, mais sur le soir ils ne paroissoient plus. Ce qu'il vit de particulier, c'est qu'aïant mêlé le tiers d'une once de poivre dans deux onces d'eau de pluïe, & l'aïant laissé reposer une ou deux heures, il versa ensuite dans cette eau où il y avoit des animaux, de l'eau de neige. Et il remarqua, que quand il versoit beaucoup de cette nouvelle eau, la plus grande partie des petits animaux qui se nourrissoient de la premiere mouroient en peu de tems, ce qui n'arrivoit pas quand il en mêloit fort peu.

La caufe de cet effet pouvoit peut-être provenir de ce que la premiere eau étant bien imbuë du poivre, elle perdoit fa qualité convenable aux animaux, par la trop grande quantité d'eau de neige qu'on y ajoutoit. Aïant le lendemain obfervé ce mélange, il ne vit plus que de grands animaux, & le fur-lendemain de fort petits.

Ce qui eft remarquable, pour fuivre les obfervations de cet Auteur, c'eft que le premier de Juin il en vit un auffi grand nombre qu'auparavant, mais de plus grands, & qui avoient des pieds fort agréables à voir. Ce qui me donneroit lieu de croire, que pendant les deux ou trois jours qui s'étoient écoulés, depuis la fin de Mai jufqu'au premier Juin, de nouveaux animaux avoient été attirés dans cette eau par l'odeur du poivre. Le matin du deuxiéme Juin, il parut dans cette eau quantité de petits corps qui paroiffoient fans vie, & le même jour, à onze heures, il en découvrit quelques-uns qui étoient animés. Je dirois de ceux-ci la même chofe que j'ai dit, c'eft-à-dire, qu'ils étoient venus dans le tems que les autres pouvoient être morts, & qu'il fe peut bien que leur vie ne foit pas fort longue. Il n'y a pas long-tems que Mr. Hook a renouvellé cette expérience en presence du Roi d'Angleterre, qui l'a vuë avec beaucoup de plaisir.

Ceux de la deuxiéme espece étoient tant soit peu plus gros. Leur tête étoit à l'extrémité la plus petite de leur corps, dont la partie inférieure étoit platte & garnie de plusieurs pieds fort déliés, avec lesquels ils se mouvoient d'une vitesse surprenante. La partie supérieure de leur corps contenoit 8. 10. 12. globules clairs & fort transparents. Lorsqu'ils rencontroient quelques filamens, leur corps se recourboit en arriere ; mais faisant un effort en avant dans le même tems, ils se remettoient dans leur situation naturelle. Quand ils se trouvoient en lieu sec, ils arondissoient leur corps, & leur tête s'élevoit au milieu comme la pointe d'une piramide, & quelque tems après ils faisoient un effort avec leurs pieds. Ils crévent, & leurs globules se dissipent, sans qu'on puisse découvrir aucun reste des vessicules qui les forment.

Ceux de la troisiéme espece, que Mr. Lewenhook découvrit dans une goutte d'eau, étoient huit fois plus petits que les premiers, & deux fois aussi longs que larges. Ils ont des pieds très-minces, avec lesquels ils se remuent fort vîte, tantôt en cercle, tantôt en ligne droite.

Ceux de la quatriéme espece ont le corps, dit-il, mille fois plus petit que n'est l'œil d'une puce, c'est pourquoi on ne peut pas bien en reconnoître la figure. Ils se reposent souvent presque sur un point, & tout d'un coup ils s'élancent.

Le même Auteur a observé dans l'eau des puits & de quelques rivieres, des animaux de diverses especes. A quoi je puis ajoûter que j'ai observé dans l'eau de la Seine, qui vient dans le réservoir de Mr. Géoffroi l'Apothiquaire, quantité de petits animaux. Et ce qui est particulier, c'est que dans le Printems ils étoient encore plus nombreux & plus visibles, comme si ces petits animaux suivoient la regle ordinaire aux plus grands, de faire l'amour, & de se multiplier dans cette saison. J'ajouterai encore ce que j'ai observé moi-même. Je remarquai le 24. Septembre 1724. que les feüilles de quelques roses que j'avois dans ma chambre (c'étoit des roses de tous les mois) étoient toutes corrodées. Je regardai avec un microscope d'où cela pouvoit provenir, & je découvris deux especes d'animaux qui les mangeoient. La premiere ressembloit assez à un gros poux transparent, & l'autre espèce à une guêpe invisible, avec de longues cornes & jambes, qu'on ne pouvoit distinguer que par le microscope. C'étoit après une grande sécheresse.

Toutes ces observations & plusieurs autres dont je parlerai à propos, me confirment dans mon opinion, que non-seulement l'air est rempli, mais l'eau aussi d'une infinité d'animaux d'une petitesse extrême, dont quelques-uns peuvent être attirés par l'odeur de quelque corps qui leur convienne, comme on le voit par les expériences que Monsieur Jobelot a décrites dans son livre. Par exemple, lorsqu'on laisse un verre d'eau-de-vie sur une table, on remarque que plusieurs moucherons qu'on ne voïoit pas auparavant, y viennent pour joüir de l'odeur, & même du goût de cette liqueur, qui leur plaît tant, qu'ils aiment mieux mourir sur un tonneau auquel ils sont attachés, que d'en vivre éloignés. Ce qui a donné lieu à l'Espagnol Quevedo de faire les vers suivans, où il feint qu'un moucheron, qui étoit attaché à un tonneau de vin, se mocque d'une grenouille, par ces paroles : *Qu'il vaut mieux mourir dans le vin, que de vivre dans l'eau*; voulant par-là se mocquer des ivrognes.

Dixo a la Rana el Mosquito
Desde una Tinaja :
Mejor es morir en el vino,
Que de viver en el aqua.

Au reste, il y a apparence que chaque espéce de ces petits animaux a son goût particulier. Que les uns sont attirés par l'odeur de certaines liqueurs, d'autres par celles qui leur plaisent d'avantage, & que dans la même liqueur on en voit souvent de plusieurs espéces, comme j'en ai vû en effet. Il y en a même plusieurs qui vivent dans l'air, d'autres dans l'eau, comme dans leur élement naturel. On dit de plus qu'il y en a qui vivent dans le feu qu'on appelle *Pirausles*, mais comme je ne les ai pas vû, & que d'ailleurs il est difficile de croire qu'il y ait des corps organisés, qui résistent à la violence du feu, ou de la flamme ; je laisse cette particularité à un examen plus exact des curieux.

Je repeterai encore que je suis d'un sentiment opposé à ceux qui prétendent que l'acrimonie du poivre, ou du vinaigre, est causée par les petits animaux (tels que sont ceux qu'on voit ordinairement dans le vinaigre) qui picotte la langue & le palais, car je crois avec Descartes, qui l'a dit après Epicure, que ce goût âcre de plusieurs fruits & liqueurs est produit par les petites particules aiguës, dont ces corps sont composés, n'étant pas probables, par exemple, que le vitriol qui est très-amer, ou le nitre qui est médiocrement fade, puissent donner après leur distilation des esprits, si vifs & si piquant; mais il me paroît plus vrai-semblable de croire que les petites particules salines, qui nagent dans un peu de flegme, sont celles qui picottent le palais avec toute la violence qu'on ressent. J'ai vû d'ailleurs du vinaigre, dans lequel il n'y avoit point de ces petits animaux, qui étoit aussi âcre que le vinaigre ordinaire. Ce qui me confirme dans mon sentiment, que ce sont des sels qui piquent la langue & le palais, & non pas les prétendus animaux dont ils parlent.

Les différentes espèces de cousins sont très-nombreuses. Le Docteur Derham* dit en avoir remarqué plus de quarantes espèces différentes, sans avoir été bien loin de l'Angleterre. Il rapporte qu'il y en a quelques-unes qui méritent d'être observées, entr'autres, l'espèce de ceux qui

* Traité de l'essence de Dieu.

pondent ordinairement leurs œufs dans la bierre éventée, & qui a évaporé son esprit le plus fort. Il dit aussi qu'il est probable que ces insectes, ou quelqu'autres semblables, font la même chose dans le vinaigre, & dans plusieurs autres liqueurs, ce qui fait qu'on voit quelque tems après dans ces liqueurs de petits vermisseaux, en si grand nombre, qu'il semble que toute la liqueur soit animée d'ame mobile. C'est apparemment, dit-il, des plus grands de ces vers qu'on voit nager dans le vinaigre, comme de petites anguilles, (qui sont visibles au soleil sans le secours du microscope,) que se produit enfin, après s'être convertis en *Nimphes dorées*, cette espéce de petits cousins qui sont desarmés d'aiguillon. Les insectes de cette espéce ont la tête plus grosse que celle des cousins ordinaires. Ils sont de couleur tanée, le mâle est plus petit que la femelle, & il a le derriére plus pointu. Les plus petits de ces vers produisent (continuë le même Auteur) un moucheron de couleur rouge obscur, qui se tient ordinairement dans les caves, ou dans des lieux fort secs. Quant à moi je croirois volontiers que ces petits animaux se tiennent dans les fentes des planchers; car, comme je j'ai fait remarquer, si l'on met sur une table du vinaigre, ou de l'eau-de-vie, on voit peu après plusieurs moucherons (ou de cette espéce, ou d'autre) qui voltigent autour, lesquels ont été attirés par l'odeur de ces liqueurs, & ne se sont pas produits tout-à-coup, comme le vulgaire se l'imagine. Je crois aussi que c'est après de semblables mouches ou moucherons que les hirondelles volent, & qu'elles mangent ordinairement, ce qui paroît en ce que, dans les tems où l'air est chargé de vapeurs, ces mouches qui sont ordinairement dans le plus haut de l'air, descendent alors vers la terre, ce qui donne occasion aux hirondelles de voler fort bas, & par cette raison on conjecture qu'on aura bien-tôt de la pluye.

J'oserois même croire qu'il y a dans la partie supérieure de l'air plusieurs espéces de mouches, differentes de celles que nous voïons, & je me fonde sur un évenement dont j'ai parlé au chapitre des pluyes extraordinaires, qui arriva pendant que j'étois à une maison de campagne de Messieurs Bignon. Nous étions à joüer, les fenêtres ouvertes à cause de la chaleur, lorsque par un coup de vent, semblable à un tourbillon, nous

nous fûmes tous couverts d'une quantité de grosses mouches, fort noires & fort longues, d'une espéce que nous n'avions jamais vû. Ce qui me fait conjecturer qu'il pourroit bien y avoir dans l'air de ces sortes d'insectes, & que le coup de vent qu'il fit les avoit chassés vers nous.

Je trouve encore dans les nouvelles des sçavans un fait qui fortifie mon opinion, c'est qu'en 1677, le 14. & le 20. de Novembre, il tomba avec beaucoup de neige, une grande quantité d'insectes d'une figure extraordinaire & inconnuë. Ce qui me fait croire qu'à differente hauteur de l'air, il y a des animaux & des insectes que nous ne connoissons point, & que ce n'est que par quelque cas fortuit qu'ils sont poussés vers la terre.

Mais, dira-t-on, toutes les fois qu'il neige il devroit venir à nous, si cela étoit vrai, nombre de ces insectes; à quoi je pourrois répondre, que ces animaux qui vivent dans l'air, & peut-être de l'air-même, sentant les alterations qui y arrivent, peuvent s'éloigner plus ou moins de la terre, & par cette raison on ne les voit pas descendre jusqu'à nous.

Mais ce ne sont pas là seulement les animaux qui sont dans l'air, il y en a

Tome IV. S

une infinité d'autres espéces d'une petitesse qui les rend invisibles, & qui descendent à l'odeur de certaines choses que l'on fait infuser dans l'eau ; comme par exemple, du poivre, & quelques sortes d'herbes ou de bois, tel que le chêne ou autre ; car si l'on regarde avec un bon microscope une goutte de cette infusion, on y voit un grand nombre d'animaux, de figures si extraordinaires, que j'ai été un tems à douter si c'étoit de vrais animaux, n'en aïant vû pour lors que les figures données au public par l'illustre Jobelot : mais lui-même me les aïant fait voir distinctement, je n'ai pû dénier croïance à mes propres yeux. Cet ingenieux Philosophe me disoit, que c'étoit de veritables animaux, vivans dans l'air, qui étoient attirés par l'odeur de l'infusion, comme les moucherons par l'odeur de l'eau-de-vie ; il m'assuroit aussi qu'aïant fait boüillir l'infusion où étoient ces petits insectes, il les avoit trouvé tous morts & sans mouvement. * Il étoit d'opinion encore qu'à chaque aspiration d'air, nous attirions une grande quantité de ces petits animaux, qui nous servoient aussi de

* Derham confirme la même chose par l'infusion du poivre.

nourriture. Ce qui n'est pas hors de vraisemblance. Ces animaux étoient (à son dire) au moins 800 fois plus petits que le plus petit corps que nos yeux pouvoient discerner, tant la nature se plaît à produire & à diversifier ses ouvrages, dans les plus petits desquels elle fait voir la sublime science du Divin ouvrier. Ceux qui sont curieux de ces matiéres peuvent voir le livre de Mr. Jobelot, où ces animaux sont fort bien distingués & dessignés quoi qu'on n'y puisse pas bien voir toutes les couleurs & plusieurs autres circonstances, dont il a plû à l'Auteur de la nature d'orner ces petits & invisibles insectes.

Il ne faut pas finir ce Chapitre sans parler de cette vermine si incommode, non-seulement à la plûpart des animaux, mais aux hommes-mêmes, & qu'on appelle poux. Il y en a une si grande quantité d'especes, que je puis avancer hardiment qu'il n'y a point de genre d'animaux qui soit plus abondant & divisé en plus grand nombre d'especes, puisqu'il n'y a point d'animal qui n'ait son poux particulier qui le tourmente & le dévore. Le curieux Rhedi en peint plusieurs sortes qu'on peut voir, ou dans le livre de l'Auteur, ou sur les animaux-mêmes, n'y en ayant aucun, comme je viens de dire, soit terrestre ou volatile, & les poissons mêmes, qui n'ait ses poux différens, sans en excepter l'âne, quoiqu'en dise Aristote, qui malgré l'épaisseur de sa peau, & nonobstant tout ce qu'il souffre de l'homme, n'est pas exempt encore de ce tourment. Les arbres mêmes ont aussi les leurs.

En un mot, il n'y a dans ce bas monde aucune créature qui n'ait ses incommodités, ce qui me fait répéter, ce que j'ai déja dit, que l'astre de la terre est un astre malfaisant & très-malin.

Il est à remarquer que ces animaux se nourrissent de pourriture humide, c'est pourquoi les enfans & les personnes mal-propres en sont plus tourmentés : non pas que ce soit la pourriture qui produise ces animaux, dont on voit les œufs attachés aux cheveux de ceux qui sont sujets à cette vermine, mais parce qu'ils y trouvent de quoi se nourrir.

Je veux rapporter une expérience que je fis faire à un de mes amis, homme fort propre, qui se trouva la tête pleine & tourmentée de poux renaissans. Je lui conseillai d'avaler du thériaque, persuadé que la transpiration de l'odeur de cette drogue feroit mourir ces animaux, ce qui arriva comme je l'avois pensé, aïant trouvé en se peignant ces animaux morts.

Je devrois parler des poux & des autres animaux qui incommodent les poissons, mais comme ils sont sous l'eau, nous ne pouvons pas les examiner si facilement que les quadrupedes & les volatiles. Derham assure, après Aristote, que les poissons ont aussi leurs vers. Il dit en avoir trouvé dans les entrailles de plusieurs, particulierement dans le merlan, où ces vers qui sont longs, très-subtils, s'insinuent quelquefois si fortement entre la chair & la peau, qu'il n'est pas facile de les en tirer. Au rapport d'Aristote le *Ballero* & le *Tillon* ont des vers qui les affoiblissent. Il dit que cette vermine leur vient sous les aîlerons ou nageoires, ce qui les fait souvent mourir. J'ai observé que les moultes ont des petits crables, qui les tourmentent & les dévorent, & qui sont assez gros pour être sensibles à nos dents. Aristote rapporte au sujet du *Chalcis*, que ce crable, entr'autres, est dévoré par des poux qui s'attachent aux jointures de ses jambes, & qui le rongent de maniere qu'il y a plusieurs de ces crables qui en meurent.

L'on a trouvé & l'on trouve des vers

dans le cerveau de quelques animaux, comme par exemple, le belier, à qui cela est, dit on, assez commun. C'est à cela qu'on attribuë, peut-être mal à propos, que cet animal frappe volontiers avec sa tête pour se soulager. Il vient aussi des vers dans les narines des brebis, & Derham dit en avoir tiré lui-même vingt & trente à la fois. Il ne seroit pas impossible que la brebis en paissant l'herbe, ces vers, ou les œufs qui étoient sur l'herbe ne se soient fourrés dans son nés. Il n'est pas étonnant de voir des vers dans l'anus des chevaux, puisque cet endroit est le favori des *Taons*, qui s'y nichent volontiers. C'est pour cela que les Italiens, qui appellent ces insectes *Tafani*, nomment cet endroit *il Tafanario*, ou l'auberge des *Tafanis*, qui sont les Taons.

Mr. Derham rapporte dans son livre l'Histoire de deux enfans, à l'un desquels, âgé de deux ans, on tira de la paupiere un vermisseau, qui ressembloit à une chenille; & de l'oreille de l'autre, un vers semblable à celui qu'on trouve souvent dans les noisettes, avec cinq autres plus petits.

Il s'engendre dans les boyaux, particuliérement des enfans, plusieurs especes de vers. Les adultes mêmes n'en sont pas exempts. Il se produit encore dans le ventre des animaux trois especes de vers très-dangereux, qu'on appelle en Latin *Lati*, *Teretres*, & *Ascarides*. Mais si on ne connoît pas sur la terre ces sortes de vers, il ne faut pas néanmoins s'écarter de cette régle générale, *qu'aucun animal ne s'engendre de la corruption* de nos boïaux, quoique ces insectes y trouvent une nourriture qui leur convient, & qui peut aussi en partie altérer leur figure, de maniere que nous ne les reconnoissons plus. Cela est d'autant plus probable, que presque tous les animaux que les Anciens croïoient se former par la corruption, nos Philosophes modernes ont trouvé par des expériences oculaires, qu'ils se forment par l'accouplement du mâle avec la femelle, qui pond ensuite les œufs sur les choses qui se corrompent, & qui, comme nous avons dit, doivent servir à la nourriture des petits vermisseaux. Que s'il reste encore quelque espece de ces vers dont on ne sçache pas bien l'origine, le tems viendra peut-être, comme il est venu de ceux que nous connoissons, que quelqu'un découvrira ce qui est à present un énigme. Car, par exemple, c'étoit un énigme que ces vers qu'on voit en si grande quantité dans la bierre éventée, cependant nous en sommes à present assez bien instruits.

L'on trouve aussi des vers dans le dos des vaches, particulierement en Eté. On ne remarque d'abord qu'une simple tumeur sur le dos de l'animal, de la grosseur d'une aveline, au-dedans de laquelle il y a sans doute un œuf, que quelque insecte y a inséré (comme dans les fruits) avec son vilbrequin. Cette petite enflure croît peu-à-peu, & on trouve enfin au-dedans, un ver qui nage parmi certaine matiere semblable au pus des ulcéres. Ce ver est rond, blanchâtre, (dit Derham) * & grand comme le bout du doigt. On peut tirer ce ver au-dehors du trou, qui est toûjours ouvert, en pressant la peau. Il ajoute qu'avec tout le soin qu'il y a apporté, il n'a pû découvrir en quelle espece d'animal il se transforme. Les daims & les cerfs, ont aussi des vers dans la tête. Quant à ceux que l'on trouve dans le ventre des animaux, il me paroît assez naturel de croire, qu'aïant mangé des herbes où ces especes d'insectes peuvent avoir répandu leurs œufs, ces œufs venant à éclorre, les vermisseaux se nour-

* Des insectes, page 330. Traduction Italienne.

rissent

rissent de la pourriture qui est dans les boyaux. Je croirois par la même raison, que la cause de ce que les enfans sont tourmentés de vers, vient de ce qu'ils mangent toutes sortes de fruits & d'herbes, sans distinction, où il peut y avoir de ces œufs. Ce qui pourroit même confirmer ce que je dis, c'est que les vers qu'ils vuident, sont semblables aux vers de terre, qu'on appelle *Lumbris*, qui peuvent avoir répandu leur semence dans les choses qu'ils mangent, ou que la nourrice a mangé.

Mais il me paroît plus difficile de rendre raison de l'accident de Catherine Gellerie, dont il est parlé dans le Journal des Sçavans d'Allemagne, * qui mourut dans l'Hôpital de Altemberg après avoir vomi, ou vuidé par le bas, pendant vingt ans, des crapaux & des lézards.

Ce qu'on doit entendre qu'elle ne faisoit pas tous les jours, mais apparemment de tems en tems. La raison que j'en apporterois, seroit de croire qu'aïant bû ou mangé quelque chose dans quoi il y avoit de la semence, ou des œufs de ces animaux, ils avoient éclos dans ses boïaux, où la corruption de ses humeurs leur avoit

* Tome I. Observat. 103. & 109.

sans doute fourni une nourriture convenable ; de sorte qu'ils se peut qu'il se fussent si bien accoutumés où ils étoient nés, qu'ils y faisoient ce qu'ils auroient fait sur la terre. Ce qui pourroit m'étonner, c'est que ces animaux aïent pû faire dans le ventricule & les boïaux l'acte de la génération, & tout ce qui étoit nécessaire pour la production de ces bêtes, qu'il ne faut pas croire, comme j'ai dit, qu'elle vuidât continuellement, mais seulement de tems à autre. Dans le tems que Loüis XIV. prit pour la seconde fois la Franche-Comté, un Gentilhomme rendit, par de fréquens vomissemens, diverses sortes de poissons vivans. Mais comme ce seroit un ouvrage trop long de rapporter tous les cas particuliers, qui ont eu quelque chose d'extraordinaire, je me bornerai seulement à faire reflexion sur un effet si surprenant, & duquel je ne puis concevoir d'autre raison que celle que je viens d'avancer, c'est-à-dire, s'il n'y auroit pas lieu de croire que ce Gentilhomme eût bû de l'eau, dans laquelle il y avoit des œufs (fécondés) de ces poissons, qui, par la disposition particuliere de ce qui étoit dans le ventre, avoient pû éclorre, & même se multiplier. Ce qui pourroit appuïer ma pensée, ce sont les exemples qu'on raconte. Il est rapporté dans les Mémoires de l'Académie de Londres, qu'en 1667. un garçon boucher allant pour acheter des moutons, se trouvant altéré en chemin, il bût de l'eau d'un bourbier, qui peu après lui causa de grandes douleurs d'estomac, accompagnées de simptômes facheux, croïant sentir quelque chose qui remuoit dans son ventre : Enfin, après plusieurs efforts, il rendit par la bouche trois petits crapeaux vivans, ensuite de quoi il ne sentit plus aucun mal. Apparemment qu'il y avoit dans cette eau du sperme, ou des œufs de ces animaux, qui peut-être n'étoient que des grenoüilles. Le Docteur Sorbait, membre de cette Société, raconte un semblable fait, qu'il dit avoir vû de ses propres yeux, d'un homme à qui un crapeau sortit par un abcès, qui lui étoit survenu pour avoir bû d'une eau croupissante. Il y a plusieurs autres exemples semblables rapportés par Mouffet.

Les vers cucurbitins sont ordinairement dans le foye des brebis. Le Docteur Lyster dit néanmoins en avoir trouvé dans les reins d'un chien, & il croit que les serpens & les crapeaux qu'on a trouvé dans le corps de quelques animaux n'étoient pas autre chose.

J'ai dit, ce me semble, qu'on trouvoit quelquefois des vers dans le cerveau des moutons, mais il y a plusieurs exemples qu'on en a trouvé dans le cerveau des hommes. Le Médecin Verzana rapporte qu'un de ses malades étant attaqué d'une violente douleur de tête, & d'une grande demangeaison aux narines, par des éternuemens fréquens, moïennant une poudre qui excitoit à éternuer, cet homme avec une grande quantité de morve expulsa un ver entier.

Bartholin rapporte un exemple de cette nature, d'un Gentilhomme dont il met le nom en chiffre O. W. A Paris on en trouva un dans la tête d'une fille, dont on fit l'Anatomie. Ildanus raconte un semblable événement arrivé à un de ses oncles, qui après avoir beaucoup souffert par un abcès qui s'étoit formé dans l'os cribleux de la tête, à la fin il créva, & de cet abcès sortit un ver. Suivant la figure qu'il en donne, ce ver étoit long d'un doigt, & fort velu. Guillaume Witers, Médecin du Prince de Juliers & de Cleves, dit avoir trouvé plus d'une fois des vers, dans la vesficule du fiel de quelques personnes qu'il avoit ouvertes à Dusseldorp.

Je rapporte ces choses en Historien, car il est difficile, pour ne pas dire impossible, de sçavoir comme la chose se passe au vrai. Quoiqu'on puisse soupçonner & dire que les œufs de quelque insecte sont passés avec le chile dans les artéres, & enfin dans les chairs. Il est vrai que cet œuf, pour petit qu'il puisse être, en passant par le cœur & par les poûmons, peut avoir produit quelques simptômes facheux, mais de peu de durée, d'autant qu'il n'y a pas séjourné long-tems. Et comme on n'avoit garde de deviner la cause, on l'a peut-être attribuée à toute autre qu'à celle qui étoit la véritable. Mais de quelque maniere que cela vienne, quoique nous ne connoissions que l'effet qui en résulte, il faut nous en contenter, sans nous écarter de la regle générale, que l'expérience de tant d'autres faits qu'on ignoroit auparavant a confirmée.

Il y a des expériences de plusieurs personnes qui ont rendu des vers avec les urines. De mon tems, * dans une Province de l'Etat Ecclésiastique, un Capucin, après de grandes douleurs, vuida avec l'urine un très-gros ver, qui ressembloit à une vipere, & j'en ai vû à

* En 1658.

Rome la figure qu'on fit imprimer, comme d'une chose merveilleuse.

Par tous les faits que j'ai rapportés, on peut juger que les animaux ne se produisent pas par la corruption, mais qu'il faut nécessairement qu'ils soient produits par quelque semence, & quoiqu'on ne puisse pas toûjours dire de quelle maniere elle a pû s'introduire dans un tel corps & dans un tel lieu, c'est assez qu'on ait pû quelquefois découvrir comme cela est arrivé, pour conjecturer des autres, dont on n'a pas pû avoir de connoissance. Par exemple, dans la Perse, * on tire souvent des jambes certains vers fort longs qui s'y engendrent, & qui font beaucoup de douleur, parce que cet insecte picotte & ronge la chair. Il faut bien prendre garde quand on a une fois commencé à tirer le ver, de ne le pas rompre, afin qu'il n'en reste point dans la chair, & j'ai lû qu'on entortille ce ver autour d'un bâton à mesure qu'on le tire, avec beaucoup de diligence ; car s'il en restoit une partie, en pourrissant elle causeroit de grands maux. Je sçais bien qu'un des plus sçavants Membres de l'Académie des

* Tavernier en parle, & Derham en fait aussi le récit.

Sciences de Paris, soûtenoit à un Médecin, que ce n'étoit pas un ver, mais une substance charnuë, provenant par quelque obstruction. Néanmoins les gens du païs, fondés en expérience, sont (à mon avis.) aussi croïables que ceux qui n'ont jamais vû ces sortes de vers. Un Chirurgien m'a dit qu'en saignant une personne, & le sang venant fort bien, tout d'un coup il se trouva arrêté par quelque chose qui bouchoit l'ouverture de la veine, & comme il croïoit que ce pouvoit être de la chair, ou de la graisse, il voulut l'écarter avec le bout de la lancette, & alors le sang retenu, venant à sortir avec impétuosité chassa au-dehors un ver assez long, qui paroissoit de chair, mais qui étoit fort vivant & remuant. Il y a plusieurs autres exemples semblables, & d'autre nature, sur lesquels on ne peut dire en général autre chose, sinon qu'aïant avallé l'œuf de quelque insecte, cet œuf est passé par les boïaux dans les veines, & d'elles en certaine partie du corps, qui, non-plus que le sang, n'étoit pas contraire à la nature de l'animal, lequel se nourrissoit encore mieux dans cet endroit qu'il n'auroit fait ailleurs, ce qui fait qu'ils sont souvent plus grands.

Ce que j'ai rapporté des vers de Perse,

me fait souvenir de certains poux des Indes Occidentales, qu'on appelle *poux de Pharaon*, qui entrent dans les pieds & y font leurs œufs, lesquels, si on n'a pas soin de les retirer au plûtôt, se pourrissent dans la chair & causent de grands maux.

L'araignée mérite par le nombre de ses yeux, par l'artifice de sa toile, par son adresse, comme aussi par plusieurs autres endroits, qu'on en fasse mention. On ne comprendroit pas comment cet insecte attache son fil d'un arbre à un autre, au milieu d'une large allée, si des personnes curieuses n'avoient observé & reconnu que l'araignée se laisse pendre à son propre fil, quand le vent soufle vers le côté où elle veut s'attacher, & alors le vent pousse le fil aussi bien que l'araignée du côté qu'elle desire. Ce premier fil étant attaché, elle passe par dessus, comme sur une corde, & fait ensuite tout l'ouvrage qu'elle veut.

Il ne faut pas oublier de parler de l'insecte éfimere, c'est-à-dire, qui n'a qu'un jour de vie, ou pour mieux dire cinq ou six heures seulement * (qui sont depuis les six heures après midi jusqu'envi-

* Derham & Swarmerdam.

ron une heure avant minuit.) Cet éfimere après être devenu mouche, ne mange point, & il n'a pas befoin de manger pour vivre fi peu, quoique dans les cinq ou fix heures de fa vie il en rempliffe toutes les fonctions. Car en commençant à vivre, il jette la peau dont il étoit enveloppé en forme de vermiffeau, & de cette maniere fe trouvant fort leger & pourvû d'aîles, il emploïe fa courte vie à vôler çà & là fur les eaux. Dans ce tems la fémelle jette fes œufs fur l'eau, & le mâle répand par-deffus fon fperme pour les rendre féconds, après quoi ces œufs vont au fond de l'eau par leur propre pefanteur, & la chaleur du foleil en fait éclorre de petits vermiffeaux, lefquels s'enveloppent du limon le plus gras, & ils s'en nourriffent jufqu'à ce qu'ils en fortent en moucherons, comme on l'a dit, qui nous fourniffent un véritable exemple de la briéveté de la vie, & du foin de la Providence pour la confervation de l'efpece de ce vil animal, qu'on ne fçait pas à quoi il peut être bon, fi ce n'eft à confiderer les deux chofes précedentes.

Les fauterelles ne vivent pas plus de fix mois. Elles meurent dans l'Automne, après avoir fait environ trois cens œufs, qu'elles enterrent dans un trou qu'elles font avec la queuë ; si la pluïe vient lorsque les œufs s'ouvrent, ils périssent, car le froid ni autre chose ne leur fait point de mal ; si non ces insectes multiplient à l'infini, & c'est la cause qu'on en voit quelquefois un si grand nombre, c'est-à-dire trois cent fois plus qu'auparavant.

Ceci me donne occasion de faire remarquer la quantité d'œufs que le plus petit insecte pond. Ce qui est nécessaire pour la conservation de l'espece ; d'autant qu'une partie des vermisseaux qui en proviennent sont ou devorés par d'autres bêtes, ou détruits par les hommes & les animaux, & particuliérement par la pluïe, & par d'autres accidens semblables. Il est remarquable que plus on ôte d'œufs aux oiseaux, tant sauvages que domestiques, plus ils s'efforcent d'en faire, pour en réparer la perte. Ainsi la poule fait plus d'œufs quand on lui en ôte, que lorsqu'on lui laisse ce qu'elle a fait. Mr. Lyster en levant les œufs d'une hirondelle à mesure qu'elle pondoit, elle en fit jusqu'à dix-neuf, quoi qu'elle n'en fasse d'ordinaire que quatre ou cinq au plus. Ceux qui s'attachent à Paris & ailleurs à élever des serins, ôtent les œufs du nid de ces petits oiseaux, afin qu'ils en fassent le plus, qu'ils peuvent, qu'on leur donne ensuite à couver, quand on voit qu'il y en a une quantité convenable. Il me plaît encore de faire remarquer un autre soin de la nature pour les animaux qui nourrissent de lait leurs petits, c'est qu'il est remarquable que ceux qui en produisent plusieurs d'une ventrée ont aussi un nombre suffisant de tetons, comme les chiennes, les chattes & autres semblables. Mais ceux qui n'en produisent qu'un petit nombre en ont fort peu, comme par exemple la femme qui n'en a que deux. Ce qu'on peut remarquer aussi dans un grand nombre d'autres animaux.

Comme la considération des insectes nous méneroit trop loin, si je voulois parler de tous en général, & des choses extraordinaires qu'on a observé de ces petits animaux, je conseille au Lecteur curieux qui en voudra sçavoir davantage, de lire les Auteurs qui en ont traité *ex professo*, tels que sont ceux que j'ai cités, aussi bien que le petit Traité des Insectes de Derham, qu'il a mis vers la fin de son ouvrage de la démonstration de l'essence & des attributs de Dieu, dont ces petits animaux ne sont pas la plus petite preuve aussi bien que les grands. Ce qui fait voir, à mon avis, que le Prophete Royal a eu raison de dire, qu'il n'y a que les ignorans & les insensés, qui peuvent nier l'existence de Dieu. *Dixit insipiens in corde suo non est Deus.* Et notés qu'il ne dit pas l'impie, mais l'ignorant, *insipiens*.

En effet, il faut non-seulement être ignorant, mais stupide, & n'avoir jamais fait de réflexion sur les ouvrages de la nature, pour ne pas comprendre que l'Auteur de tant de merveilles, est ce qu'on appelle Dieu, & qu'aïant sçu donner à ces petits animaux, comme aux plus grands, l'adresse de chercher leur propre bien & celui de leurs petits, il faut avoüer que les bêtes ont autant de sentiment qu'il leur en faut pour se procurer leur bien-être, & éviter leur mal. Mais parce qu'on dit communément que les bêtes n'agissent que *par instinct*, je crois à propos d'expliquer le plus nettement qu'il me sera possible, en quoi consiste cet instinct, si souvent nommé, & si mal entendu.

CHAPITRE X.

De l'Instinct, & du Discernement.

Pour éclaircir ce point très-difficile, & pour connoître autant qu'il est possible ce que c'est que l'*Instinct*, je crois pouvoir avancer qu'il est vrai que l'instinct est une faculté que la nature a accordée à tous les animaux qu'elle a formés, qui consiste à discerner ce qui convient à leur bien, pour le suivre, & au contraire de distinguer ce qui peut leur être nuisible, pour le fuïr, & comme l'on ne peut pas dire autre chose, sinon que c'est une institution de nature qui l'a fait ainsi ; c'est cette institution qui a formé le nom d'*instinct*.

Je crois aussi que ce discernement ne se peut faire que par les organes des sens, que la même nature nous a donnés à cet effet. Car le sentiment & le discernement vont ensemble, ce que je ne dis pas de ma tête, mais par celle d'Aristote, qui, s'il n'en sçavoit pas tant que nos Modernes Philosophes s'imaginent d'en sçavoir, au-moins on peut croire qu'il sçavoit ce que tous les Philosophes & les sçavans pensoient sur ce sujet, puisqu'il nous dit, que tout le monde convenoit (au moins de son tems) que discerner & sentir, étoit la même chose, & le même principe de nature. *Videtur insitam esse cunctis animantibus vim quamdam discernendi, quam universi sensum appellant.* Je ne crois pas que ce profond Philosophe ait avancé cela au hazard, je pense au-contraire qu'il est bien fondé en raison, & pour le démontrer avec l'évidence possible, je crois qu'il faut examiner de quelle maniére les sens servent à faire ce discernement, qui se forme, à mon avis, par le plaisir ou par la peine que l'objet produit dans les sens. Je crois donc que toutes les actions, tant des hommes que des animaux, roulent (pour ainsi dire) sur ces deux pôles, du plaisir ou de la peine que l'objet cause. Car si un objet meut les esprits animaux qui sont dans quelques-uns des organes des sens, d'une maniére qui produise un sentiment agréable, ce qui se fait, comme disoit Aristippe, * par un mouvement doux, *motus lenis*, il en résultera un sentiment de plaisir ; mais si le mouvement des esprits animaux est violent, *motus asper*,

* Diog. Laër. in vita Aristip.

alors il en résulte un sentiment pénible & douloureux. Par exemple, quand on vous frappe avec force sur la jouë, ou sur quelqu'autre endroit du corps, les esprits animaux étant repercutés avec violence, par ce mouvement âpre, il est constant qu'il en résulte un sentiment douloureux ; au-contraire, lorsqu'au lieu de nous frapper violemment, on nous passe & repasse délicatement la main sur la jouë, & par un mouvement *lenis*, c'est-à-dire doux, cela nous cause un sentiment agréable, qui concilie l'amitié de l'objet, au lieu que le mouvement violent irrite, & donne de l'aversion pour l'objet qui le produit. Ce sentiment du bien & du mal naturel est institué par la nature, & je crois que c'est cette institution qu'on appelle instinct.

Je ferai encore observer une autre institution naturelle, qui est une certaine *irritation* de haine qu'on ressent pour l'objet qui cause la peine ; & une irritation (qu'il me soit permis de me servir de ce mot) d'amour pour la chose qui cause le sentiment de plaisir, de manière que de cette double institution par le moïen des sens, c'est-à-dire l'irritation à aimer ou à haïr, que produit l'objet de sa part en causant la peine ou le plaisir, il en est dérivé le nom de ce qu'on appelle *instinct* ; comme qui diroit institution, ou irritation naturelle.

C'est par cette institution de la nature, dit Aristote, que se forment les deux passions d'amour & de haine, qui sont précisément ce qu'on appelle *volonté* ; car toujours le plaisir, d'autant que *simple plaisir* nous *attire*, comme la peine, d'autant que *simple peine* ou douleur nous *repousse*, & donne autant d'aversion pour l'objet qui la cause, que d'amour pour celui qui nous fait plaisir.

Il semble donc qu'on peut dire avec quelque certitude, que l'instinct est une institution de nature, qui a disposé les sens de l'animal d'une telle manière, que si l'objet produit dans les sens un attouchement agréable, (car toutes les sensations se font par un attouchement); l'on est mû à courir pour joüir de l'objet qui excite à ce plaisir ; au contraire on est excité à le fuïr, s'il frappe les sens d'une manière violente & qui cause du désagrément. Ainsi, quand on voit un cheval, ou autre animal, qui paît dans un pré, lequel parmi le mélange des herbes, laisse le titimale, & choisit une herbe plus convenable, il fait cela veritablement par

par instinct ; c'est-à-dire que, suivant l'institution de nature, le titimale cause à l'odorat du cheval un sentiment desagréable, & qu'au contraire l'autre en chatouillant doucement les fibres de son nés plaît à son odorat, & plus encore au goût. C'est ce que nous ferions nous mêmes si nous étions dans le même cas, étant constant que les choses qui par leur mauvaise odeur frappent désagreablement ou l'odorat ou le goût, ou qui en quelqu'autre maniére causent du desagrément à quelqu'un de nos sens, nous les fuyons, & évitons autant qu'il est possible. De maniére que je croirois que le mot d'instinct tire son origine de cette irsitation d'amour ou de haine, que l'objet produit dans les sens, par une institution naturelle, qui fait sentir, par le plaisir & par la peine que les organes des sens reçoivent, ce qui est bon ou mauvais tant à l'homme qu'aux animaux, à qui la nature auroit donné inutilement les mêmes organes que nous avons, s'ils ne devoient pas leur servir au même usage. Je sçais bien que les Carthesiens peuvent dire que cette même odeur bonne ou mauvaise, dont je parle, peut faire reculer ou approcher l'animal, & produire le même effet de la pierre d'aiman,

Tome IV. V

dont un des pôles attire le fer & l'autre le repousse; & que ces machines animales sont construites de manière par la main du souverain ouvrier, qu'elles paroissent sentir, quoi qu'en effet elles ne connoissent pas & ne sentent point comme nous. Je conviens que l'on ne peut pas avoir une conviction évidente de cette verité, à moins que les bêtes mêmes ne l'éclaircissent. Mais comme de longtems, ou pour mieux dire jamais cela n'arrivera, les Carthesiens auront le plaisir de se vanter d'avoir assez d'esprit, pour soutenir une proposition qui choque le sens commun; & j'aimerois bien mieux dans le doute, en croire ce que les sens me font connoître, que les choses contraires, particulierement quand je vois un animal agir pour un dessein, & pour un dessein formé de loin; par exemple, quand je vois une araignée former une toile, je ne doute point que ce ne soit par instinct de nature, c'est-à-dire qu'elle a institué & disposé de manière les organes de cet insecte, qu'il peut tirer de son corps la matière dont il fait cette toile avec tant d'art, & que l'homme ne sçauroit l'imiter en tirant de lui même de quoi faire cette toile, quoiqu'il en fasse avec des filets de lin ou de soye. Mais quand je remarque que l'araignée se retire après que la toile est finie dans une petite tanière qu'elle s'est faite pour se cacher, d'où elle ne bouge point qu'elle ne sente que quelque chose ait touché la toile. Qu'elle sort alors, & qu'aiant regardé avec attention si c'est la mouche qui a fait ce mouvement, elle se retire dès qu'elle ne la voit pas, & si elle est prise, elle accourt aussi-tôt, & après l'avoir blessée avec son aiguillon, si elle se débat, elle la lie avec des filets qu'elle a tout prêts. Ensuite elle lui suce le sang, ou sur les lieux, ou elle l'emporte dans sa tanière. Quand je considere que dans son ouvrage l'araignée a pour fin d'attrapper la mouche, je suis porté à croire qu'en faisant sa toile elle agissoit pour cette fin éloignée, ou bien je pourrai dire que le chasseur, qui tend ses filets pour attrapper des oiseaux, agit par instinct de nature qui n'a pas fait tout les hommes chasseurs. Que lorsque les oiseaux sont pris, qu'il court pour les prendre afin de les manger ou de les vendre, je puis dire que cet homme agit par instinct, particulierement si c'est un étranger dont je n'entende pas le langage. Mais que dirai-je des abeilles qui font leur miel pour s'en nourrir pendant l'hyver ? Que dirai-je des fourmies, des oiseaux & d'autres animaux qui font leurs provisions dans les belles saisons, comme s'ils sçavoient qu'ils n'en trouveront pas en hyver. J'avouë que si je voïois qu'un animal n'agit qu'en consequence du bien ou du mal présent, je pourrois être ébranlé; mais quand je vois qu'il agit pour une fin éloignée, & qu'il prend tant de soin pour éviter les embuches de l'homme, le plus méchant & le plus cruel ennemi des animaux, alors je ne puis pas me rendre à l'opinion des Carthesiens. Ils diront : *la matiére n'a point de sentiment, par consequent les bêtes qui ne sont composées que de simple matiére ne peuvent pas sentir, & il en résulte, que nous raisonnons conséquemment.* J'en demeure d'accord, mais quand la consequence est absurde, l'on peut juger que le principe d'où l'on tire la consequence est faux. En un mot, s'il a plû à Descartes de faire des bêtes de pures machines, il seroit aussi facile à d'autres Philosophes, de réduire l'homme à la pure machine. Il le seroit en effet, comme les autres animaux, si l'on ne sçavoit d'ailleurs que Dieu crée exprès pour lui une ame immaterielle, immortelle & raisonnable, dissemblable à celles des bêtes, qui n'ont que la simple faculté de sentir.

C'est donc avec plus de raison, que, sans choquer l'évidence des sens, Platon & Aristote ont cru qu'il y avoit une ame materielle, qui se mouvoit, & de plus, qu'elle sentoit ses mouvemens, & que cette matiére étoit l'ame générale des plantes & des animaux, dont les hommes avoient aussi une portion, par laquelle ils sentoient, quoiqu'ils eussent encore, outre cette ame sensitive universelle, une autre espece d'ame immaterielle qui distinguoit l'homme de la bête. Doctrine que les saints Conciles ont adoptée comme la veritable. Et c'est en vertu de cette ame raisonnable, que l'homme par sa raison a sçu faire connoître, qu'il n'y a point de comparaison entre lui & les bêtes.

Mais pour revenir à la simple philosophie, je suis porté à croire, que si l'on admet comme je fais la premiére matiére de Platon, d'Aristote & des autres Academiciens, qui n'a point d'autre proprieté que de sentir, on rendra aux pauvres bêtes le sentiment qu'on veut leur ôter, avec l'inhumanité naturelle de l'homme. Au surplus comme la mémoire est aussi une espece de sentiment dépendant du cerveau, qui est un organe interieur, lequel d'une manière admirable peut représenter les sensations passées, comme l'œil ou l'oreille font sentir les choses présentes, on pourra accorder aux animaux quelque souvenir, par lequel le chien ou le cheval reconnoît son maître, sans quoi toute la Philosophie Cartesienne paroîtra ridicule à la plus grande partie du monde, à qui on ne pourra pas persuader facilement que le chien, nonobstant ses caresses, n'a aucune connoissance de ce qu'il fait; & qu'il ne se souvient pas des instructions qu'on lui a données, quand on voit qu'il les exécute fidélement.

J'ai dit que le souvenir est une sensation interne, ou pour mieux dire un retour des sensations précedentes, & que la mémoire est un organe comme celui de l'œil ou de l'oreille, lequel étant au dedans (Descartes après Epicure le place dans le cerveau) nous fait entendre & voir interieurement ce que l'on a vû & entendu au dehors par les organes exterieurs. Que ce soit un organe, cela se prouve avec quelque sorte d'évidence, puisque l'organe de la mémoire s'affoiblit & s'use avec le tems, comme la vûë l'ouye, & les autres organes des sens. Les uns ont aussi la mémoire meilleure que les autres, comme la vûë, l'ouye & les autres sensations. Or Aristote montre sur l'évidence que nous en avons, que les animaux qui ont le plus de mémoire, sont d'autant plus capables d'instructions, & d'apprendre ce qu'on leur enseigne, de même que les hommes, qui plus ils ont vû de choses dont ils se ressouviennent, plus ils sçavent, comme dit Ciceron. Etant constant que nous ne sçavons que les choses dont nous nous ressouvenons ; car un homme qui auroit été brûlé en touchant le feu, s'il ne se ressouvenoit point que le feu brûle, il le toucheroit encore, comme font les enfans la première fois.

Je laisse ces considérations en particulier pour les Chapitres suivans, & sans m'écarter d'avantage, je concluërai, en répetant, que l'étimologie & la dérivation du mot d'*instinct*, est une instigation, ou émotion de plaisir, ou de peine, que l'objet produit dans quelqu'organe des sens, qui fait fuir ce que l'on sent produire la peine, & aimer & suivre ce qui fait plaisir, & je ne crois pas qu'on puisse dire autre chose, sinon que cela vient par une institution de nature, & que cette inſtigation ou inſtitution naturelle eſt ce qu'on appelle *inſtinct*, par lequel non-ſeulement les animaux, mais les hommes-mêmes ſont portés à ſuivre ce qui fait plaiſir aux ſens, & à fuïr ce qui leur fait peine. Il n'y a pas même à douter que les hommes agiroient comme les animaux, ſi Dieu ne leur avoit pas donné une ame raiſonnable, qui leur fait ſentir qu'il faut quitter des plaiſirs paſſagers, pour des biens éternels, qu'il faut auſſi fuïr les plaiſirs des ſens qui ſont ſuivis par de grandes douleurs, & même ſouffrir quelques maux pour en éviter de plus grands, ou pour parvenir à la joüiſſance des vrais & durables plaiſirs de l'éternité.

CHAPITRE II.

Du sentiment des Animaux.

L'ON a tant flatté l'homme, naturellement vain, & on l'a si fort enflé, en relevant son propre mérite, qu'il est à craindre qu'il ne s'oublie tout-à-fait. Je crois même que ce qui a contribué à faire embrasser avec tant de plaisir l'oppinion de Descartes, (que les animaux ne sont que de pures machines, sans sentiment & sans connoissance,) vient de ce qu'une pareille proposition flatte beaucoup la vanité humaine. Il est vrai, que ce Philosophe a raisonné conséquemment, car ne donnant à sa matiere d'autre propriété que l'étenduë, les animaux ne peuvent pas sentir. Sur ce principe, les Sectateurs de Descartes ont soutenu cette opinion avec tant d'esprit, que si l'évidence ne s'y opposoit, on seroit tenté de l'embrasser. Pour guérir l'homme, s'il est possible, de la vanité de son cœur, il faudroit lui faire voir, comme dit Montagne, qu'il est la plus misérable de toutes les créatures, & en même tems la plus orgueilleuse ; ce que Pline avoit dit, plusieurs siécles auparavant, par ces belles paroles ; *Nil superbius homine, vel miserius.* Et plusieurs autres grands hommes de bonne foi, ont avoüé la même chose. Par cette raison, ce ne sera pas dans le dessein d'invectiver contre lui, que je me réserve d'en faire un portrait fidele dans le Chapitre suivant ; mais plûtôt pour tâcher d'apporter un reméde contre sa vanité, dont nous ne ferions pas le desaveu, sans doute, si nous voulions dire la vérité. Ce qui ne sera jamais, puisqu'un de nos plus grands défauts, naturel & commun à tous les hommes, est de se flatter, & de prendre les loüanges des flatteurs comme des vérités. L'amour propre qui ne nous abandonne presque point, fait aussi que nous nous flattons nous-mêmes, quand d'autres ne nous flattent pas, & un illustre Poëte * a eu raison de dire :

. . . on nous voit pleins de vapeurs legéres,
Nous mêmes nous bercer de nos propres chimeres.

Cette inclination naturelle à la vanité, nous a fait donner tête baissée dans la flat

* Despreaux, Sat. 8.

terie des Stoïciens, qui, non contens d'élever l'homme au rang des Dieux, ont en quelque maniere divinisé la nature humaine, aïant enseigné que Dieu avoit fait l'univers pour les Dieux & pour les hommes. (*a*) *Mundus constat & Diis & hominibus eisque rebus quæ eorum gratia condita sunt.* Ces paroles de Possidonius Stoïcien, & des autres de sa secte, ont été adoptées avec avidité; & sans se mettre en peine des Dieux, l'homme a dit que tout étoit fait pour lui:

(*b*) Lui seul de la Nature est la baze & l'appui,
Et le huitiéme Ciel ne tourne que pour lui.

Il est vrai que Dieu lui a accordé un esprit suffisant pour exécuter l'ordre qu'il lui a prescrit, en lui ordonnant de dominer sur les oiseaux de l'air, sur les poissons de la mer, & sur les animaux de la terre. *Dominamini piscibus maris, & volatilibus cœli & universis animantibus, quæ moventur super terram.* Mais cela ne veut pas dire (à mon avis) qu'il ne les ait fait que pour lui seul: car le gros poisson mange le petit, & les lions, les loups, & les autres animaux mangent

(*a*) Laërt. in vit. Zenon.
(*b*) Despreaux Sat. 8.

les bêtes moins fortes. Il est douteux encore,

> * . . . . Si dans les antres sourds,
> L'ours a peur du passant, ou le passant de l'ours;
> Et si sur un Edit des pastres de Nubie,
> Les lions de Barca vuideroient la Libie.

Sur quoi il est juste de croire, que dans l'étallage de tant de choses merveilleuses & différentes, Dieu a voulu se satisfaire lui-même en exerçant sa puissance infinie, laissant assez de jugement aux hommes pour connoître qu'il est l'Auteur de tant de merveilles. Mais sans parler des Anges, qui sçait s'il n'y a pas des animaux capables de les admirer & de les considerer comme nous. On dit que l'éléphant, en regardant les astres & la lune, fait quelques actes d'adoration & de culte, en se baignant & élevant sa trompe vers le Ciel.

C'est cette vanité, dont nous sommes pétris, qui a fait embrasser avec tant d'ardeur (comme je l'ai dit) l'opinion de Descartes : opinion qui dans le cinquiéme siécle fut avancée avec peu de succès par Claudianus Mamertus, frere de l'Evêque de Vienne. » Je me suis pres-

* Despreaux, Sat. 8.

» que toûjours servi des propres termes
» de cet ancien Auteur (dit Mr. Dupin *
» dans l'abregé qu'il fait de la Doctrine
» de Mamertus.) Ce que je remarque
» ici, parce que sa Philosophie a tant de
» rapport aux méditations d'un célébre
» Philosophe moderne, (Descartes,)
» que l'on pourroit croire que je l'ai plû-
» tôt prise de celui-ci, que du premier.
Il y a même environ un peu plus de
cent ans, que l'Espagnol (Gomez) Pe-
veira fit un livre *in folio* : intitulé *Anto-*
niana Margarita, du nom de son pere
& de sa mere, où il étale de fort belles
raisons pour montrer que les bêtes n'ont
pas, & qu'elles ne doivent point avoir
de sentiment. Celle, entr'autres, qui
m'a le plus frappé, comme la plus ridicule, est celle-ci : *Que l'homme seroit*
bien cruel de faire un si grand carnage d'a-
nimaux, s'ils étoient sensibles. A quoi on
peut répondre, qu'on accorde que l'homme est un des plus méchants & des plus
cruels animaux, que Dieu ait créé, &
que le lion & le tigre mangent les animaux qu'ils trouvent. C'est pourquoi, ni
Mamertus, ni Pereira n'ont pas réussi à
persuader leur Doctrine, car soit préven-

* Mr. Dupin, Bibliothéque des Auteurs Ec-
clésiastiques.

tion, ou raison, la plus grande partie du monde ne la veut pas adopter. Enfin, Descartes a renouvellé cette opinion, & ses Sectateurs l'ont soutenuë, & la soutiennent encore avec plus d'esprit que de vrai-semblance. Il est vrai, (pour rendre justice à la vérité) que les Carthésiens raisonnent conséquemment, & qu'ayant emprunté d'Epicure leurs principes corporels, qui n'ont aucun sentiment de leur état, ni aucune connoissance, il s'ensuit comme dans le sistême d'Epicure (quelque effort que ce Philosophe fasse au contraire) que les corps qui ne sont composés que de ces corpuscules insensibles, ne peuvent avoir aucun sentiment. Ce qui arriveroit aussi à l'homme, (disent les Carthesiens,) si Dieu ne créoit pas pour lui une ame connoissante, intelligente, & raisonnable.

Or, comme il est certain que l'homme peut faire par son industrie des montres qui marquent précisément les heures, sans que ces machines sçachent ce qu'elles font, ni pourquoi elles le font, de même que quelques figures, qui se mouvent, & font certaines actions, comme je l'ai vû à plusieurs horloges, qui en étoient ornés; il est, sans doute, possible que le souverain ouvrier puisse & sçache les moïens de faire des figures qui vont & viennent, & paroissent connoître ce qu'elles font, sans que pour cela elles aïent aucun sentiment, ni aucune connoissance de leurs actions, ni de celles des autres ; car le grand Artisan de l'univers a sçu, & il a pû accommoder dans leur construction de tels ressorts, qu'elles paroissent voir & entendre, sans qu'elles voient & entendent comme nous.

Ces raisons & plusieurs autres sont ingenieuses & belles, mais il est difficile de persuader à quelqu'un, que son chien ne le connoît pas, & que ces animaux soient, comme l'Ecriture le dit, des Idoles, *videntes non videant, & audientes non audiant*, qu'aïant des yeux & des oreilles comme nous, ils doivent ne voir & n'entendre pas de même. *Ce sistême donne lieu de craindre*, disoit un Prince de beaucoup d'esprit,* *qu'en voulant faire les bêtes de pures machines, peu à peu on ne fasse aussi de l'homme une machine*, émuë par les sensations, qu'il suit d'ordinaire plus que la raison dont il est si glorieux.

Mais pour venir au fait, je repete donc que la plus forte raison des Carthésiens consistant en ce que d'une chose insensible, telle qu'est la matiére, il n'en peut

* Le grand Prince de Condé.

pas résulter le sentiment. Je réponds que l'erreur de Descartes & de ses Disciples, provient de ce qu'ils ont confondu la matiére & le corps, ne connoissant d'autre substance que celle qui est étenduë, suivant les dimensions Mathématiques. Mais j'ai fait une distinction de ces deux choses dans mes principes, * la matiére premiére qui se meut & sent ses mouvemens, est distincte du corps, lequel étant immobile ne sent pas qu'il se meut. Cette matiére premiére est réellement une substance étenduë, mais pénétrable; à la différence du corps, qui est immobile & impénétrable. Cette premiére substance qui sent qu'elle se meut, & les différentes maniéres dont elle se meut, ou qu'elle est muë, fait les diverses sensations. On me demandera d'où lui viennent les differens sentimens. Je réponds que cette proprieté de sentir lui a été accordée par le même auteur qui lui a donné le mouvement ; car de la même maniére que Dieu tire du néant l'ame de l'homme, à laquelle il donne avec l'immortalité la raison & la liberté ; semblablement en tirant du néant la premiére substance, il ne lui a pas été plus difficile de donner

* Traitez de la matiére & du mouvement qui ne sont pas Imprimez.

à cette matière le mouvement, & le sentiment de ses propres mouvemens. On me dira sans doute, que de faire Dieu auteur de ces choses, c'est *le Pont aux ânes*. Je pourrois répondre aussi avec quelques-uns, que ce seroit la même chose de vouloir que Dieu crée exprès pour l'homme une ame differente de celle des animaux, pour distinguer & élever l'homme au-dessus des bêtes, si le Saint-Esprit ne nous l'avoit révelé. Mais je me contenterai de dire, que si nous ne faisons pas Dieu auteur des choses les plus difficiles qu'on connoît dans la nature, tel qu'est le sentiment des animaux, il faut renoncer à son divin formateur : Il y a encore de quoi rendre cette opinion plus probable, que celle de l'insensibilité des bêtes, en ce que les animaux sont formés, quant aux organes corporels, à-peu-près, comme la machine corporelle de l'homme. Il y a aussi en eux avec les mêmes viscères, un sang qui se forme du suc des alimens, par le feu celeste qui est dans le cœur. Ils ont un cerveau pour filtrer & distiler (pour ainsi dire) ce sang en esprits animaux, qui par leur extrême subtilité approchent le plus de cette matière sensible, & lesquels esprits se répandent par les nerfs dans tous les organes des sens.

La lumiére se refléchissant de l'objet à l'œil de l'animal, fait le même effet que dans l'homme, c'est-à-dire, meut cet esprit vers le cerveau, d'où par des conduits inconnus, cet esprit émeu s'écoule en certains endroits, qui font faire à l'homme & à l'animal certaines actions, suivant le plaisir ou la peine que l'animal ressent par cette agitation; car il aime & suit l'objet s'il plaît, & le fuit s'il déplaît. La même chose se fait par l'écoulement de l'air dans l'oreille, & semblablement par les autres sens, autant dans l'homme que dans l'animal, & de ces sensations, il s'en forme la mémoire, d'où résultent les connoissances; d'autant que si l'objet a déplû autrefois, en le voïant on se ressouvient de ce déplaisir, & alors on le fuit, comme l'auteur de ce qui fait ou peut faire peine. Ce qui me fait croire que les animaux ont de la mémoire, c'est qu'en voïant l'homme, un des plus méchans à leur égard, ils fuïent de lui comme des autres.

Je crois même que sans cette connoissance, qui leur a été connuë par l'experience, ou transmise par l'instruction de la mere, ils n'en auroient pas plus de peur, que les oiseaux & les autres animaux qui sont accoutumés avec l'homme dès leur naissance, & qui ont perdu la crainte qu'ils ont naturellement de ce méchant animal, dont le trop de voisinage leur est toûjours suspect. De manière que je ne suis pas éloigné de croire, que les animaux sont instruits en partie par leur mere, des dangers qu'on court à l'approche de certains animaux mal faisans. Le grand Gassendi raconte qu'il trouva dans un chemin deux jeunes oiseaux, qui l'attendoient sans s'envoler, lorsque la mere vint à eux, & leur fit certain cri, au son duquel les oiseaux s'envolerent avec vitesse. S'il m'est permis de dire quelque chose après un si grand homme, je rapporterai un exemple à peu-près semblable. Je logeois dans la ruë Bourtibourg, & la fenêtre de mon cabinet donnoit sur la cour d'un fameux Chirurgien de ce tems-là. Il y avoit vis-à-vis de cette fenêtre un petit toit, où des moineaux avoient fait leur nid, & des petits, auxquels les plumes étant cruës, ils descendoient en volant de leur nid dans la cour du Chirurgien. Les garçons & les femmes ne manquerent point

d'accourir aux moineaux, qui se laiſ-
ſoient prendre ſans avoir peur, lors que
je vis la mere, qui n'étoit pas loin, ſe
précipiter en bas & ſe débattre avec de
grands cris entre ces perſonnes, qui reſ-
terent ſi ſurpriſe de l'action de cet oiſeau
qui battoit des aîles, & crioit d'une maniére déſeſperée, qu'ils laiſſerent échaper
les petits oiſeaux leſquels s'enfuïrent avec
la mere qui les remena proche du nid.
Par où je crois d'avoir quelque raiſon de
ſoupçonner, tout au moins, que les oiſeaux, ou ſemblables bêtes, n'auroient
pas peur de l'homme, ſans avoir eu quelqu'experience de ſa malignité, ou du
moins ſans être inſtruits par leurs peres. Ce
qui paroît par les oiſeaux qui en naiſſant
ont été élevés & nourris, comme on dit,
à la brochette.

Cette reſſemblance d'organiſation &
des effets dans l'organe des ſens, pourroit au moins nous faire ſoupçonner,
comme dit le Pere Pardies, que Dieu
n'a pas voulu nous tromper. Ainſi la
difficulté que les Catheſiens font de ce
que l'ame des bêtes eſt materielle, &
parconſéquent inſenſible, ne conclut rien
contre les Peripateticiens, qui diſent que
le corps derive de la matiére premiére
mobile & ſenſible. Par conſequent le

corps étant immobile devient insensible, parce qu'il n'a plus la faculté de se mouvoir comme la matière première, & ainsi de sentir qu'il se meut, ou qu'il est mû, proprieté qui n'appartient qu'à la première substance, comme nous l'avons montré dans les principes. L'ame des bêtes est donc veritablement materielle, n'étant que cette matière mobile, différente de l'ame raisonnable, qui est d'une toute autre espece, quoiqu'on ne sçache pas dire ce qu'elle est : car quoiqu'elle connoisse, toutes choses, elle ignore son essence, & ne se connoît pas. Ce qui devroit nous humilier, puisque nous ne sçaurions pas ce que nous sommes, si la foy ne venoit à notre secours.

L'homme seul, dit-on, a de la connoissance, & les bêtes n'en ont pas. Quelle sûreté en avez-vous ? Descartes & ses disciples ne forment pas un Concile, où le saint Esprit préside. La ressemblance de la construction nous porte à croire celle du total. Les actions & les passions des animaux semblables à celles de l'homme, en sont des indices trop manifestes, pour révoquer en doute leur connoissance. Nous avons, dira-t-on, une preuve plus claire de la difference de l'ame, qui est son raisonnement, par lequel l'homme a inventé tant de choses, que les bêtes n'ont jamais pû imaginer. C'est la seule chose, à mon avis, qui peut faire croire (outre la foi) que l'ame de l'homme est plus excellente, & d'une autre substance. Quoiqu'on pourroit objecter, que la difference ne consiste que dans le plus ou moins de subtilité des esprits, ce qui paroît par la difference qu'il y a d'un Aristote & d'un Descartes, à un Bûcheron, qui n'a vêcu que dans les forêts, & qui ressemble plûtôt à une bête qu'à un homme, quoiqu'il ait la même espece d'ame, mais embarrassée dans des esprits grossiers, auxquels il faut toûjours revenir pour les actions animales ; & par la difference de ces esprits, il faut toûjours revenir aussi à celle qu'il y a d'un homme à un autre. On peut dire encore, que cette filtration, députation, & réduction du sang en esprits, animaux, plus ou moins purs & subtils dépend en partie des fibres plus ou moins subtiles du cerveau, comme aussi de la substance plus ou moins subtile dont on se nourrit, & de la fréquentation des gens d'esprit dans les grandes villes ; ce qui fait qu'un homme de cour est plus poli & plus spirituel qu'un païsan. Car l'homme ressemble au singe, lequel fait ce qu'il voit faire aux autres. De maniére que je crois que la démonstration de l'infenfibilité de l'ame des bêtes que les Carthefiens foutiennent avec tant d'opiniâtreté, eft plus dangereufe qu'utile à la Religion, puifqu'ils prouvent par là, que la machine d'une bête peut faire les mêmes chofes que l'homme, par le feul moyen des efprits animaux.

Il eft vrai qu'on dira que l'homme, outre les fenfations, a la connoiffance de ce qu'il fent, ce qui lui vient de l'ame raifonnable, qui perçoit, & connoît ce qu'elle fent. Chofe qui manque entiérement aux animaux, lefquels étant abfolument materiels, (c'eft le grand argument,) la matiére ne peut pas fentir d'elle-même, fans cette ame raifonnante & connoiffante. Mais, comme je l'ai déja dit, l'être infini & tout-puiffant, qui a pû former du néant cette fubftance raifonnante & connoiffante, a pû donner auffi à la matiére premiére la faculté de fe mouvoir, & de fentir les diverfes maniéres dont elle fe meut, ou dont elle eft muë, d'où refultent les diverfes connoiffances. D'ailleurs comme il eft difficile de perfuader aux hommes, que les animaux n'ont point de fentiment, il vaut mieux le leur laiffer, que de le leur ôter sans beaucoup de succès. Car les hommes n'en deviendront pas meilleurs, par cette fausse supposition.

Sur ce principe, je dirai donc en premier lieu, que tous les animaux ont plus ou moins les mêmes passions que les hommes, qui sont renfermées dans les deux mots d'*irascible* & de *concupiscible*, c'est-à-dire, l'aversion de ce qui leur déplaît, & leur fait mal, & l'amour de ce qui leur plaît & fait bien. Comment nous faire comprendre qu'on puisse aimer, ou haïr, sans sentiment & sans connoissance de ce qui est haïssable, ou aimable. Qui pourra comprendre, que lorsque le maître quitte son chien dans sa chambre, & que cet animal y reste abbatu en marquant beaucoup de tristesse de son éloignement, & qu'au retour de son maître il se relève, & court à lui, faisant voir la joye qu'il ressent de le revoir, par les caresses qu'il lui fait; qui pourra comprendre, dis-je, que cet animal n'est qu'une pure machine, sans sentiment & sans connoissance, & qui ne dira pas au-contraire, que ces marques de tristesse & de joye, qui sont si conformes à celles d'un homme, qui quitte, ou qui revoit ce qu'il aime, ne viennent que de ce que nous appellons

sentiment

sentiment chez nous. Je ne finirois pas, si je voulois rapporter tout ce que l'on sçait de l'amitié des chiens pour leurs maîtres. Je crois que quelques exemples suffiront, pour exciter le lecteur à se souvenir de ceux qu'il sçait déja. L'on conserve encore par une peinture, dans la grande sale du Palais de Montargis, la memoire de ce chien fidele, qui aïant vû assassiner son maître par l'ordre d'un de ses ennemis dans la forêt, où les assassins l'avoient enterré, resta constamment sur le lieu sans bouger. Enfin le meurtre aïant été découvert par ce moïen, & l'auteur de l'assassinat étant soupçonné par l'action du chien, qui vouloit toujours se jetter sur lui quand il le voïoit, on l'obligea de combattre contre cet animal pour sa justification; mais malgré l'avantage de ses armes, le chien le terrassa & le déchira par morceaux, en présence des Juges & de tous les spectateurs, tant l'amour & la fidélité de cet animal étoit grande.

Il y a peu d'années * que la rivière de Seine étant gelée, un homme qui voulut hasarder de la passer, enfonça & se noya sous la glace; son chien qui le

* En 1715 ou 1716.

suivoit resta auprès du trou qui l'avoit englouti, sans vouloir quitter. Mademoiselle de Boüillon, dont l'Hôtel étoit proche, lui envoïoit tous les jours à manger, quoiqu'il en goûtât fort peu, jusqu'à ce que la riviére venant à dégeler, on ne sçait pas ce que devint le chien, qui peut-être se sauva à la nage.

A la bataille de Norling, un chien qui avoit suivi deux Gentilshommes, qui furent tués dans cette occasion, revint à Paris chez le pere de ses maîtres, fort étonné de le voir, & il arriva un jour devant le Courier, qui apporta la nouvelle du gain de cette bataille, laquelle dura deux jours, ce qui donna peut-être le tems au chien d'arriver devant le Courier. On comprend combien de riviéres & autres lieux cet animal avoit passé. De même qu'un autre chien qui revint de Bordeaux où son maître étoit mort.

Mais puisque les Histoires sont remplies de la fidélité & de l'amour des chiens qui ont voulu mourir sur la tombe de leurs maîtres, ou comme celui d'un nommé Pirrus, qui resta sans manger sur le lit de son maître mort, & qui se jetta ensuite dans le bucher, lorsqu'on brula son corps : Je vais quitter ces narrations sérieuses, pour en faire une plus divertissante d'un chien qui appartenoit à un de mes amis, appellé le Comte de *Monte-Vecchio*. Ce Gentilhomme servoit la République de Venise dans la guerre de Candie. Le Général *Morosini* passant l'hyver à Venise, le Comte fut à son Audience pour lui demander quelque grace qu'il croïoit lui être dûë : mais le Général la lui refusa, avec une réponse très-brusque, & il se retira fort mortifié. Dans son chagrin, se tournant vers son chien, il lui dit d'un air affligé : *Tu vois mon ami comme l'on nous traite*, & passa outre, sans songer à rien. L'on avoit préparé le couvert pour dîner dans la salle voisine, & il y avoit un très-beau buffet garni de verres, de bassins, d'aiguiéres du plus beau cristal de Venise. Le chien laissa éloigner son maître & s'arrêta un peu, & quand il le connut apparamment assez éloigné, il entra dans la salle, où aïant pris avec sa gueule un des bouts de la nappe du buffet, il tira avec impétuosité, & renversa tous ces cristaux par terre, & dans le même tems il s'enfuit avec vitesse, vengeant ainsi le mieux qu'il pouvoit l'affront de son maître, qu'il rejoignit assez loin. Cette histoire qui m'a été racontée par ce Comte, dans ma jeunesse, ne peut être au hazard, mais par une fin méditée de ce chien, dont je pourrois dire plusieurs autres choses importantes, si je ne craignois d'ennuïer le Lecteur en faisant une trop longue histoire d'un seul chien.

J'ai lié deux ou trois fois des lettres au col d'un chien que j'avois à Rome, pour les envoïer où je ne pouvois pas aller, après lui avoir dit plusieurs fois à qui il falloit s'adresser. Le mettant ensuite à la porte, il ne manquoit point d'aller chez la personne que je lui avois nommée, & dont il connoissoit la maison. Le chien de *Monte Vecchio* en faisoit de même à ce qu'il disoit pour lui, & quelquefois même pour la République de Venise, qui ordonnoit seulement aux bateliers de le mettre à terre.

Quel est donc ce Philosophe, pour subtil qu'il puisse être, qui pourra nous persuader, qu'un chien n'entend pas ce qu'on lui ordonne, & que lorsqu'il l'exécute exactement, il ne sçache pas qu'il a entendu ce qu'on lui a dit de faire?

Feu Mr. le Duc de Nevers, pere de celui qui vit aujourd'hui, avoit une chienne appelée Hollande, qui exécutoit ponctuellement tout ce qu'il lui ordonnoit. De plusieurs choses qu'on disoit de cette chienne, j'en rapporterai seulement deux. Si on lui commandoit d'aller chercher quelque domestique, ou autre, elle y alloit sur le champ, & le prenant par le juste-au-corps le conduisoit à son maître. Comme on connoissoit le naturel de cette chienne, on ne se faisoit pas trop tirer pour la suivre, crainte d'être mordu. Quand l'homme qu'elle cherchoit n'étoit pas dans la maison, elle alloit dans tous les endroits où elle croïoit pouvoir le trouver. Si elle ne le trouvoit point, elle revenoit humblement la queuë entre les jambes, mortifiée de n'avoir pû exécuter son ordre. Lorsqu'on lui disoit de ne laisser entrer personne où son maître étoit, elle se mettoit devant la porte de la chambre, & par un aboïement coléré elle avertissoit de ne point approcher si on ne vouloit être déchiré, comme elle auroit fait, sans doute, si on avoit été assez hardi de passer outre. L'on connoissoit même par les caresses, ou par l'indifférence, que cette chienne avoit pour Madame la Duchesse sa femme, si elle étoit bien ou mal avec son époux.

J'ai vû, du tems que Mr. le Comte de Lincoln étoit à Paris, un gros dogue Anglois qui lui appartenoit, que ce Seigneur voulut mettre un jour à l'épreuve, pour voir de qui il prendroit le parti, on cas que le mari & la femme fiſſent ſemblant de ſe battre. Aïant fait mine de le faire, ce chien s'élevant ſur ſes deux pieds de derriere ſe mit entre deux, & comme mâle prenant le parti de la femelle plus foible, ne fit que menacer d'un aboyement grondeur le mari, qui n'attendit pas d'autre expérience.

L'Hiſtoire d'Amérique parle aſſez au long de deux chiens qui combattoient contre les Indiens, leſquels tiroient leur part du butin comme leurs maîtres, & ils étoient la terreur de ces peuples, diſtinguant fort bien les Eſpagnols leurs amis, d'avec les Amériquains leurs ennemis. Aucune nation n'a miſe en doute, que le chien eſt l'animal qui a le plus d'eſprit & d'adreſſe, & c'eſt pour cela que les Egyptiens dans leurs figures hiérogliſiques donnoient au Dieu Anubis, qui eſt la même choſe que Mercure, le viſage d'un chien. *Latrator anubis.* * L'on ne diſconviendra pas non plus, que le chien eſt un des Automates le mieux fait, & qui paroît avoir le plus de diſcernement. Cependant quelques-uns prétendent que l'éléphant a au moins autant de diſcernement, quoique par la gran-

* Juvénal.

deur de sa vaste corpulence, il ne puisse pas faire les mêmes singeries que le chien. En effet, on n'auroit pas donné dans les anciens tems l'avant-garde de l'armée aux éléphans, dans les combats les plus importans, si l'on n'avoit pas été persuadé de leur discernement present, pour ceux en faveur de qui ils combattoient; & on sçait avec quel courage ils s'exposoient pour mettre la victoire dans leur parti, tant qu'une force ou une adresse majeure ne les obligeât, comme les hommes, à prendre la fuite. On conte de cet animal quelque chose de semblable au chien de Lisimacus, qui ne voulut point manger, mais mourir avec son maître; car un éléphant aïant tué par mégarde, ou autrement son gouverneur, il en conçut tant de douleur, qu'il se laissa mourir de faim. Qui poura dire que cela ne vient pas de connoissance, & cette douleur, d'un sentiment fort vif? L'on rapporte qu'un éléphant qu'on faisoit travailler à Cochin,* (ville qui étoit alors aux Portugais,) pour traîner des batteaux dans la mer, étant fatigué du travail de la journée, ne vouloit plus avancer pour tirer encore un batteau, quelqu'instance qu'on

* Accosta, Hist. des Indes.

lui fit, lorsqu'enfin celui qui le conduisoit s'avisa de le prier de vouloir encore traîner celui-là pour l'amour du Roi de Portugal leur maître. Alors l'éléphant s'écria, *hoo*, *hoo*, que l'auteur interprette, (c'eſt peut-être l'Idiome du païs) *je le veux, je le veux*, & dans l'inſtant il le fit, & d'une maniere à faire connoître que c'étoit avec plaiſir. On raconte ⁎ quelque choſe d'approchant d'un autre éléphant que le Roi de Portugal envoïa au Pape Leon X. en 1514. Cet animal ne vouloit pas monter ſur le vaiſſeau deſtiné à ſon tranſport, quelque effort que fit ſon gouverneur. Enfin il lui dit, qu'il ne devoit pas reſiſter à la volonté du Prince, & qu'il étoit deſtiné pour être preſenté au plus grand Monarque du monde Chrétien. A ces paroles l'éléphant monta dans le vaiſſeau, & fut conduit à Rome. On dit auſſi que lorſque Leon X. vit paſſer cet éléphant, de deſſus un balcon de ſon Palais, cet animal plia trois fois les genoux, & baiſſa autant de fois ſa trompe pour lui faire la révérence. C'eſt ſur cet éléphant que ce Pontife fit marcher en triomphe, couronné de laurier, le fameux Archipoëte, qui récitant

⁎ Jerôme Oſorius.

des vers sans les méditer, & à l'improviste dit celui en passant au Pape :

Archipoëta facit versus pro mille Poëtis.

A quoi le Pape répondit sur le champ :

Et pro mille aliis Archipoëta bibit.

La gloire de ces deux éléphans, & celle qu'ils témoignent dans les combats, peut-elle venir d'autre chose que d'un sentiment interne, semblable à celui qui nous excite à certaines actions ?

Les éléphans sont aussi fort glorieux, quand ils se voïent bien habillés, & qu'ils portent le Roi sur eux dans le Palenkin. Le Roi des Mogols prend quelquefois plaisir à les voir combattre, & quand ce Monarque arrive dans le lieu destiné à ce divertissement, tous les éléphans qui l'attendent, lui font la révérence en pliant les genoux, & baissant la trompe à terre. Le signal du combat, auquel ils sont instruits, étant donné, il est merveilleux de voir l'adresse dont ils usent en combattant, & pour obtenir la victoire. Mais afin qu'ils ne se tuent pas, on fait le signal pour cesser, à quoi ils obéïssent aussi-tôt, & en signe de paix ils s'embrassent avec leurs trompes, & pour gratification, on leur donne quelques fagots de cannes de sucre qu'ils aiment fort, comme aussi de l'eau-de-vie qu'on tire de ces mêmes cannes.

C'est peu de chose en comparaison d'une infinité d'autres, que de dire qu'ils sont instruits à faire la révérence à leurs Supérieurs, & de leur obéissance pour le maître qui les nourrit. J'en ai vû un à Rome, qu'un charlatan montroit, qui faisoit une quantité de choses que son maître lui ordonnoit, toutes plus singuliéres les unes que les autres, & il n'y a guéres d'animal qui en fasse autant. On peut voir dans les Voïageurs plusieurs autres exemples de cet animal qui ne sont pas moins curieux, tant de sa docilité, que de sa reconnoissance envers ceux qui le gouvernent, aussi bien que de sa gloire & de son ambition.

Mais parlons du cheval, qui étant parmi nous, nous donnera plus de facilité à croire ce qu'on dit de lui.

Le cheval guerrier, dont Dieu même fait une si belle description dans Job,* lorsqu'il entend le son de la trompette qui appelle au combat, peut-il avoir d'autre sentiment que celui de la gloire de

* Que les meilleurs Poëtes ont tâché d'imiter le mieux qu'ils ont pû.

vaincre, en marquant l'impatience qu'il a de se trouver dans la mêlée au hazard de la mort, qui fait trembler les hommes moins valeureux, & qui est méprisée par ceux qui aspirent à la gloire de vaincre; mais s'il est guerrier, il n'est pas moins affectionné à son maître. Bucephale non-seulement refusoit de se laisser monter par d'autres que par Alexandre, & par son gouverneur; mais c'est que quand il étoit sellé pour être monté par son maître, dans cet état où il ne souffroit plus personne, il baissoit sa croupe, & pliant ses genoux il le recevoit, comme si cet animal eût connu quel homme étoit ce grand Roi; & alors glorieux d'une si belle charge, il la conservoit avec soin & au danger de sa propre vie dans les combats, comme il le fit voir aux Indes avant que de mourir. Car on rapporte que dans un combat avec les Indiens, Alexandre s'étant engagé trop avant dans la mêlée, où il se trouva environné des ennemis, quoique Bucephale fût mortellement blessé, néanmoins cet animal voïant le danger de son maître, fit de si grands efforts, qu'il le ramena chez les siens, après quoi il tomba mort. En mémoire de quoi Alexandre fit bâtir après la victoire, la ville de Bucephalie, au même lieu où la chose étoit arrivée, avec un magnifique tombeau pour ce cheval. Le cheval de Sejan voïant qu'on avoit jetté le corps de son maître dans le Tibre, s'y jetta ensuite, voulant mourir après lui. C'est pourquoi Pline a dit avec raison, que parmi les animaux que nous nourrissons, les plus attachés en amitié sont le chien & le cheval.

Je ferois un trop long récit, si je voulois rapporter tout ce qu'on dit, & que j'ai vû des chevaux; mais je ne puis néanmoins m'empêcher d'en rapporter encore deux exemples, un d'amitié, & l'autre d'inimitié de certains chevaux.

Il y avoit à Rome un Seigneur de mes amis appellé *Emille de Cavalieri*, qui tiroit (disoit-on) son origine de Paul Emille, lequel aimoit fort les chevaux. Parmi ceux qu'il entretenoit, il y en avoit un qu'il aimoit beaucoup. Ce Seigneur, après plusieurs remédes inutiles, mourut d'une rétention d'urine. L'Ecuyer après sa mort descendit dans l'écurie, où aïant dit tout haut aux palfreniers d'un ton affligé: *Enfin nous avons perdu notre maître*; le cheval favori fit alors un hannissement terrible, & tomba mort sur la place. Qu'on dise, que cette voix frappa son oreille, je le crois; mais il est difficile de croire que ce ne fût pas un sentiment douloureux qui le fit mourir sur le champ.

Il arriva aussi de mon tems qu'un palfrenier aïant battu sans occasion le cheval de selle d'un autre Seigneur, dont j'ai oublié le nom, à qui il voloit même l'avoine que l'Ecuïer lui faisoit donner. Un jour que ce palfrenier étoit auprès du cheval pour remuer son foin, cet animal le prit par le col, & l'étrangla.

Un de mes amis m'a raconté que dans une action, en Catalogne, où la troupe qu'il commandoit fut défaite, il lâcha la bride au cheval qu'il montoit, qui par sa vitesse, & en même tems par sa hardiesse à sauter des fossés très-larges, & à passer à la nage des rivieres très-difficiles, sauva son maître & lui de la poursuite des ennemis. C'est une chose commune de voir les chevaux de carosse qui ont pris le mord aux dents, soit que le cocher soit sur son siége ou non, s'en retourner droit à la maison, en tournant les ruës avec la même adresse, & mieux que si le cocher les guidoit, ce qui marque qu'ils sont doüés de mémoire. Il y a peu de tems (*a*) qu'à Fontainebleau, (*b*) pendant le séjour du Roi, le Marquis de Louvois fit une gageure de cent loüis, qu'en quelqu'endroit de la forêt qu'on le menât sur son cheval les yeux bandés, il retourneroit en certain tems marqué à la maison. Après avoir bandé les yeux du Marquis aussi bien que ceux du cheval. On le fit passer par un sentier étroit & difficile, & par cent détours inconnus, jusques sur le bord d'un rocher où on le laissa, en l'avertissant néanmoins du péril qu'il couroit s'il faisoit encore quelques pas en avant. Lorsqu'on eut débandé dans ce lieu les yeux du cheval, suivant la gageure, cet animal par le même sentier où ils étoient montés, ramenât son maître sain & sauf à la maison, plus d'un quart d'heure avant le tems fixé, & c'est un fait dont toute la Cour a été témoin. L'on a éprouvé en plus de cent occasions, qu'il n'y a pas de meilleur parti, la nuit, quand on ne voit goute, que de laisser aller le cheval à sa volonté, qui ne manquera pas d'éviter tous les dangers des chemins. A propos de ceci, je me souviens que j'ai dû la vie à un cheval; car aïant perdu la nuit le chemin

(*a*) En 1724.
(*b*) Maison Royale, à 15. lieuës de Paris.

qui conduifoit au lieu où je voulois aller, j'arrivai fans m'en appercevoir (d'autant que la nuit étoit fort obfcure) fur le bord d'un précipice, où le cheval s'arrêtant tout-à-coup, je fus furpris que cet animal reculoit en fremiffant, nonobftant les coups de foüet & d'éperons que je lui donnois, pour le faire avancer. De maniere que faifant plus d'attention à l'action de cet animal (qui étoit d'ailleurs obéïffant) je reconnus alors le danger, & je rebrouffai chemin après l'avoir careffé de la main, & lui aïant lâché la bride fur le col, je me laiffai guider où il voulut, dont je m'en trouvai bien. Car enfin s'étant adreffé vers un lieu où l'on voïoit une petite lumiere, nous y fûmes reçus par un payfan courtois, qui nous traita le mieux qu'il pût.

J'ai vû à Paris à la Foire faint Laurent un petit cheval qui faifoit cent chofes divertiffantes. Ce qui me parut fingulier, c'eft que non-feulement, en lui montrant une carte, il battoit la terre avec fon pied autant de coups qu'il y avoit de points; mais ayant voulu faire une épreuve de cette habileté, je demandai au maître du cheval, s'il auroit pû dire combien il y avoit de pieces de quatre fols dans un écu ; il m'affura qu'il le feroit,

& pour m'en convaincre il fit voir la piéce à son cheval, lui disant de faire son devoir. Il le fit en effet, battant trente coups, qui étoit le nombre des pieces de quatre sols que l'écu valoit alors.

J'ai vû un autre cheval plus gros à la Foire Saint-Germain, auquel le maître ordonnoit de porter une fleur, ou autre chose, à la plus jeune, ou à la plus belle femme de la compagnie, ou à celle qui étoit habillée de telle couleur. Le cheval après avoir regardé à la ronde pour examiner, comme un homme feroit, à qui il devoit s'adresser, il ne manquoit point de choisir juste.

Mais ce qui m'a paru plus singulier, c'est l'imagination d'un Charlatan que j'ai vû à Rome, qui avoit instruit une vipere à ramasser comme un chien. Il jettoit un double à terre, & lui ordonnoit de le prendre, & de le porter à celui qui avoit des bas d'une telle couleur, la mode étant pour lors de mettre avec l'habit noir des bas verds, rouges, ou d'une autre couleur. La vipere ramassoit le double dans sa gueule, & la tête levée ne manquoit pas d'aller, sans se tromper, à la couleur. Comme bien des gens n'aimoient pas le voisinage de cette bête, après avoir satisfait à son ordre le maître la rappelloit,

& elle s'en retournoit à lui avec le double dans sa gueule.

Mais que dirons-nous de la reconnoissance des bêtes les plus fiéres pour les biens qu'on leur a fait, qualité qui manque souvent à l'homme. L'histoire d'Androdus est fameuse. Cet esclave aïant été exposé dans le théatre de Rome, pour combattre avec les animaux les plus féroces, un lion d'une énorme grandeur & des plus furieux, déja animé par le carnage, vint droit à lui, mais s'arrêtant tout-à-coup à certaine distance comme pour le considérer, il alla ensuite à lui, comme un agneau, lécher ses mains, & se jetter à terre entre ses jambes. Tous les Romains étonnés firent de grands cris, & l'Empereur aïant voulu sçavoir quelle étoit la cause d'une avanture aussi extraordinaire, on fit venir l'esclave en sa présence, qui lui conta, qu'étant fort mal traité par son maître pour lors proconsul en Afrique, il avoit pris le parti de s'enfüir de nuit, pendant laquelle aïant toujours marché pour s'éloigner le plus qu'il pourroit des recherches de son maître, il s'étoit trouvé au point du jour à l'entrée d'une caverne, où il résolut de se retirer jusqu'au soir; mais à peine y étoit il entré, qu'un lion y vint aussi peu après, ce qui l'effraïa, comme on peut croire.

Cependant comme cet animal s'avança doucement & en boitant, vers l'endroit où la crainte le faisoit cacher, & qu'au lieu de le menacer par son geste de lui vouloir faire aucun mal, il sembloit au contraire demander quelque secours. » Alors, dit l'esclave, je m'hasar-
» dai à l'approcher, & je trouvai effecti-
» vement une de ses pattes fort enflée,
» où il étoit entré une écarre de bois,
» qui lui causoit beaucoup de douleur.
» Je l'ôtai doucement, & j'essuïai le
» mieux que je pus la matiére que je
» fis sortir de l'apostume qui s'étoit
» formée, ce qui soulagea si fort le
» lion, qu'il me fit sur le champ mille
» caresses, & vécut depuis avec moi com-
» me un agneau. Il m'apportoit une par-
» tie, & le meilleur de la proye qu'il
» chassoit tous les jours pour lui, que je
» faisois cuire, ou pour mieux dire secher
» au Soleil ardent de ce païs : nous vécû-
» mes ainsi ensemble trois années en
» grande amitié, mais enfin m'ennuïant
» de ce genre de vie, pendant que le lion
» étoit allé à la chasse, je sortis de ma
» taniére, & peu après je tombai entre

» les mains de quelques soldats qui me
» reconnurent, & je fus rendu à mon maî-
» tre, qui m'a fait exposer ici, où il s'est
» trouvé pour mon bonheur que ce lion
» est le même avec lequel j'ai vêcu si
» long-tems. « L'Empereur étonné de ce
récit lui accorda la liberté que le peuple
demandoit en sa faveur, & le lion le
suivit par-tout, sans faire mal à personne, partageant avec son ancien ami les
dons que tout le monde lui faisoit à l'envi, par rapport à une avanture si surprenante.

Je me souviens d'avoir lû dans un Livre Espagnol intitulé la *Perdida de Es-
pagna*, (la perte de l'Espagne) un récit à
peu-près semblable. Le Général Muça qui
avoit fait la conquête de ce Roïaume par
ordre du Miramolin d'Egypte, Seigneur
des Arabes, étant retourné victorieux
dans le païs, il demanda permission au
Prince de chasser dans ses plaisirs, ce qui
lui fut accordé facilement. Un jour entr'autres, qu'il y chassoit, il apperçue
venir à lui un ours fort grand, comme
il se trouvoit pour lors sans armes propres à ce combat, il prit le parti de
monter sur un arbre, où il croïoit pouvoir se défendre plus aisément avec son
épée. L'ours le suivit, & s'étant cou-

ché sur le dos au pied de l'arbre, lui montroit une de ses pattes fort enflée, & par ses gémissemens sembloit demander quelque secours à son mal. Après avoir examiné pendant quelque tems l'action de cet animal, ce brave homme plus assuré descendit, & il vit en effet qu'une grosse épine étoit entrée dans le pied de l'ours, qui restant toujours dans la même posture lui offroit sa jambe. Il tira donc cette épine, & aussi-tôt l'animal soulagé le quitta, lui marquant par ses gestes sa reconnoissance, mais sur le champ même il revint, apportant à ce guerrier un tronc d'arbre où les abeilles avoient fait leur ruche, comme pour le remercier de son bienfait. Cependant sa reconnoissance ne se borna pas à ce don, car il voulut accompagner son libérateur, qu'il suivit toujours, comme un chien suit son maître. Ce qui nous doit paroître d'autant moins extraordinaire, que l'on voit souvent dans cette ville (de Paris) & ailleurs, des Polonois, ou Moscovites qui conduisent des ours en lesse comme des chiens, & qu'ils ont instruits à divers jeux, sans que ces animaux offensent ceux qui les nourrissent, & les caressent: étant certain que par les bons traitemens on rend familiers & doux les plus méchans & les plus fiers animaux, excepté certains hommes ; comme les mauvais traitemens irritent & effarouchent les plus doux.

S'il y a des exemples de reconnoissance parmi les animaux, il y en a aussi de vengeance des outrages qu'ils ont reçus. * Une ourse ayant tué les petits d'un lion & d'une lionne qu'elle trouva seuls, les lions en arrivant de la chasse aïant trouvé ce désordre, & apperçu l'ourse qui s'en alloit après cette expédition, ils se mirent à la poursuivre ; mais cet animal étant monté sur un grand arbre, les lions ne pouvoient pas se venger. Pendant que la lionne gardoit au pied de l'arbre, le lion furieux courant aux environs, rencontra un charpentier avec sa hache, qui alloit travailler dans un lieu voisin, le lion l'abordant d'une maniére soumise & rampante le léchoit, & environnant ses jambes avec la queue, le forçoit insensiblement d'aller avec lui, jusqu'à l'endroit où ses petits gissoient morts, & ensuite à l'arbre où l'ourse étoit montée, qu'il lui montroit. Le Charpentier aïant compris l'affaire, coupa l'ar-

* Elien.

bre, & l'ourse étant tombée avec lui, les lions la déchirerent bientôt en piéces, laissant aller l'homme sans lui faire aucun mal.

Que dirons-nous de l'adresse & de l'esprit des singes, dont il y en a de si grands en quelques endroits, qu'ils ressemblent presque tout-à-fait à l'homme dans la figure & dans les actions; car j'ai oüi-dire qu'au dedans de l'Afrique où les Portugais ont pénétré, cette nation se fait servir par ces animaux, qui ont encore plus d'esprit que les Negres. Ils font tout ce qu'ils voïent faire, & qu'on leur ordonne, ils fument le tabac, ils vont achepter, & connoissent la monnoye, & si on leur rend le reste qu'il faut. Ceci me donne lieu de parler d'un chien qu'on envoïoit avec une serviette chez une herbiére, qui demeuroit presque sous mes fenêtres, pour acheter des herbes. Quelquefois cette femme pour se divertir, lui donnoit moins d'herbes qu'à l'ordinaire, mais le chien remettant la serviette à terre, aboyoit après elle, & ne vouloit pas les emporter jusqu'à ce qu'elle en remît davantage. Il arrivoit aussi que la saison l'obligeoit à n'en pas donner la quantité ordinaire, & il falloit bien des discours avec le chien pour le renvoïer content. Il en étoit de même pour la monnoye. Ce chien alloit acheter bien d'autres choses, que les marchands avertis par le maître lui donnoient en le voïant. Je vis un jour qu'un autre chien vouloit lui ôter quelques petits pains qu'il avoit dans sa serviette, mais étant entré dans l'allée d'une maison voisine, il quitta la serviette, & vint sur la porte en montrant ses dents à l'autre chien, qui ne se sentant pas le plus fort s'en alla, après quoi le chien reprit sa serviette, & continua son voyage à la maison.

Je continuerois à parler des singes, si tout le monde ne connoissoit leur esprit & leur malice, & qu'on n'en vit pas aux foires de si bien instruits, qu'ils font des choses qui seroient dignes d'admiration, si l'on pouvoit revenir de la prévention que les Carthesiens ont inspiré, que les bêtes n'ont ni sentiment ni connoissance.

Mais pourquoi parler des animaux spirituels, puisque les poissons qu'on regarde comme les plus stupides, sautent par dessus la corde des filets quand ils l'apperçoivent, ce que j'ai vû une fois, & que les pêcheurs m'ont assûré qui arrivoit souvent quand l'eau étoit claire, & qu'ils pouvoient l'appercevoir.

C'est sur cela qu'on a fondé le proverbe, de *pêcher en eau trouble*, car alors la pêche est plus sûre & plus certaine.

Il est vrai, dit le judicieux Montagne, que les bêtes ne parlent pas, mais c'est qu'ils n'ont pas des organes faits pour parler comme nous. Cependant, par tout ce que nous avons dit jusqu'à présent, l'on peut croire, que si elles n'expriment pas comme nous leurs sentimens internes, elles ont des voix & des signes que nous n'entendons pas, & que les bêtes entendent entr'elles. Si l'on nous parloit chinois, ou tartare, sans avoir appris cet idiome, nous resterions aussi interdits que les levrettes angloises qui appartenoient à Mr. Bignon. * Ces levrettes étoient un présent que le Roi Guillaume envoyoit au Czar de Moscovie, pour courir le lièvre. Le vaisseau où elles étoient, fut pris par des Armateurs François, qui firent présent de ces levrettes à M. Bignon, qui aime la chasse du lièvre. Lorsqu'on disoit quelque chose à ces chiennes, elles levoient la tête comme étonnées sans rien faire de ce qu'on leur ordonnoit, parce qu'elles étoient accoutumées au langage anglois; mais en trois

* Ancien Capitaine aux Gardes.

ou quatre mois elles apprirent le françois, qui est nécessaire aux chiens, & alors elles exécutoient dans le moment ce qu'on leur disoit & qu'elles pouvoient faire.

On ne peut, & on ne doit pas conclure de pareils exemples, que les chiens ressemblent à l'homme; mais seulement que leurs oreilles entendant le langage auquel ils sont accoutumés, ils sont capables d'apprendre comme nous, & de faire beaucoup de choses que leurs organes leur permettent de faire. Car n'aiant pas l'usage de la parole, ni des mains comme nous, le singe étant le seul animal qui en ait, ils ne peuvent pas faire ce que le singe fait, ni exprimer leurs sentimens que par des actions lorsqu'ils aiment, ou qu'ils haïssent quelqu'un.

J'ai eu un chien à Rome, qui étoit accoutumé à m'apporter les pantoufles, à fermer la porte, & autres semblables services, suivant que je le lui ordonnois, sans se tromper ni confondre mes ordres. Quand je lui disois de fermer la porte, le chien ne cherchoit point mes pantoufles, comme quand je les lui demandois, ou quelqu'autre service, il ne faisoit point l'un pour l'autre, mais il servoit adroitement & à la lettre.

Tome IV. A a

L'on dira que ce fon, & non pas un autre, frappoit le reſſort qui le faiſoit agir plûtôt d'une maniére que d'une autre. Mais on en pourroit dire autant de nous. Lorſqu'une hirondelle entre dans une maiſon pour y faire ſon nid, on voit qu'elle examine les lieux propres à ſon deſſein, choiſiſſant entre pluſieurs celui qui lui convient le mieux. Et ce qui importe, c'eſt qu'elle met ſon nid à l'abri de certains vents incommodes. Lorſquelle le bâtit, elle prend une certaine terre propre, qu'elle arroſe d'une quantité convenable d'eau, pour pouvoir s'en ſervir à la conſtruction de ſon ouvrage. Peut-on imaginer que tout cela ſe faſſe au hazard & ſans connoiſſance, & qu'elle ne connoiſſe pas que la terre ſeiche & dure s'amollit par l'eau qu'elle y mêle, qu'il n'en faut mettre qu'une certaine quantité pour ne la pas trop amollir, & ſeulement autant qu'il faut pour la rendre propre à ſon ouvrage. Quand le nid eſt bâti & qu'elle tapiſſe le dedans de duvet & de plumes déliées, dira-t-on qu'elle ne ſçavoit pas que les membres délicats des petits qui doivent éclorre ont beſoin d'un lit délicat, & moins dur que le nid tout nud & ſans cet aprêt.

Mais que dirons-nous des ruſes des

perdrix, qui m'ont trompé plusieurs fois avant que d'en être instruit. Si en allant à la chasse vos chiens s'approchent du nid de la perdrix, elle s'éleve aussitôt, & vole toûjours autour de la gueule du chien, pour l'éloigner de l'endroit où sont ses petits. Et quand elle voit qu'elle l'a éloigné suffisamment, (car elle va loin, & le chasseur n'ose pas la tirer de peur de blesser son chien,) a lors elle s'envole tout-à-fait.

* Dans les païs où il y a des singes, la plûpart des oiseaux font leurs nids sur la pointe des arbres qui panchent sur quelque ruisseau, ou sur quelque précipice, afin que le singe tombe dedans s'il veut monter sur ces branches qui plient sous le poids de son corps. Dira-t'on que cette prévoïance vienne par hazard, & par un principe sans sentiment & sans connoissance.

Que si l'on dit que ces actions & plusieurs autres semblables sont faites par un instinct, que la nature donne aux animaux, sans qu'ils connoissent ce qu'ils font, il me semble que j'ai assez bien expliqué dans le chapitre précédent, ce que c'est que le mot d'*instinct*, dont la plû-

* Voyages de Tavernier, & de Bernier.

part des gens se servent pour exprimer ce qu'ils n'entendent pas. Mais il faut prendre garde encore, dit Montagne, que par votre dire nous donnons aux animaux un grand avantage sur nous, en supposant que c'est la nature qui les conduit comme par la main à faire les actions qu'ils font, & que par conséquent, conduits par cette sage maîtresse, ils ne peuvent jamais manquer; au contraire elle nous a abandonnés à nous-mêmes, qui n'étant conduits que par les sens, & par les sensations, c'est la cause qui nous fait faire tant de fautes. Car pour moi je priserois beaucoup plus, dit Montagne, d'être conduit par la sagesse de la nature, que d'être moi-même mon conducteur.

Les renards dont les habitans de la Thrace se servent pour passer les riviéres gelées, & dont se servit au siecle précedent le Roi de Suede pour traverser la mer qui étoit glacée entre la Scanie & Copenhague, ont un instinct plus fort que nous. Lorsqu'on a lâché ces animaux sur la glace, en marchant ils approchent leurs oreilles contre, pour sentir si l'eau qui est au-dessous fait quelque bruit; & dans ce cas ils s'arrêtent-là. Ce qui marque que la glace n'est pas bien forte & épaisse dans cet endroit. N'est-il pas plus probable de dire que leur oreille sent le bruit de l'eau qui est dessous, & qu'ils font ce raisonnement : *Ce qui est liquide, se remuë*; ce qu'ils sçavent comme nous par l'experience. *Ce qui est dur, ne se meut pas. Et puisque sur cette glace dure j'entends le bruit de l'eau dans cet endroit & non dans les autres, il faut croire que le liquide qui se remuë n'est pas loin de cette superficie, où je le sens remuer, puisque dans les autres endroits je ne le sentois pas.* Le vulgaire dira, que cela se fait par un instinct de l'animal. Mais le commun des hommes n'entend pas plus la force de ce mot que le reste; c'est-à-dire, que l'instinct ne consiste que dans la connoissance que les sens nous donnent de certaines choses : Que c'est par les sens que nous discernons & distinguons la difference qu'il y a d'une chose à une autre, d'où résulte le raisonnement. Il est certain que les animaux ne raisonnent pas comme nous qui avons une ame raisonnable plus parfaite, & qui se distingue par tant d'inventions merveilleuses. Il est donc évident, que nul animal n'approche de la sublimité de l'esprit humain, & que les animaux doüés de cette ame sensitive universelle, ne peuvent avoir qu'un raisonnement fort limité, mais ils sentent & font quelque raisonnement qui tend à leur propre conservation, & à leur bien-être, & rien de plus. Aussi voit-on, qu'en ce qui regarde ce point, ils n'y manquent gueres; car, par exemple, lorsqu'un homme à cheval suit un liévre en courant, & que le liévre ou autre amimal agile trouve un fossé qu'il peut sauter, si le cheval, ou autre animal qui est poursuivant, sent que ses forces sont suffisantes pour franchir au-delà, il le fait sans hésiter; mais s'il voit un fossé trop large & fort profond, il s'arrête sur le bord, & il n'y a point de fouët ni d'eperon qui puisse le faire passer outre, par la crainte qu'il a de sa propre mort. Dans le premier cas; il sent donc qu'il a une force suffisante pour passer outre; il arrive aussi quelquefois qu'il se trompe dans la mesure, mais cela arrive également à l'homme, qui manque souvent en pareil cas; c'est pourquoi un jeune homme sautera un fossé ou un précipice, qui arrêtera un vieillard, comme un cheval ou un chien foible, dont la connoissance de la foiblesse ne peut provenir que d'un sentiment interne de sa propre force. Un âne qui paroît le plus stupide des animaux, s'arrête sur les bords d'un précipice, & il se laisse plûtôt rouër de coups que de vouloir faire un pas en avant, les sens lui faisant connoître, qu'en avançant il tombera dans le précipice, & qu'il se fracassera en mille piéces. Il sera également impossible de le faire passer à travers d'une grande flâme, pour belle & brillante qu'elle soit, raisonnant que ce feu pour beau qu'il puisse être pourra le brûler, & le tuer. C'est peut-être aussi la raison pourquoi l'âne ne veut plus passer par le même endroit où il est tombé une fois, s'il peut passer par un autre. On a beau dire que cet animal ne connoît pas le danger & qu'il ressemble à une horloge: car on peut répondre que si on ôte à une horloge son soutien, elle tombera sans faire de résistance, quoiqu'il en doive arriver sa ruine. Ce qu'aucune bête ne veut pas faire, nonobstant la violence des coups qu'elle sent d'ailleurs, qui la font avancer en d'autres occasions pour les éviter. Suivant en cela l'instinct, commun aux hommes & aux animaux, d'éviter & de fuïr autant que l'on peut la douleur, & s'il le faut, d'en souffrir une moindre pour en éviter une plus grande. De maniére que quand on dira que cette bête ne connoît pas le danger du précipice, ou du feu, il semble que cela soit dit *gratis*.

Quoiqu'il en soit, je dis que le raisonnement des animaux ne va qu'à leur propre bien & à leur propre sureté, & guére au-delà. Ce raisonnement est sans doute produit par les sens, qui leur représentent & leur font connoître ce que les objets ont de bien & de mal.

Je me souviens qu'un jour que j'allois à la chasse, mon chien trouva dans certaines broussailles une vipere, qui s'appuyant contre un tronc d'arbre, se mit aussi-tôt en défense, s'élevant sur une partie de son corps, & presentant au chien sa gueule meurtriere. Le chien tournant au tour d'elle pour la prendre par le derriere, la vipere tournoit aussi à mesure, & lorsque le chien paroissoit vouloir s'approcher trop près, elle avançoit un peu la tête le menaçant de le mordre. Je regardai avec plaisir, environ un demi quart d'heure cette attaque & cette défense judicieuse de part & d'autre. Mais enfin craignant pour mon chien, je l'appellai, il vint, & je lâchai un coup de fusil sur la vipere. Il y avoit dans cette espece de combat quelque raisonnement de part & d'autre; le chien craignoit le poison de la vipere, & celle-ci les dents

du

du chien, l'un & l'autre cherchoit à faire son coup avec sûreté, & raisonnoit juste pour son propre bien. Jusqu'à tant que comme le plus fort par mes armes, je finisse le combat par la mort du plus foible, suivant cette loi générale de la nature qui a soumis le plus foible au plus fort.

Cependant je veux accorder aux Carthésiens, que le ton de certaines voix, ou la présence de certains objets, peuvent lâcher certains ressorts, que Dieu souverain artisan a construit dans les animaux, afin qu'ils fassent certaines actions: Qu'ils ne sentent pas cette voix, & qu'ils n'ont pas plus de sentiment de l'objet qui les meut, qu'une pierre qui roule quand je la jette. Mais quant à moi (peut-être que cela leur est facile) je ne puis comprendre qu'un animal qui agit pour une fin éloignée & dont l'objet n'est point présent, agisse sans sentiment & sans quelque raisonnement, de la maniere que nous l'avons expliqué ci-dessus.

J'ai vû plusieurs chiens, & même un petit loup familier, qui cachoient ou enterroient après avoir mangé, ce qu'ils avoient de reste, pour le trouver quand ils auroient faim, & ils ne manquoient point de le chercher où ils l'avoient mis.

Tome IV.   B b

Ce qui marque sans doute de la mémoire. Il est admirable de voir celle des oiseaux, qui après avoir volé parmi les champs reviennent droit à leur nid, qui est souvent caché dans quelque champ de bled, ou sur quelqu'un des arbres d'une forêt. Enfin, il est constant que tous les animaux reviennent à leur gîte ordinaire, & cette puissance de l'ame qui fait la mémoire est un grand préjugé de la connoissance & du sentiment des animaux.

C'est une chose connuë aux Chasseurs, qu'une troupe de loups se distribuent par relais dans différens endroits d'une forêt, pour forcer & prendre un cerf à qui ils donnent la chasse, & qu'ils poussent vers les lieux où sont postés leurs camarades; & par ce moyen l'aïant facilement pris, ils le mangent ensemble en grande amitié. Il n'est pas difficile de croire, que dans cet ordre & dans cette précaution il n'y ait un raisonnement qui tend au bien de subsister & de vivre. Non-seulement l'ichneumon couvre son corps de boüe, qu'il fait sécher & durcir au soleil quand il doit combattre contre le crocodile; mais lorsqu'un sanglier amoureux d'une laye a un rival, il se vautre dans la fange, qui s'entremêlant avec le poil forme une espece de cuirasse de terre, qui lui sert contre les défenses du sanglier, avec lequel il veut se battre. Quand le taureau s'aprête à combattre un rival pour une vache qu'il aime, il aiguise ses cornes aux arbres les plus durs. En un mot, une infinité d'exemples semblables marquent un dessein futur.

Mais si l'on met en doute ces choses, on ne peut pas douter des abeilles & des fourmis, qui font leur provision l'été pour l'hiver prochain. Ce qui étonne tous les hommes, & qui paroît surprenant, c'est le soin qu'a la fourmis, de ronger la petite racine du bled, afin qu'il ne puisse pas germer si facilement à l'humidité de la terre. L'on assure même, que lorsque les graines qu'elles ont mises dans leur taniere veulent commencer à germer par quelque accident, les fourmis d'un commun accord les transportent à l'air & au soleil. Ce qu'on remarque encore de particulier, c'est que dans ces fremillieres qui sont divisées en plusieurs chambres, il y en a une entr'autres qui ne sert qu'à faire leurs ordures pendant qu'elles demeurent sous terre, comme nous l'avons dit des chauve-souris de la grotte de Canigou, qui alloient rendre leurs excréments dans un endroit particulier de cette grotte.

Mais que dira-t-on de la police des abeilles, que les curieux ont eu le moïen d'observer dans des ruches de verre, & du soin laborieux que chacune d'entre-elles se donne pour faire la cire ou le miel, chassant ou donnant la mort à celles qui sont inutiles ou trop paresseuses. En lisant Virgile, on aura un double plaisir de voir leur œconomie décrite en vers si beaux & si pompeux.

Par quelle présomption, dit Montagne, jugerons-nous, que lorsque je me joüe avec ma chatte, elle ne se joüe pas en même tems de moi. Et comme j'ai un tems où il me plaît de joüer avec elle, de même elle a le sien pour me refuser. Quand je vois les chiens courir les uns après les autres, s'échapper, & faire des feintes pour n'être pas atteints, se prenant & se mordillant avec douceur sans se faire aucun mal, beaucoup mieux que quand les enfans joüent ensemble, & qu'ils courent les uns après les autres, comment pourrai-je m'empêcher de croire que les bêtes n'ont pas dans leurs jeux quelque sentiment de plaisir ? Me sera-t-il possible de croire que dans l'action de la génération ils soient insensibles, quand je les vois avec les mêmes passions d'amour ou de haine pour leurs rivaux ?

Nous avions à Rome une petite vigne, joignant une agréable forêt qu'on appelloit de *Madame*, où nous allions quelquefois la nuit à la chasse du Porc-Épi, avec des lanternes faites exprès. Le Concierge de cette forêt avoit un chien & une chienne, qui vivoient ensemble dans une espece de concubinage, dans les tems propres à faire l'amour. J'avois aussi un gros chien qui étoit comme la garde de la petite vigne, lequel quand il n'étoit point à la chaîne avoit voulu se mêler avec la chienne du Concierge, ce qui déplut si fort à *Broccolo* (c'étoit le nom de l'autre chien) qu'il avoit conçu une antipatie mortelle contre mon chien, qui étant plus gros & plus fort que lui, l'obligeoit de le respecter. Quand nous allions la nuit à la chasse, & qu'il n'y avoit que les deux chiens du Concierge, Broccolo faisoit des merveilles aux yeux de sa maitresse chienne; mais quand je menois mon chien, Broccolo se mettoit dans un buisson sans qu'il en voulût bouger. Je prenois plaisir à ce manége de jalousie entre ces chiens. Cependant elle se termina mal pour le mien, car quelqu'un aiant fait present au Concierge d'un gros dogue, un jour que mon chien étoit hors de ma vigne, (car dans la maison le jaloux Broccolo respectoit le lieu, & faisoit semblant de ne le pas voir,) un jour, dis-je, l'ayant trouvé dehors, où il le guettoit avec le dogue son camarade, ils l'attaquérent & le mirent en pieces, & je n'eus connoissance de sa mort que par quelques restes de ses membres, qu'ils n'avoient pas pû devorer, tant étoit grande la fureur de la jalousie. Il y a apparence que le jaloux Broccolo avoit fait connoître à son camarade les conséquences de ce voisin, & qu'il l'avoit animé contre lui jusqu'à le tuer, comme ils avoient fait.

J'ai vû quelque chose de plus fort causé par l'amour jaloux d'un moineau. J'étois à la fenêtre d'un fameux peintre en miniature appellé *Penel*, pere de celui qui est encore vivant. La fenêtre donnoit sur le jardin du Palais Royal, & un voisin avoit mis au mur, de ces pots, où les moineaux font souvent leur nid. Une femelle étoit sur un de ces pots avec un nouvel amant. L'ancien mari survint, qui voyant l'adultére, fondit sur lui avec impétuosité. Celui-ci qui connoissoit la raison qu'il avoit de l'attaquer se mit à fuir, & l'autre à le poursuivre, de maniere que nous les perdîmes de vûë en un instant. Pendant ce tems, la fémelle s'enfuit, & nous vîmes revenir le moineau jaloux, qui étant entré dans le nid, en tira avec son bec les petits qui y étoient, & les jetta en bas dans le jardin, comme n'étant pas bien sûr qu'ils fussent à lui. Cette action nous étonna bien plus que la premiere, & sans être trop philosophes nous en conclûmes que c'étoit un de ces terribles effets de la jalousie, qui porte souvent les hommes mêmes, tout raisonnables qu'ils se disent, aux cruautés les plus inhumaines contre les personnes qu'ils aiment le plus.

Mais ce qui me surprit encore plus que tout cela, & qui fait voir qu'un même principe de sentiment regne dans tous les animaux, c'est un fait qui est arrivé à une maison de campagne * de Mr. Bignon, frere de celui dont le nom est si illustre, non-seulement par ses ancêtres, mais parce qu'il dirige avec tant de sçavoir les plus sçavantes Académies de Paris, & la Bibliothéque du Roi. Un moineau étant entré dans un nid d'hirondelle, lorsque la maitresse du nid voulut y entrer, il en défendit obstinément la petite entrée à coups de bec.

* *Villepinte* à deux lieuës de Paris.

De maniere que l'hirondelle defefpérant d'entrer fe retira enfin. Mais nous fûmes furpris peu de tems après de voir un grand nombre d'hirondelles du voifinage fe prefenter tour-à-tour au trou de ce nid, que nous croyons n'y venir que pour voir ce qui s'y paffoit. Cependant peu après nous fûmes étonnés de voir que cette ouverture avoit été bouchée par la terre graffe que chaque hirondelle portoit dans fon bec, & qu'elles avoient muré de maniere le moineau dans ce nid, qu'il eût été obligé d'y mourir de faim. Cet événement que Mr. Bignon & plufieurs autres perfonnes obfervérent comme moi, marquoit affez bien que l'hirondelle offenfée avoit fait entendre aux autres fon avanture, qui d'un commun accord vinrent venger l'injure publique dans celle de leur camarade.

Jean Zahn rapporte qu'un cas femblable eft arrivé à Cologne.

Il y avoit auffi un chien dans le même lieu, (à *Ville-pinte*,) lequel entendant fonner les cloches pour la Meffe, ou pour Vêpres, venoit fe mettre au pied de l'Autel, où il demeuroit modeftement pendant le fervice divin. L'Auteur que je viens de citer rapporte une hiftoire plus circonftanciée d'un chien femblable.

On dit beaucoup de choses de la ci‑ cogne, mais l'histoire que raconte Michel Meandre a quelque chose de surprenant, si elle est vraie ; cependant ce qui pourroit me le faire croire, c'est ce que je viens de rapporter du moineau qui jetta à ma vûë les petits hors du nid. Au reste, je ne veux pas gêner la crédulité du Lecteur, voici ce que je trouve écrit. Une cicogne ayant fait son nid sur une maison, pendant que le mâle alloit d'ordinaire fort loin pour apporter l'aliment à sa fémelle, celle-ci en son absence se laissa comprimer plus d'une fois par son voisin. Quoiqu'elle eut toûjours soin de se baigner après l'infidélité, afin que son compagnon ne sentit point l'adultére, néanmoins il s'en apperçut ; mais il sçût dissimuler, & la laissa toute seule nourrir ses petits. Cependant l'offense ne demeura pas impunie, car un peu avant l'hiver, étant prête à partir du lieu où elle étoit, le mâle revint avec une troupe d'autres cicognes, qui tuérent l'adultére & la déchirérent en mille morceaux. Telle est la jalousie en amour dans les bêtes mêmes.

Ce que Elien rapporte me paroît encore surprenant, si le fait est véritable, au sujet d'une femme qui se divertissoit dans l'abfence de fon mari avec un valet. La cicogne qui faifoit fon nid dans la maifon, attaqua le domeftique, & elle lui arracha les yeux, pour vanger le maître qui lui donnoit l'abri & la nourriffoit.

Eneas Silvius, qui fut enfuite Pape, raconte qu'un corbeau ayant fait fon nid fur une montagne, un épervier prit le tems que cet animal étoit éloigné pour manger les œufs & s'emparer du nid. Le corbeau étant revenu, l'un & l'autre s'attaquérent, & après quelque tems de combat plus fatigués que bleffés ils fe quittérent, l'un prenant fon vol vers l'Orient & l'autre du côté d'Occident. Mais le jour fuivant, on vit venir tout-à-coup de côté & d'autre une quantité prodigieufe de corbeaux & d'éperviers, qui faifoient retentir les vallées de leurs cris, & peu après les uns & les autres commencérent un rude combat, dans lequel un grand nombre des deux partis tombérent morts. La mêlée fut terrible, mais les corbeaux furent battus & contraints de s'enfuïr. Ce Pape dit que ce combat pronoftiqua la bataille qui fe donna dans le même lieu à l'occafion de l'anti-Pape de Liége, qui coûta la vie à beaucoup de monde.

L'on me demandera peut-être sur ce que je viens de dire, si les hirondelles & les autres animaux parlent, & s'ils s'entendent entr'eux. Je réponds, que je n'en doute pas. Quoique je conviens que leur maniere de parler est fort différente de la nôtre, & que comme les Chinois qui ne parlent que par monosillabes, qui suivans les différens tons de la voix signifient des choses différentes, de même je crois que certains cris & certaines voix de l'animal, que les autres connoissent, & que nous (qui prétendons sçavoir tout) n'entendons pas mieux que l'idiome Chinois, leur suffit pour s'exprimer. Il est du moins visible que les hirondelles qui murérent le moineau dans le nid, étoient informées de la chose, puisqu'elles firent ce que les hommes auroient fait s'ils avoient voulu châtier quelqu'un de son attentat. Au reste, il est certain que si nous nous appliquions pour apprendre leur langage, peut-être l'apprendrions-nous; car, par exemple, nous sçavons que lorsque la poulle fait un certain chant, c'est une marque assurée qu'elle a fait un œuf, & lorsqu'un chien, ou un chat, fait un certain cri à la porte qui est fermée, il demande qu'on lui ouvre pour entrer. Si Apollonius entendoit le parler des oiseaux qui invitoient les autres à jouir d'un sac de bled, qui par hazard s'étoit vuidé en partie dans un champ, c'est que ce Philosophe avoit beaucoup d'esprit, & s'étoit appliqué à connoître leurs cris & leurs manieres de s'expliquer. Car moi, sans tant de sçavoir & tant d'esprit qu'Apollonius, j'entendois fort bien à leurs cris, ce qu'une certaine quantité d'oiseaux que je tenois en liberté dans un cabinet vouloient dire par leur voix, & quand ils faisoient l'amour, & quand ils étoient en colére, & quand ils se récréoient à certaines heures, & quand ils s'invitoient le soir à la retraite. Enfin je connoissois à leurs voix sans les voir ce dont il étoit question, & je le disois à d'autres qui trouvoient la vérité. Il faut donc nous appliquer à leurs manieres pour les connoître. Je ne prétends pas pour cela qu'ils parlent comme nous. Mais je veux dire qu'on entend les muets par certains signes, & les Pantonimes sur les théâtres de Rome joüoient des comédies entieres sans parler, & on les entendoit fort bien. Il suffit donc un certain cri & certains gestes, pour se faire entendre. Tous nos membres parlent quand on veut, combien de choses ne signifions-nous pas par

un mouvement de tête ; » par elle, dit
» Montagne, nous convions, renvoyons,
» avouons, defavouons, démentons,
» bienveignons, honorons, vénérons,
» dédaignons, égayons, lamentons, ca-
» reſſons, tanſons, ſoumettons, bravons,
» exhortons, menaçons, aſſurons, en-
» querons. Avec les mains nous requé-
» rons, nous promettons, appellons,
» congédions, menaçons, prions, ſup-
» plions, nions, refuſons, interrogeons,
» admirons, nombrons, confeſſons, re-
» pentons, craignons, vergoignons, dou-
» tons, inſtruiſons, commandons, in-
» citons, encourageons, jurons, témoi-
» gnons, accuſons, condamnons, abſol-
» vons, injurions, mépriſons, défions,
» dépitons, flattons, applaudiſſons, mau-
» diſſons, ſupplions, humilions, moc-
» quons, reconcilions, recommandons,
» exaltons, feſtoyons, réjouiſſons, com-
» plaignons, attriſtons, déconfortons,
» deſeſperons, étonnons, écrions, tai-
» ſons; & quoi non ? d'une variation &
» multiplication à l'envi de la langue.
» Quoi des ſourcils ? Quoi des épaules ?
» Il n'eſt mouvement qui ne parle, &
» qui ne parle un langage intelligible ſans
» diſcipline, & un langage public,
&c. Les animaux peuvent donc, & ils

ont sans doute un langage très-différent du nôtre, soit par des gestes, soit par un sifflement propre à chacun qui forme des voix, lesquelles peuvent être entenduës par les animaux de la même espéce, & même par d'autres, comme un muet peut se faire entendre par signes de toutes les Nations, & comme nous-mêmes nous faisons en effet quand nous nous trouvons dans un païs avec des gens que nous n'entendons, ou qui ne nous entendent pas.

Quoique les oiseaux fuïent les hommes comme leurs ennemis, néanmoins s'ils peuvent s'assûrer qu'ils n'en receveront point de mal, ils aiment leur commerce, & ils se familiarisent fort avec eux. Il est inutile d'en apporter des exemples, la chose étant fort commune. Il y en a même qui servent leur maître à la chasse pour prendre la proye sans y toucher. Cela est ordinaire aux chiens qu'on instruit à rapporter. Cependant j'ai vû une levrette de Mr. Bignon, qui après que le liévre étoit pris le lui apportoit au pied du cheval, sans avoir jamais été instruite à le faire, mais par le seul motif d'amitié. J'ai eu un chat, qui lorsqu'il avoit attrapé adroitement des moineaux, me les apportoit en vie. On dit qu'il y a dans la Thrace * des oiseaux de proye, qui font commerce de chasse avec les hommes, car lorsque ceux-ci ont tendu des filets, les éperviers renvoyent en chassant vers ces pieges les oiseaux qui courent la campagne. Ce qu'ils font exactement tant qu'on leur fait part de la prise; mais si on y manque, ils ne rendent plus ce service.

Il y a aussi au Mogol des faucons qui courent la gazelle comme les chiens font le liévre. Ces oiseaux se campent sur la tête de l'animal, & avec le bec lui crevent les yeux. Il est vrai qu'ils ont été instruits à cela.

Mais pour revenir au précis de ce que les animaux font pour une fin éloignée. L'ours fait sa provision en été de divers fruits & racines qu'il porte dans le lieu où il se retire une partie de l'hyver, & par la crainte que ses provisions ne lui manquent, il passe une partie du tems à lecher la plante de ses pattes, & le sel nitre qui s'attache aux murs de sa grotte.

Il est constant que les coucous se retirent dans le creux des arbres, où l'on a trouvé des provisions pour l'hyver. Ce qui doit surprendre davantage, c'est

* Francius Hist. Anim. pars 2. fol. 12.

qu'on a trouvé quelques souris, ou mulots à qui ils avoient caffé les jambes, afin qu'ils ne puffent pas s'enfuïr, & pour lefquels ils avoient fait des provifions fuffifantes pour leur nourriture, le coucou ne mangeant ces fouris que de tems à autre quand il étoit dégouté de fon ordinaire. Ce qui ne fe peut faire fans quelque difcernement, & fans quelque raifonnement.

Quoique Chrifippe ne foit pas trop favorable aux bêtes, cependant quand il fait attention à ce que nous voyons tous les jours, que lorfqu'un chien arrive dans un carrefour en fuivant fa proye, ou fon maître, qu'il ne voit pas, il fleure avec foin les trois chemins pour examiner, & s'il ne fent rien, il enfile le quatriéme fans fleurer, raifonnant, que s'il n'eft point paffé par les autres chemins, il faut néceffairement qu'il foit paffé par le quatriéme, n'y en ayant point d'autre ; ce philofophe, dis-je, ne peut pas s'empêcher de leur accorder quelque raifonnement.

La fineffe du mulet du Philofophe Thales, eft admirable. Il portoit une charge de fel, & ayant à paffer un ruiffeau pour arriver à l'endroit deftiné, le hazard le fit broncher dans l'eau, où une

grande

grande partie du sel y resta fondu, & l'animal soulagé d'une partie de son poids. Depuis ce tems-là toute les fois qu'il passoit quelque ruisseau ou mare, il se laissoit cheoir. De maniere que le Philosophe ayant remarqué sa malice, au lieu de sel il le chargea de laine. Il se laissa cheoir de même, mais il fut attrappé par la pesanteur de son poids qui augmenta par l'eau, & depuis il ne se laissa plus tomber ayant raisonné apparemment sur cet effet. Mais la raison de l'homme est differente de celle des bêtes.

Comme les hommes ont quelquefois des passions monstrueuses & brutales, dit Montagne, & qui sortent de leur espece, de même les bêtes aiment souvent des personnes ou des animaux qui ne sont pas de leur nature. Témoin l'élephant corrival d'Aristophanes le grammairien, pour une jeune bouquetiere d'Alexandrie, qui ne le cedoit en rien dans les complaisances d'un amant bien passionné. Car se promenant dans le marché où l'on vendoit des fruits & des fleurs, il les prenoit avec sa trompe & les lui portoit. Il ne la perdoit point de vuë que le moins qu'il lui étoit possible, & lui mettoit souvent la trompe dans le sein pour toucher ses tétons. On fait aussi le recit d'une oye éprise d'amour pour un enfant, & d'un bellier amoureux de la menétriére Glaucia. Quoiqu'il en soit, il se voit tous les jours des singes furieusement épris de l'amour des femmes. On voit aussi des animaux s'adonner à l'amour des mâles de leur sexe. Et moi-même, j'ai vû deux chats de cette mauvaise inclination, & la mettre en effet.

Elien parmi plusieurs vengeances des élephans en conte une que je veux rapporter pour égaier un peu le lecteur. Celui qui donnoit à un élephant sa portion, en voloit toûjours pour lui une partie, mettant à la place du sable, ou de petites pierres. Un jour cet élephant étant dans le lieu où son voleur faisoit cuire du ris, ou autre chose, aïant amassé avec sa trompe du sable & d'autres ordures, il les mit dans son pot & gâta tout. Plus honnête qu'un cheval à qui le Palefrenier voloit une partie de son avoine, lequel un jour qu'il lui donnoit ainsi l'avoine mêlée de sable, il le prit par le col avec ses dents & l'étrangla.

L'on rapporte bien des choses de la magnanimité & grandeur d'ame du lion, qui dédaigne les femmes. (Peut-être c'est un amour que la plûpart des animaux ont pour elles.) On dit que lorsqu'on va en troupe dans les païs où il y en a, les hommes se font environner par les femmes, & par ce moïen ils sont en sûreté contre les attaques des lions. Mais un ami qui avoit été en Afrique, m'a conté qu'étant près de Tunis à la campagne sous des tentes, suivant l'usage du pays, un lion entra dans l'enceinte où étoient les vaches, & il emmena un veau assez gros, qu'il contraignoit de marcher devant lui en le foüettant avec sa queuë. Cependant le bruit s'étant répandu que le lion emmenoit le veau, la servante ayant découvert son sein de la seule toile qui le couvre en ces pays ardens, courut après le lion, & retira le veau de ses griffes, sans que cet animal se mît en devoir de l'offenser, rugissant seulement de ce qu'on lui avoit ôté sa proye.

On ne peut trop faire d'attention, à mon avis, que non-seulement dans les actions des animaux nous y remarquons toutes les passions que nous avons nous-mêmes, & qui viennent du sentiment & de la connoissance, mais qu'ils ont aussi de la mémoire, à laquelle Aristote (qui n'est pas si ignorant que les Philosophes modernes le veulent faire croire) attribuë avec raison la différence qu'il y a entre les animaux, & qui fait que les uns sont plus propres à apprendre certaines choses, que les autres, comme il est évident qu'on le remarque dans les hommes mêmes, soit pour apprendre les Arts, ou pour apprendre les Sciences, étant vrai, sans doute, ce que Ciceron dit, que nous ne sçavons que les choses dont nous nous ressouvenons. *Tantum scimus*, dit-il, *quantum memoria tenemus*. Car si j'ai perdu tout souvenir de quelque personne, ou de quelque chose, c'est de même que si je ne l'avois jamais vûë, ni connuë.

Quant à ce que quelques animaux sont capables d'instruction, plus ou moins, il me semble qu'Aristote a raison de l'attribuer à ce que les uns sont doüés de meilleure memoire que les autres. » C'est » la nature, dit-il *, qui a donné aux » animaux la faculté de sentir, mais en » quelques-uns les sensations ne restent » pas imprimées dans le cerveau, (qui est » l'organe de la memoire,) au-contraire » en quelqu'autres, elles restent impri-

* Metaphis. lib. 1.

„mées, & ainsi la mémoire se forme
„plus ou moins. C'est cette différence,
„qui est la cause que quelques-uns sont
„plus capables d'instructions & d'appren-
„dre, que ceux qui sont destitués de mé-
„moire. Et c'est par la mémoire, que quel-
„ques-uns sont plus capables de se procurer
„leur bien, & d'é-viter leur mal. [C'est ce
qui fait sans doute, que l'âne ne veut point
passer par le mauvais chemin où il est tombé une fois, & que se ressouvenant du
danger, il décline (quand il peut) de
côté ou d'autre. C'est aussi par le secours
de cet organe intérieur, que tous les
animaux vont à l'endroit où ils se ressouviennent d'avoir trouvé de quoi repaître, & que les oyes-mêmes se retirent le soir à la maison, se séparant
les unes des autres, & allant chacune
à la sienne, comme je l'ai vû plusieurs
fois à la campagne. » Car la prudence
(qui fait chercher le bien & fuir le mal)
„ne s'acquiert pas sans apprendre & sans
„l'expérience, & par la mémoire & le
„souvenir des choses passées. Or par la
„mémoire, qui se forme par les sensa-
„tions externes, on apprend, & on
„connoît plus ou moins ce que les cho-
„ses ont de bien ou de mal, car on ne
„peut pas acquerir la prudence sans s'in-

» ſtruire. C'eſt pourquoi les animaux qui
» ne peuvent pas entendre le ſon de la
» voix, comme par exemple les abeilles
» (qui ſont ſourdes) & autres animaux
» ſemblables qui n'ont pas l'organe de
» l'ouye, ſont incapables d'inſtruction,
» parce qu'ils ne peuvent rien compren-
» dre, ni former cette mémoire qui
» vient par le ſon de la voix. Mais ceux
» qui ont l'organe de l'ouye & de la mé-
» moire (car l'ouye ſans la mémoire ne
ſert qu'à entendre dans le moment)
» ſont capables d'être diſciplinés. Les au-
» tres animaux qui manquent abſolu-
» ment de mémoire agiſſent ſeulement
» par des phantaiſies, (par des phan-
tômes ou images inſtantannées des
objets préſens : c'eſt par cette raiſon,
que je crois, que le papillon à qui l'i-
mage de la lumière plaît, ſans ſe reſſou-
venir qu'il en a eu une jambe brûlée, y
retourne enfin juſqu'à ce qu'il ait été
tout-à-fait brûlé, ce que ne font pas les
animaux qui ſe reſſouviennent de la douleur que la lumière cauſe, quand on en
approche trop près.) » Mais le genre hu-
» main agit par raiſonnement & par art,
» car par la mémoire l'expérience ſe for-
» me aux hommes, & aux animaux qui
» ont de la mémoire ; d'autant que plus

» sieurs mémoires (ou sensations externes)
» d'une même chose forment une expé-
» rience (certaine), c'est pourquoi l'ex
» périence est presque semblable à l'art,
» puisque c'est par l'expérience, que les
» hommes apprennent la science & l'art,
» en se ressouvenant de plusieurs sensa-
» tions, ou expériences qu'ils ont faites,
» & comme dit Polus (chez Platon)
» l'expérience fait l'art, & l'inexpérience
» fait le hasard ; c'est-à-dire, qui n'a point
» d'expérience, n'agit qu'à l'avanture &
» au hasard, &c.

On ne peut pas inferer de ce passage
d'Aristote, que quoique les animaux
ayent un cerveau comme les hommes,
qui est l'organe de la mémoire, qu'ils
puissent avoir pour cela une ame raisonnable comme l'homme ; comme on ne
pourroit pas conclure qu'un chien ayant
un cerveau est un homme, & qu'il raisonne comme lui, parce qu'il a des yeux
& des oreilles, par lesquels organes il
voit & il entend le son comme les hommes. On peut bien conclure, avec ce
Philosophe, que les animaux ont plus
ou moins de memoire, comme les hommes, & qu'ils peuvent apprendre plus
ou moins facilement certaines choses,
comme eux, qui ont plus ou moins de

memoire, & d'esprits animaux. Et c'est par ce même moyen, que plusieurs animaux ont plus de connoissance & de science, étant vrai, comme je l'ai déja dit, que nous ne sçavons, que ce dont nous nous ressouvenons.

Je ne puis finir ce chapitre sans rapporter encore quelques faits singuliers, entr'autres, un perroquet qui parloit fort bien ayant dérobé un morceau de viande rôtie, la cuisinière lui jetta en colere de l'eau chaude sur la tête, qui lui fit tomber les plumes, & le rendit chauve. Il vint quelque tems après cet accident un Religieux dans la maison, ce perroquet qui parloit le Flamand d'une maniére étonnante, voyant la tête rasée du Moine, se mit d'abord à faire un éclat de rire, qui fut suivi de ces paroles qu'il prononça fort intelligiblement: *Quoi vous avez dérobé aussi du roti ?* Je ne sçais pas si cela est très-vrai, mais je sçais bien qu'il y avoit une pie dans la maison de ma mere & de sa sœur, étant encore filles, qui disoit à leur mere tout ce qu'elle voyoit faire. Un jour qu'elle étoit sortie, les deux filles avec une femme de chambre eurent envie de faire des baignets pour se divertir, & afin que la pie ne jasât point, elles

les l'enfermerent dans une armoire qui étoit dans la cuisine ; de maniére qu'elle entendoit bien le bruit de la friture, mais sans sçavoir ce qu'on faisoit. La maitresse étant de retour, la pie sautillant à ses pieds, lui disoit en Italien : *Maîtresse il étoit nuit & pleuvoit*, ce qu'elle lui repeta tant de fois, sans pouvoir comprendre ce qu'elle vouloit dire, qu'à la fin elle pria ses filles de lui expliquer cet énigme, leur promettant de ne se point fâcher, quelque chose qu'on eut pû faire en son absence. Alors on lui avoüa que la pie entendoit frire, qui est un bruit semblable à la pluye ; & qu'il étoit nuit pour elle, parce qu'elle ne voyoit goute dans cette armoire où on l'avoit enfermée : j'ai entendu raconter à ma Mere & à ma Tante ce fait, & plusieurs autres choses de cette pie qui parloit fort bien, jusqu'à redire tout ce qu'elle voyoit, particuliérement quand on l'interrogeoit.

Ce n'est pas une chose sans sentiment & sans connoissance que le manége des Singes du Cap de Bonne Espérance, lorsqu'ils veulent voler le fruit dans les Jardins des Hollandois. Ils se partagent en deux ou trois bandes sur le penchant de la montagne voisine, & la troupe la plus

Tome IV. Dd

hardie va pour dérober les fruits. Lorsque les Jardiniers pourſuivent ces animaux qui ſe retirent ſur la montagne, ceux qui ſont préparés à cet effet, font pleuvoir une grêle de pierres ſur les pourſuivans, ce qui marque un deſſein prémédité, & pour une fin éloignée.

L'on donna à Alexandre un chien d'une fierté qu'on diſoit très-grande pour la chaſſe de toutes ſortes d'animaux ; voulant l'éprouver, on fit venir un cerf devant lui, mais le chien reſta à ſa place dédaignant un ſi foible animal. L'on fit venir un ſanglier, qu'il regarda avec le même mépris. Enfin on lui lâcha un lion, alors il ſe leva à la vue de cet ennemi digne de lui, le combattit avec adreſſe & le tua.

Un tigre élevé avec un cheval, ſouffrit conſtamment la faim deux jours, plûtôt que de manger ſon camarade ; enfin il briſa ſes liens, & fut chercher ailleurs de quoi ſe nourrir.

Je prie le Lecteur de ſe ſouvenir de ce que j'ai dit, * de la familiarité du dauphin avec l'homme, & comme il conduit les tons dans les filets des pêcheurs. Qui ſçait, ſi en ſe mettant ainſi à la tête

---

* Au Chap. des Poiſſons curieux.

de leur troupe, il ne leur persuade pas, par un langage qui nous est inconnu, qu'il va les conduire dans des pâturages délicieux, & que peut-être ces sots animaux le suivent dans cette confiance. Le fait est certain & commun dans les côtes d'Italie.

Que dirons-nous de cet Eléphant, qui étoit cher au Roi de la Chine pour sa docilité. * Cet animal étant tombé malade, pour avoir trop mangé de cannes de sucre que ces bêtes aiment fort, le Roi ordonna à ses Médecins de voir s'ils pouvoient le guérir, mais ils y travaillerent en vain. Cependant l'éléphant mettant sa trompe assez avant dans sa gueule, leur marquoit, comme il pouvoit, que son mal étoit là-dedans; un Médecin d'Europe fut assez hardi pour y mettre son bras, & voyant que cet animal le laissoit faire, il le poussa assez avant pour sentir qu'il y avoit un corps étranger qui lui faisoit mal; en effet, (chose rare,) c'étoit des cannes de sucre qui avoient germé dans son ventre. Il les arracha doucement, & rendit la santé à cet animal, qui avec beaucoup de douceur laissa faire au Médecin tout ce qu'il voulut, pour le bien qu'il connoissoit qu'on vouloit lui faire.

* Alexander ab Alexand. n. 42.

Dira-t'on que cet animal ne marquoit pas par le geste de sa trompe, où étoit le mal, & qu'en laissant mettre la main dans sa gueule, il ne connoissoit pas qu'on vouloit le soulager, & qu'on le faisoit pour son bien ; puisqu'en d'autres occasions, ou avec ses dents, ou avec sa trompe il auroit annéanti celui qui auroit été assez hardi que de faire ce qu'il faisoit.

Je voudrois aussi que l'on observât l'attention que quelques bêtes ont à ne pas faire paroître le mal qu'elles font, en mangeant ce qu'elles dérobent, & cela est encore plus particulier aux souris, qui vivent de rapine : j'en conterai quelques avantures que j'ai vûës. Un de mes amis tenoit un pain de sucre sur une table que l'on croyoit toujours entier, enfin un jour qu'il voulût le prendre, il le trouva si leger, qu'il en fut étonné. Mais il le fut bien plus, quand en ma présence il trouva qu'au dedans il étoit très-vuide, & qu'il n'avoit pas l'épaisseur d'un écu. Une souris avoit fait un petit trou à la baze qui posoit sur la table, par où elle entroit & mangeoit le dedans sans que rien parût au-dehors ; & elle avoit tout mangé, sans que de six ou sept livres de sucre il en resta que peu d'onces, dont je ne me souviens plus du nombre,

Mais j'ai eu beau philosopher pour comprendre comment il se peut faire, que tenant un petit sac d'amandes communes dans une armoire, que je n'avois pas soin de fermer, les souris ayent pû manger le dedans de l'amande, & laisser la peau presque entiere jusqu'à tromper la vûë; car lorsque je voulus les prendre pour m'en servir, je ne trouvai que la peau, sans qu'on pût connoître (à moins de l'examiner) comment la souris avoit pû manger le dedans, sans gâter la figure de la peau qui renfermoit le blanc de l'amande. Je sçais que si on me le disoit, je le prendrois pour un conte, & je permets à d'autres de ne le pas croire, quoique Dieu m'est témoin, que rien n'est plus vrai. Mais je veux finir cette remarque par une chose qui n'est pas moins véritable, quoique fort risible.

Un habile Peintre de mes amis, appellé Tortebat, avoit dans une armoire une bouteille de rossolis de Turin qu'on lui avoit donnée, & qu'il gardoit pour s'en faire honneur en donnant à manger à quelques amis. Mais un jour, en ouvrant l'armoire, il fut fort étonné de voir que la bouteille étoit diminuée de moitié. Il la prit, & il vit que le parchemin qui la bouchoit étoit rongé finement par les bords. Continuant à couvrir le dessus, comme si on n'y avoit pas touché, il connût que la rogneure étoit l'ouvrage d'une souris ; mais il lui paroissoit impossible qu'elle eut pû boire la liqueur, le trou étant trop étroit, c'est pourquoi il soupçonna sa servante ou ses enfans. Il fit semblant de sortir un jour, & il se cacha dans un cabinet où il travailloit ordinairement. Ayant entendu quelque petit bruit, il regarda, & vit avec étonnement qu'une souris montant sur un autre pot voisin, levoit le bouchon de parchemin & mettoit sa queüe dans le trou de la bouteille, & la trempant dans la liqueur, elle la retiroit mouillée, & la suçoit ensuite. Cette invention de la souris le rendit si interdit, qu'il ne fit point de bruit. Il la laissa faire, & il continua presque tous les jours à voir cet agréable spectacle, auquel il sacrifia le reste de la bouteille. Il m'en fit le recit, que je voulus voir moi-même pour en être convaincu.

Après cela nous n'aurons pas de peine à croire la maniere industrieuse dont les Castors fabriquent leurs ponts & leurs maisons, d'autant que l'araignée & la fourmi nous font assés connoître qu'elles agissent pour une fin éloignée & déterminée. L'une faisant sa toile pour y prendre des mouches, qu'elle attend cachée dans un coin, & l'autre, avec plusieurs animaux, qui ont une semblable prévoïance, faisant des provisions l'Eté pour l'Hiver. Ce qui nous marque que tout animal qui agit pour une fin éloignée, a quelque chose de plus que la simple machine.

Dirons-nous que les animaux n'ont pas de sentiment, & une imaginative aussi forte que les femmes grosses, à ce recit. J'ai vû un œuf à Paris, qui étoit entre les mains de Messieurs de l'Observatoire, avec la figure de la comete qui paroissoit en 1682. ou 83. autant que je puis m'en souvenir. Cette comete avec sa longue & large queüe, & l'étoile, étoit désignée très-distinctement par des filets relevés en bosse sur la coque de l'œuf, précisément comme on la voyoit. Feu Monsieur Cassini m'a dit que pendant qu'il professoit les Mathématiques à Boulogne en Italie, il avoit vû un autre œuf qu'une poulle avoit fait, avec la peinture de la comete qui paroissoit alors en 1666. si je ne me trompe. Des personnes dignes de foi m'ont dit avoir vû un œuf à peu près semblable, qui representoit une éclipse de soleil arrivée peu de tems auparavant. Ne dirons-nous pas que la poulle peut avoir une imaginative assés forte pour remarquer ce phénomene du Ciel, & en être frappée, comme une femme qui le marque dans ses productions. Chez M. Bignon,* une truye mit bas des cochons qui avoient le visage de femme, & qui ne ressembloit pas mal à la gouvernante de la basse-cour. Quoiqu'il en soit, c'est un grand bonheur que les bêtes ne puissent pas parler. Elles se mocqueroient bien de ceux qui veulent par leur philosophie les priver du sentiment, qu'elles ne font connoître que trop à ceux qui n'en sont pas privés eux mêmes. Je n'ai rapporté que quelqu'unes des choses les plus curieuses : j'en laisse beaucoup d'autres qui arrivent tous les jours, & que tout le monde, pour peu qu'on ait d'esprit, peut remarquer sans le secours d'autrui. Ce peu doit suffire pour reveiller l'esprit à dés choses plus grandes. Si je n'ai pas les Carthesiens de mon côté, j'aurai du moins le plus grand nombre des hommes, à qui

* A Ville-Pinte proche Paris.

on ne pourroit pas perfuader que les animaux n'ont point de fentiment & de goût, quand ils verront, que lorfqu'on jette deux morceaux de viande au même tems à un chien, il fleure auparavant les deux, & mange en premier lieu le morceau qui eft le plus friand & le plus délicat, comme feroit un homme. Et un perfonnage de bon fens me difoit: *qu'il renonceroit de bon cœur à la philofophie, fi elle ne fervoit qu'à prouver des chofes abfurdes.*

Il me femble qu'on peut tirer une lumiére des principes de Defcartes, c'eft que les conféquences étant bien tirées, & qu'étant d'ailleurs manifeftement fauffes, il y auroit lieu de conclure que fes principes font abfolument faux. C'eft en abregé ce que j'avois à dire fur le fentiment des animaux.

Mais fi l'on veut avoir un plus agréable recit de ces chofes, le lecteur peut lire Montagne, au chapitre 12 du livre fecond, où il trouvera de quoi fe fatisfaire fur cette matiére, qui apparemment de fon tems commençoit à faire du bruit. Le Pere Zahn a ramaffé auffi beaucoup de chofes curieufes touchant le fentiment des animaux.

CHAPITRE XII.

De l'Homme.

LA vanité est le vice le plus commun, ou pour mieux dire presque naturel à l'homme : c'est pourquoi les plus saints Docteurs ont placé l'orgueil au premier rang parmi les vices. Le serpent voulant tenter Adam à manger la pomme fatale, le prit par son foible, en lui faisant esperer qu'il seroit semblable aux Dieux : *eritis sicut Dij*. Les Stoïciens sont ceux qui ont le plus flatté la nature humaine, en disant *que tout étoit fait pour les Dieux & pour les hommes*, les mettant en paralelle les uns avec les autres. Doctrine que les Peres de l'Eglise ont adoptée à bonne intention, aïant pour fin que l'homme s'éleva à la vertu, qui étoit (suivant les Stoïciens) le vrai & le seul bien. On prétend qu'Aristote a défini l'homme animal raisonnable, *animal ratiocinans*, (je crois qu'il veut dire raisonnant) par excellence.) Il n'y a rien même de plus commun, que d'entendre toûjours repeter : *les animaux agissent par instinct, & les hommes par raison*. De maniére que la différence qu'il y a entre l'homme & l'animal, consiste, à ce qu'on dit, dans la raison.

Mais afin d'aller avec le plus d'ordre qu'il nous est possible dans cet examen, il faut considerer d'abord l'homme suivant la définition d'Aristote ; c'est-à-dire comme animal, en premier lieu, & ensuite comme raisonnable, en voïant s'il est vrai qu'il agit par raison.

Considerons-le donc d'abord comme animal, afin qu'il connoisse ce qu'il est, & qu'il rabatte un peu de sa vanité, s'il est possible.

L'Homme consideré comme Animal.

Si nous considerons l'homme comme animal, il n'est pas sans doute different des autres. C'est une carcasse composée d'os, où sont attachez des chairs & des tuyaux, dans lesquels le sang & diverses humeurs s'écoulent, & quelques-uns de ces canaux s'entrelassant de differentes maniéres forment divers visceres, comme le foye, les poulmons, la rate, & autres semblables. Le cerveau même n'est qu'un tissu de fibres, où le sang le plus pur est filtré en esprits animaux. Le cœur n'est qu'un tissu de canaux remplis de ces esprits, qui animent & réchauffent le sang qui y entre par la circulation, lequel en passant par les poulmons prend quelque portion de l'air, dans lequel la matière première, qui est proprement l'ame animale, est mêlée, & sans la quelle rien ne peut vivre.

Plusieurs grands Anatomistes ont dit, que l'anatomie de l'homme, à l'égard des visceres & des autres parties internes, est plus semblable à celles d'un cochon, que d'aucun autre animal. On remarque encore que le cerveau humain est plus grand, que celui de tout autre animal. Ce qui fait que le sang se crible & se perfectionne mieux dans cette partie plus ample, & qu'il fournit une plus grande quantité d'esprits animaux, qui font exceller l'homme par-dessus tout, dans la quantité & la perfection de ses operations, qui résultent de l'abondance & de la pureté de ces esprits, à quoi la nature subtile de son sang contribuë encore beaucoup.

Cette perfection des esprits animaux, lui vient aussi en partie du suc des choses qu'il mange; d'autant qu'il seroit difficile de tirer de ces sucs ce qui n'y est pas. Car l'homme mange ordinairement des animaux, dans lesquels (en puissance prochaine) l'esprit animal abonde plus que dans les végétaux, dont la plûpart des animaux se nourrissent. Quoiqu'il soit vrai qu'il y ait plusieurs animaux carnaciers, cependant il y en a peu qui ne soient contraints de se nourrir d'herbes, la plûpart du tems, ne pouvant trouver autre chose. Outre cela il est encore certain que les principes de l'homme étant plus ignées, ils convertissent facilement en substance de leur nature tout ce qu'il mange.

Il est donc certain que l'homme est un animal quant au corps, comme Aristote l'a fort bien défini, & ainsi que tous les Philosophes en conviennent, ayant même encore les plus grandes imperfections des autres animaux. Considérons-le en naissant. La plûpart des quadrupedes (excepté quelque peu) se soutiennent lorsqu'ils sont nés, & vont chercher la nourriture à la mamelle de leur mere. Mais l'homme seul enveloppé, & environné de linges qui le tiennent étroitement lié, mourroit de faim & de misere, s'il n'étoit secouru par la mere ou par la nourrice. Il rend toutes ses ordures dans ses linges, & il y pourriroit dedans, si on n'avoit soin de le nettoyer. Il croît, & délivré des liens qui l'enveloppent, il marcheroit à quatre pattes comme les animaux si on ne le soutenoit, & qu'on ne lui aprit peu-à-peu à se tenir sur ses jambes & à former des pas. Cependant à peine peut-il se soutenir, combien de machines & d'industries faut-il employer pour lui apprendre à devenir homme; combien de précepteurs, pour ce qu'on appelle siences; ou bien s'il est d'une basse condition, combien de tems & de travail ne faut-il pas employer pour apprendre quelque métier qui lui puisse donner de quoi vivre. Les autres animaux vivent de ce que la nature libérale leur donne dans les prairies, ou dans les bois, & enfin les oiseaux, & même les plus vils insectes choisissent dans les vergers le meilleur de ce que les hommes ont préparé par une culture pénible, & qu'ils prétendent garder pour eux seuls. Le seul homme s'assujetti à labourer la terre, & non content des dons du Ciel, il arrose de ses sueurs les plantes qu'il cultive. Cependant cet animal insolent se vante d'être le maître du monde. Il dit encore de plus, que tout est fait pour lui; sur quoi il devroit se desabuser en voyant que non-seulement les animaux plus forts, pour ne pas dire plus féroces que lui, le mordent & le dévorent ; mais que les plus petits & les plus vilains infectes se nourrissent de son sang & de sa chair. Si l'on considere ensuite que cet animal si vain, n'est qu'un coffre rempli d'ordures très puantes ; comme aussi pour multiplier son espece, qu'il est condamné de servir & souvent d'adorer quelque chose d'aussi sale que lui, & qu'il faut comme les autres animaux entrer dans un lieu, qui, consideré de sang froid, inspire plûtôt le dégoût, que la volupté qu'il y trouve ; il est certain que cette bassesse devroit l'humilier d'une grande force. Je ne sçais pas même pourquoi la fémelle ne rit pas des folies qu'il dit, & qu'elle lui voit faire, lorsqu'il est plus qu'ivre de la volupté qu'il se propose, & de toutes les actions basses qu'il fait auprès d'elle pour y parvenir ? Quelle différence y a-t-il donc entre lui & les autres animaux, condamnés comme lui à engendrer par de semblables moyens ? Que dira-t-on de ce Maître du monde, quand il va se vuider de ces puants & abominables excrémens, dont il porte toûjours ses boyaux pleins ? Cette Idole qu'il adore en fait autant que lui. Je ne parle pas des maladies qui le tiennent souvent dans de cruels abattemens, non plus que des ulcéres qui le défolent quelquefois, comme auſſi d'un grand nombre de maux communs aux animaux, auſſi bien que de pluſieurs autres qu'ils ne connoiſſent pas, & que le Ciel a réſervés pour l'homme ſeul. Entre ces derniers maux eſt, à mon avis, le Medecin, qui le plus ſouvent ne connoiſſant ni la nature du mal, ni ſon origine, ordonne ou des médecines très-dégoutantes, ou de lui tirer encore le peu de vie qui lui reſte dans les veines. Les autres animaux, ou par une diette rigoureuſe, ou par des herbes qu'ils connoiſſent, ſe guériſſent tous ſeuls, ſans autre ſecours que celui que la providence de la nature leur donne. L'homme ſeul a beſoin de l'autre homme, quoi qu'il ſoit vrai que c'eſt ſouvent avec un bon ſuccès, mais c'eſt ſouvent de même pour hâter la fin de ſes jours, ou pour rendre le mal encore pire. Dans cet état de miſere où la fievre l'accable par ſes vapeurs, il perd ſouvent le jugement & les forces pour ſçavoir ce qu'il doit faire, & ne peut pas mettre en uſage ce qui lui ſeroit néceſſaire. Souvent même les levains corrompus qui ſont dans ſon eſtomac, ne lui font deſirer que ce qui eſt contraire au recouvrement de ſa ſanté, & propre à nourrir ſes

maux

maux. L'animal au contraire ne veut rien ordinairement, à moins que ce ne soit les choses qui lui sont bonnes.

Voilà donc cet homme si grand, si terrible, si beau, dans un état qui n'est pas différent des animaux. Cependant l'on dira que l'on convient qu'il est animal comme les autres, qu'il mange, qu'il est construit d'une maniere semblable, & que la différence ne consiste guére en autre chose que dans la disposition des organes, & sur tout dans la qualité des liqueurs qui coulent dans les tuïaux de ces organes, lesquels, comme je l'ai dit, sont sans doute plus subtils, plus pleins, & plus animés de cette ame du monde, qui fait le mouvement & la vie des estres.

Mais avant que de passer outre, peut-être que le Lecteur sera bien aise d'avoir quelque idée de la différence qu'il y a des visceres de quelques animaux, d'avec ceux de l'homme. Commençant par les parties les plus nobles, j'ai déja dit que le cerveau de l'homme, (à proportion de la grandeur de son corps,) est plus grand que celui de tous les animaux. Le cœur de l'homme est à peu près comme une poire un peu courbée, & il nage dans une peau remplie d'eau, que lui-même transfuë, & dans laquelle il rafraichit tant soit peu une partie de son ardeur, causée par les esprits de feu qui sont dans toutes ses fibres, lesquels changent la nature du suc des viandes en leur nature ignée, comme le feu commun change le bois en flamme; cependant ces sucs, quoique changés en partie, sont encore accompagnés de plusieurs superfluités, desquelles ils se séparent en passant par les fibres très subtiles du cerveau qui les renvoye au cœur par des tuyaux nerveux, qui tiennent le cœur attaché aux vertebres, d'où ces nerfs sortent. De maniere qu'entre le cerveau & le cœur, il y a une exacte communication. Le cœur lui envoye le sang par l'artére ascendante, afin de le purifier, & le cerveau lui renvoye ce sang plus épuré & changé en esprits animaux. Cette communication réciproque est presque dans tous les animaux.

Il n'en est pas de même de la structure des autres parties. Le foïe qui est formé par une très-grande quantité de petits tuyaux, dans lesquels la celiaque se répand, & qui forme dans l'homme un grand nombre de petits globules comme des grains de raisins, ressemble assez à une grosse grape de ce fruit, & il est en velopé d'une membrane qui forme une grosse masse un peu concave, s'appuyant sur la partie qu'on appelle estomac. On croit que le foïe, entre autres fonctions, a soin de séparer la bile du sang dans la vessicule du fiel, qui est différente ; il y a même plusieurs animaux qui n'ont point de fiel, comme les colombes, soit qu'elles n'en ayent point besoin, & que leur sang est fort doux & amoureux ; c'est pour cela que les Anciens ont attaché ces animaux au Char de Vénus, comme les paons à celui de Junon, pour montrer sa gloire. Quoiqu'il en soit, je dirai que le foïe n'est pas de même figure dans le cochon, car il est long & beaucoup different de celui de l'homme. Cette différence encore plus grande se remarque dans les poulmons du chameau, lesquels sont formés de plusieurs petits morceaux de figure quarrée, ou ceux de l'homme sont formés de deux lobes qui envelopent presque le cœur.

La rate qui est une espece de poche, dans laquelle la branche de la celiaque en forme plusieurs autres qui répandent le sang dans cette poche, qui sert à separer le plus grossier du sang, & dont une partie de ses filets se répandent sur les parties hemoroïdalles, qui s'enflent &

croissent à proportion de la grosseur de ces filets; cette même glande, dis-je, est différente en plusieurs animaux.

L'Homme considéré comme raisonnable.

JE sçais que la vanité humaine dira, qu'on ne disconvient pas que l'homme ne soit un animal sujet à toutes les imperfections des autres animaux; mais que sa perfection consiste dans la seconde partie de la définition d'Aristote, c'est-à-dire *animal raisonnable*. Cependant, comme bien des gens font pompe de cette raison qu'ils s'attribuent par préférence aux animaux qui n'agissent, selon eux, que par *instinct*, il leur faut expliquer ce qu'ils n'entendent pas trop bien; & comme nous allons ici de bonne foi, voyons ce que c'est que la raison & ses prérogatives.

L'homme est sans doute un animal, mais un animal raisonnable; c'est-à-dire, (suivant eux) qui n'agit que par raison: cependant si par le mot de raisonnable, on entend qu'il se laisse conduire par la raison; je veux prouver au contraire que si cela arrive quelquefois, c'est plûtôt par hazard que par aucune force que la raison ait de le déterminer à rien faire de bon. Il est vrai, & je ne le veux pas nier, qu'il n'ait trouvé & inventé par son raisonnement une infinité de sciences, comme la géométrie, & beaucoup d'arts. Il est vrai ; mais il vaudroit mieux pour lui qu'il ne les eût jamais inventés, puisque ces arts ne le rendent pas plus heureux, & qu'au contraire la plûpart contribuent à le rendre plus vain & plus misérable.

Quant aux arts qui consistent à nourrir la vanité & l'orgueil dont il est pétri, comme les habits qui ne devroient servir que pour le couvrir contre l'intemperie des saisons ; la beauté des habits rend malheureux ceux qui ne peuvent pas les avoir fort beaux, & comme c'est la plus grande partie des hommes qui en manquent, ce nombre devient malheureux, puisque leur vanité reste mortifiée de voir d'autres personnes plus braves qu'eux. Je ne doute pas que ceux que nous appellons sauvages ne soient moins malheureux que nous sur ce point, puisqu'ils sont contents de se défendre contre le froid du climat en se couvrant de peaux de castors, ou d'ours, ou d'autres semblables animaux. J'en dis autant des Palais ornés d'or & de belles peintures. Croit-on que dans ces superbes bâtimens où l'art brille avec tant de pompe, les Princes & leurs Courtisans vivent plus contents & plus heureux que ceux qui habitent dans des cabanes, ou sous la terre. J'ai lû dans Olearius qu'étant en Moscovie, il vint quelques Députés de Sibérie, que ces pauvres peuples avoient envoyé, afin de faire des plaintes contre l'avidité de ceux qui les contraignoient de païer un tribut de peaux plus fort qu'ils ne devoient. Ces Députés qui passoient la plus grande partie de l'année, comme les autres de leur nation, dans des cavernes sous terre, ainsi que les lapins, éclairés par une lampe d'huile de poisson, & vivants de poisson seché à l'air froid de ce climat Boreal; ces Députés, dis-je, après s'être acquités de leur commission s'ennuyoient de voir qu'on les retenoit inutilement, & demandoient avec empressement qu'on les congédiât, quoiqu'ils reçussent beaucoup d'agrément, le Czar voulant qu'on les retint exprès, & qu'on les traitât magnifiquement, afin qu'ils vissent la grandeur de la Cour de Moscovie. Olearius qui sçavoit cela, leur demanda s'ils n'aimoient pas mieux vivre dans cette Cour, où ils voyoient tant de grandeur & de magnificence, & où ils étoient nourris de tant de mets délicats, que dans leurs tanières souterraines, où les rayons du Soleil n'entroient point, au lieu qu'ils le voyoient tous les jours dans le climat de Moscovie moins rigoureux que le leur. Les Députés répondirent : *Qu'il étoit vrai que la grandeur de la Cour, & les plaisirs qu'on leur y donnoit, aussi-bien que les repas magnifiques, les richesses, & les autres beautés qu'ils voyoient, avoient quelque chose de bien attrayant; mais que si leur Empereur connoissoit la douceur du tranquille repos qu'ils goûtoient dans leurs demeures souterraines, il quitteroit sa Cour & ses grandeurs, & viendroit vivre avec eux.*

Cette réponse digne des plus grands Philosophes, plûtôt que des Samojedes grossiers, qui parloient avec la bouche de la vérité, nous fait voir que ce ne sont pas les belles maisons, ni les peintures, ni l'or qui brille, qui fait la félicité de l'homme, mais la paix du cœur, & le repos de l'esprit, qui demeurent rarement dans les lieux où l'ambition triomphe. Cette simplicité du siecle d'or que les Poëtes ont si fort embelli regne encore dans les lieux, & avec ces gens qu'on appelle sauvages, lesquels contents du peu que la nature leur offre, & ne connoissant pas autre chose, vivent heureux, se donnant les uns aux autres ce qui ne leur coûte rien quand quelqu'un en manque, & le soir dans une cabanne destinée à la joye, ils s'assemblent pour chanter & danser, sans craindre ou le créancier, ou le sergent qui vient leur demander de la part du souverain ou d'autres, ce qu'à la rigueur ils ne doivent pas, chacun est libre & souverain chez lui, & cette liberté a des appas qui ne sont pas connus par ceux qui sont nez esclaves de l'ambition des plus puissans; c'est dans cet état de vivre que l'on a trouvé la plûpart des Peuples de l'Amérique, que l'on a rendu misérables en les contraignant de foüiller les Mines d'Or, & des autres métaux, pour rassasier l'avidité insatiable des Nations qu'on devroit plûtôt appeller esclaves de l'avarice, que des peuples policés. Voilà en deux mots les pensées & la maniére de vivre de ceux que nous appellons sauvages & barbares: Je laisse à considerer aux sages, si la raison gouverne mieux ces gens-là, que nous, qui nous vantons d'être policés. Mais revenons à la Thése.

L'homme raisonne sans doute tant bien que mal, & si on veut l'avouer de bonne foi, on avouera que le plus souvent il raisonne fort mal, particulierement
dans

dans les choses de speculation. Car quoique Euclide ait ramassé dans un ordre admirable tout ce que les plus grands genies de l'univers avoient pensé devant lui ; quoique Ptolomée & ceux qui sont venus après, se servant de ces principes geometriques, ayent mesuré la distance, la grandeur & les mouvemens des astres, aussi bien que les limites de la terre ; semblablement qu'un petit nombre d'auteurs ayent écrit profondément & avec succès sur differentes matieres: Cependant dans les choses problématiques & de speculation, comme la physique & les autres semblables, on a vû une secte succeder à l'autre, & enfin de nos jours tous les anciens Philosophes regardés comme des ignorans, après que Descartes a parlé. Chose qui fait bien voir, si on y fait reflexion, que tous ceux qui parlent, comme ceux qui écoutent & épousent leur doctrine, ne raisonnent pas trop juste, puisqu'ils désaprouvent en un tems ce qu'en d'autres ils avoient admiré comme des verités infaillibles. Que si donc les principes de la geometrie ont toûjours été les mêmes, c'est que cette sience est fondée sur l'experience des sens, & que les mesures (par exemple) qu'a un triangle, qui de quelque façon qu'il soit formé, l'est toûjours de maniere, que ses trois angles pris ensemble sont égaux à deux droits; le triangle, dis-je, est fondé sur des mesures que les sens nous ont fait connoître. Car quoiqu'on dise, nous n'avons rien qui soit plus convainquant & plus persuasif, que ce que les sens nous font connoître. De maniére que je suis porté à dire contre la définition de Descartes, que l'ame n'est pas une substance qui pense, mais que c'est une substance qui *sent*. Ce qui convient au principe que j'ai établi après Platon: que la matiere premiere, qui est l'ame universelle du monde, non seulement se meut, mais elle sent qu'elle se meut, & les differentes manieres dont elle se meut, ce qui fait les diverses sensations. Ceci paroît d'autant plus vrai, que l'homme ne peut penser qu'aux choses que les sens lui ont fait connoître; d'où l'on a formé l'axiome: *Nihil in intellectu quod prius non fuerit in sensu.* Aristote prouve encore, * qu'où les sens manquent, la science des choses sensibles

* Analitic. lib. 1. cap. 14.

manque aussi. D'où l'on conclut, que celui qui est né aveugle, ne peut ni imaginer, ni penser ce que c'est que la diversité des couleurs; ni celui qui n'a jamais vû la lumiére du soleil ou du feu, ne peut penser, ni former aucune image de cet astre ni de l'elément du feu. Verité que Mrs. de Port-Royal, qui ont soutenu & fait valoir la doctrine de Descartes, ont fort bien connüe, & ils se sont efforcés inutilement de prouver que l'ame pouvoit penser à ce qu'elle n'avoit jamais senti. Car, si on y fait reflexion, on verra, par exemple, que nous ne connoissons point l'essence Divine, que par les effets sensibles de tant de choses merveilleuses, lesquelles nous font connoître qu'il y a un être très-puissant & très-sage qui a fait ces choses, & pas davantage; de même que nous ne connoissons notre ame, que d'autant qu'elle fait mouvoir le corps, & fait sentir & raisonner sur ce que les sens nous font connoître, voila toute la connoissance que nous avons de son essence, aussi-bien que de l'essence Divine. C'est cette verité qu'Aristote a prouvé au long, en disant: que celui qui n'a point eu le sentiment de quelque chose, est privé de cette faculté de l'ame qu'on appelle *fantaisie*, mémoire, ou reminiscence, c'est-à-dire, de pouvoir former le phantôme ou l'image de quelque chose, & c'est ce qu'on appelle mémoire ou reminiscence de cette chose, qui n'est au fond que de pouvoir penser à elle, & de se la representer telle qu'elle a paru à quelque sens. Que si l'on a embrassé avidemment l'opinion de Descartes, que l'ame est une substance qui *pense*, à cause que cela paroissoit favoriser la religion ; j'avoüe que cela me paroît ridicule, car la religion est appuyée sur des fondemens bien plus solides, rien n'étant plus facile que de prouver que les animaux pensent ; ce qui pourroit faire soupçonner qu'entre l'homme & le chien, ou un chat qui pense aux moyens les plus convenables d'attrapper quelque chose qui lui convient, il n'y a de difference que du plus au moins. Mais, comme je l'ai dit, la religion a des fondements plus stables que les discours de ces philosophes, c'est-à-dire, qu'elle est fondée sur la parole de Dieu même qui ne peut pas tromper.

Il faut donc convenir que l'homme ne raisonne sensément & juste que par le moyen des sens ; c'est-à-dire par les choses que les sens lui font connoître, & par le moyen desquelles il peut conjecturer & aller un peu plus loin.

Mais de vouloir nous persuader que la raison soit la maîtresse qui régle les actions de l'homme, c'est ce qui me paroît absolument contraire à la verité, car ce sont les sensations, & plus encore les internes qu'on appelle *Passions*, qui lui font faire tout ce qu'il fait. Cela peut prouver aussi ce que j'ai dit, que l'ame n'est qu'une substance qui sent, d'autant qu'elle agit suivant ses sensations, & non pas suivant ses raisonnemens & selon les pensées que le raisonnement lui représente. Mais afin que cela soit mieux connu, parcourons un peu les passions capitales qui sont la source des autres.

La premiere est sans doute l'orgüeil, ou l'ambition, c'est-à-dire, cette mauvaise inclination d'être supérieur autant qu'on le peut aux autres hommes, & le Serpent prit nos premiers Peres par leur foible, lorsqu'il les voulut tenter à transgresser le commandement que Dieu leur avoit fait, en les exhortant de manger du fruit défendu. Il les assûra donc contre la parole du divin Créateur, que non-seulement ils ne mourroient point en mangeant de la pomme, mais qu'ils deviendroient semblables aux Dieux. *Nequaquam moriemini, sed eritis sicut Dii.* La femme plus vaine, plus ambitieuse, & plus crédule se laissa surprendre d'abord ; & par ses charmes & par son esprit séduisant, elle contraignit son amant & son époux, à transgresser la loi que Dieu lui avoit prescrite. A quoi sert de grace tout ce que je viens de représenter de la bassesse & des miseres de ce superbe animal ? cela n'empêchera pas son orgueil. Je ne puis m'empêcher de rire quand je vois dans les rues un homme habillé d'un beau drap, brodé ou galloné d'or, la tête couverte d'une perruque blonde, & le plumet sur son chapeau, le menton depilé, défier Adonis & Narcisse, & prétendre se faire estimer par sa beauté, quoique la plûpart des choses qui le rendent si vain soient empruntées des animaux, & faites par les mains & par le travail d'autrui : ce qui se doit aussi entendre des Dames, dont la parure n'est jamais trop grande. Que dirons nous aussi de ce même homme qui l'épée au côté semble braver les hommes & la nature, & avec Nembrot menacer d'escalader les Cieux pour en chasser les Anges afin de remplir leur place, & ne pouvant pas élever une tour jusqu'aux étoilles, monter sur la brêche d'une ville assiegée, sans écouter la raison qui le menace de la mort, ou du moins pour récompense de sa superbe valeur, comme dit Boileau :

Se faire estropier sur le pas des Césars;
Et cherchant sur la brêche une mort indiscrette,
De sa folle valeur embellir la Gazette.

Car enfin quelle sotte raison a pû persuader à un Prince, ou autre Seigneur, de quitter les plaisirs & les commodités dont il joüit, afin d'aller exposer sa vie pour l'ôter aux autres, comme aussi d'être loüé d'avoir massacré des hommes qu'il appelle ses ennemis, qui le plus souvent ne l'ont jamais offensé, & d'avoir brûlé leurs villes, leurs villages & leurs campagnes ? Ne vaudroit-il pas mieux qu'un homme eût appris plûtôt le métier de boucher utile à la societé, que celui de soldat, dont la profession est d'allarmer la tranquillité de ses voisins, & souvent celle des nations les plus reculées, dont à peine connoît-il le nom. Cependant ce sont les Alexandres, les Tamerlans, les Genghiz-Cans & autres semblables monstres, dont la raison commune a soin de conserver le nom dans l'histoire, comme superieurs, ou pour mieux dire les plus mal-faisans des autres hommes.

Mais pour suivre l'ordre des vices capitaux, que les passions produisent en nous: quelle raison & quel raisonnement peut conduire l'homme parfaitement avare, que celle de manquer de tout, afin de ne manquer de rien. L'avaricieux amasse & accumule toûjours richesses sur richesses, & adorant son tréfor il se croît riche, tandis qu'il vit dans une misérable pauvreté. Ce n'est pas en lui que la vanité domine, car déchiré & méprisé du public, il se présente hardiment à la vuë des spectateurs, riant dans son cœur de les voir habillés avec pompe, pendant que ceux-ci rient de leur côté de le voir dans la disette au milieu de tous ses biens. Je demande au Lecteur quel est le plus fou des deux, & qui a plus de raison, ou celui qui par sa vanité dépense tout ce qu'il a, & souvent ce qu'il n'a pas, pour pa-

paroître au-dessus des autres; ou celui qui se laisse méprifer pour ne pas diminuer ses richesses, & pour les augmenter. Cependant l'un se mocque de l'autre, & c'est l'homme raisonnable en qui ces deux passions si contraires troublent l'entendement & la raison, que chacun croît avoir de son côté.

Que dirons-nous de la luxure triomphante? De l'homme amoureux? C'est bien elle qui force l'avare à être libérale, quand l'amour est le plus fort. C'est elle aussi qui abat l'orgüeil du plus vain, de même que celui des plus grands Rois, & des plus grands Conquerans, lesquels prosternés aux pieds d'un cadavre vivant qui renferme toutes les ordures dont j'ai parlé, & par des discours qui seroient mieux dans la bouche d'un insensé que d'un homme raisonnable, disent & font des choses, dont le souvenir nous doit faire rougir de honte. Et cette même femme qui étoit la Déesse de son amant, & qui auroit eu raison de rire de sa folie, change aussi lorsque l'amour la possede; car de Déesse qu'elle se voyoit, elle s'abandonne aux plus grandes bassesses. Mais passons de cette passion, dont il ne faut pas trop parler, puisque chacun peut faire réflexion sur soi-même; passons, dis-je, à son contraire, & parlons un peu de l'Ire. Que dirons nous de l'homme raisonnable transformé en lion ou en tigre, par une offense, ou par une seule parole qu'il s'imagine l'avoir offensé, croyant qu'il la faut punir par la mort, & laver l'outrage avec le sang de l'offenseur?

Prenez garde, homme raisonnable, que celui qui tuë échappe difficilement la mort, soit par la justice ou par les parens; à moins qu'abandonnant sa maison, sa famille, ses biens, il ne fuïe en pays étranger, exposés à toutes sortes d'événemens. Il n'importe, il faut se vanger, & qu'il en arrive tout ce qu'il pourra. Que dirons-nous de celui qui par un soupçon jaloux met le poignard dans le sein de la personne qu'il aimoit plus que sa propre vie, & que j'ai vû dans la suite pleurer, sans pouvoir s'en consoler.

Mais que dirons-nous de l'homme raisonnable, qui se ruine pour assouvir sa gourmandise, lequel remplissant son ventre de viandes & de vin devient plus semblable aux pourceaux qu'à l'homme raisonnable, qui ne sçait plus ce qu'il fait ni ce qu'il dit, & que s'il dit quelque chose ce n'est que pour extravaguer, noyant, comme dit Horace, dans la corruption de son ventre, cette particule d'ame divine?

Que dirons-nous aussi de celui qui se ronge & qui se consume par une rage interne, en voyant prosperer & vivre heureusement les autres hommes; la pareille chose se doit entendre de la plûpart des femmes qui envient celles qui sont plus belles, plus courtisées, & plus braves qu'elles ne le sont.

Je ne veux point parler de la paresse si commune aux Philosophes, lesquels ne feroient pas un pas, ou ce qu'ils appellent bassesse, pour acquerir quelque chose, ou pour exercer quelque action qui ne convienne à la vertu dont ils font profession.

Voilà en peu de mots le portrait de l'homme raisonnable toûjours possedé de l'un ou de l'autre de ces vices, qui ne sont au fond que des sensations internes qui l'agitent ordinairement, non pas toutes ensembles, mais l'une après l'autre. C'est entr'autres choses ce qui me fait pancher à croire : *que l'ame n'est pas une substance qui pense, mais qui sent*, & qu'elle agit suivant les sensations & les apetits que les objets externes excitent en elle, & qui la font penser diversement. Car elle n'agit & ne meut notre corps à faire certaines actions, que suivant les apetits que les objets externes, ou les images internes de ces choses, excitent en elle. D'autant qu'il ne paroît pas, comme dit Aristote, que l'ame qui fait mouvoir le corps, le fasse mouvoir autrement qu'en conséquence des apetits. *Intellectûs (l'ame) non videtur movere sine apetitu.* Ces apetits sont excités par les sensations & par les passions, soit des objets externes, ou des images internes de ces mêmes objets. Car la vanité & l'orgueil ne nous fait agir pour paroître, ou pour nous rendre supérieurs aux autres, que par l'apetit d'être consideré comme quelque chose de plus que les autres hommes. L'avarice ne nous fait amasser des richesses, que par l'apetit & le désir que l'on a de ne pas manquer, & d'avoir besoin d'un autre homme. La volupté de l'amour ne nous fait agir & faire tant de folies, que par l'apetit & le désir de joüir de l'objet qui peut satisfaire le plaisir voluptueux. L'ire ne nous transporte à la vengeance & a être insolens, que par le défir & par l'apetit de nous garantir d'être insultés. Comme la gourmandife ne nous excite à dépenser pour manger & boire, que par l'apetit qu'on trouve dans ce genre de plaisir. L'envie ne nous tourmente, que par l'apetit & le défir d'être auffi heureux que les autres le font, lesquels nous nous imaginons ne le mériter pas plus que nous. De même l'apetit & le défir du repos nous tient sans action & sans faire ce qu'il conviendroit à notre meilleur état, contens de faire des actions vertueuses auffi-bien que de l'état préfent, pourvû qu'il foit tranquille & sans fatigue.

Par où je crois qu'on peut conclure, fuivant ce que j'ai tâché de montrer : que l'homme n'eft raisonnable que par hazard, c'eft-à-dire, lorsque les apetits que les fenfations lui caufent le laiffent fans l'agiter fortement ; car dans les autres tems, il n'eft rien moins que raifonnable, quoiqu'il foit toûjours raifonneur.

Mais afin de forcer l'homme vain

dans son dernier retranchement, sur ce qu'il dit qu'il agit par *raison* & les animaux par *instinct*, il faut voir si cette proposition est véritable. Plût à Dieu qu'elle le fût, nous serions tous parfaits.

Il n'est pas douteux que l'homme raisonne, chacun le sçait, & cela n'a pas besoin de preuve. Cependant afin que l'on ne dise pas, que je fais une raison à ma mode, voyons ce que Ciceron en dit. Il dit donc que la raison est à proprement parler, la conclusion du raisonnement, qui tend toûjours à conclure pour notre bien & notre avantage. *Argumenti Ratione conclusi*, dit Ciceron ; par exemple, le trop manger fait le plus souvent mal à la santé, je m'apperçois que je mange trop, & que j'en suis incommodé. Donc (voila la conclusion de l'argument & de la raison) je dois m'abstenir de trop manger & je dois être plus sobre, pour éviter les incommodités que je ressens.

Autre raison provenant du raisonnement de qui elle prend le nom : la volupté que je trouve dans les embrassemens d'une femme, m'invite à joüir d'elle ; mais cette femme avide me ruine en bien & en honneur, me faisant négliger tout ce qui regarde mon propre bien. Donc (c'est la conclusion du raisonnement & la raison) je la dois quitter & ne la plus voir. Autre : un homme m'a insulté, & je suis excité à me venger ; mais si je me venge la justice me persécutera, je pourrai perdre la vie si je tombe entre ses mains, ou être exilé courant le monde, privé de biens, & loin du secours de ma famille & de mes amis. Donc (voilà la conclusion du raisonnement & la raison) je ne dois pas me venger, pour éviter tous ces maux.

Cependant je demande si l'homme suit toûjours les connoissances du bien & du mal, que le raisonnement lui donne. Les gens de bonne foi dirons, que quelquefois oüi, & le plus souvent non ; car lorsque la passion s'en mêle, à Dieu la raison. Mais de grace qu'est-ce que c'est que la passion.

Je crois que je ne me tromperai pas quand je définirai la passion, un sentiment plus vif, & une émotion plus grande, laquelle produit un sentiment plus vif que les sensations ordinaires. Par exemple, je suis à table, & on sert des perdreaux, ou bien des ragoûts trèsodoriferans & très-savoureux. La plûpart sont excités par l'odeur & par le goût d'en manger, & ils en mangent; mais il n'y a pas long-tems que j'ai mangé, & je n'ai point d'apetit; c'est-à-dire que l'émotion que l'odeur & le goût fait aux autres est grande, & en moi elle est foible. Alors la raison est d'accord avec la sensation. Mais si je n'ai point mangé, & que je sois de temperamment glouton, c'est-à-dire, que je sois facilement émû par la vûë & par l'odeur des viandes, alors j'en mange & je m'enyvre pour joüir de ce plaisir, étant avec gens qui sont de même humeur & de mes amis.

Par où l'on peut voir que ce n'est que par hazard, que la raison de ne pas manger, pour ne me pas faire mal, a lieu, c'est-à-dire, parce que la vûë de ces viandes ne cause pas en moi une sensation assez forte pour m'exciter vivement; dans d'autres momens je mange & je m'enyvre nonobstant le mal qu'il m'en peut arriver. Il en est de même de tous les autres plaisirs. Car quoique je sçache bien que l'excès avec une femme est dangereux & même mortel. Si je suis avec une qui excite à la volupté, (car toutes n'ont pas

ce

ce talent,) le plaisir que je ressens dans ce moment étant fort, ne me fait point considerer le mal qui m'en peut arriver; comptant ce plaisir comme un bien naturel. De même si l'insulte que je prétends qu'on m'a faite par certaines paroles, excite en moi une forte émotion de colere, quelque malheur qu'il m'en puisse arriver, je tâche de laver l'injure dans le sang de celui qui m'a offensé, parce que l'ame qui n'est qu'une substance mobile & sensitive étant fortement émuë, transporte le corps suivant les mouvemens qu'elle ressent, & ne considere alors que ses propres sensations.

J'ajoûterai encore qu'il est si vrai, que l'ame, dans l'état présent de corruption par le premier péché, n'agit que par les sensations, & ne sçait moderer une sensation que par une autre plus forte, que j'en vais donner des exemples par les trois autres précédens. Si étant à table, prêt à faire excès de viande & de vin, je pense que le plaisir que je ressens dans ce moment, peut me devenir douloureux par cette débauche. Si l'idée & l'image de la douleur, (car j'ai dit que l'image vive d'une chose fait une émotion semblable, plus ou moins forte, à celle que l'objet même feroit,) fi l'image, dis-je, de la douleur future eft plus forte dans ce moment que n'eft le plaifir que je reffens, alors je me prive de manger & de boire. Mais fi le plaifir préfent eft plus grand que l'image de la douleur future, alors je perfifte & continuë ma débauche. Il en eft de même de la volupté que j'éprouve avec une femme. Sans doute auffi, que fi l'image des malheurs qui peuvent fuivre la vengeance d'un affront reçu, eft plus forte que l'émotion, & le fentiment de l'offenfe, la crainte froide de ce mal futur amortira l'ardeur de la vengeance; mais fi l'ardeur de la colére eft plus forte; quelque chofe qu'il puiffe arriver on fe vengera, & on expofera fa vie à tous dangers. Comme il ne nous eft pas libre de fentir, ou de ne pas avoir fortement ou foiblement plûtôt une fenfation qu'une autre, il en réfulte que dans l'état de corruption préfent, nous agiffons toûjours par les fenfations & non pas par la raifon & les connoiffances de notre plus grand bien.

Nous ferions fans doute trop heureux, fi les connoiffances de notre bien, faifoient ce qu'elles devroient fur notre efprit. De même fi nous manquions de connoissance du mal que nous faisons, du moins nous ne pécherions jamais. Mais nous faisons mal en le connoissant, & cette connoissance ne fait autre chose qu'augmenter nos tourmens. C'est de quoi Sangaride se plaint avec sa confidente dans ces beaux vers de Quinaut, qui expriment si bien l'état malheureux d'un cœur qui connoît le mal qu'il fait.

Pour vaincre cet amour je mets tout en usage,
J'appelle ma raison, j'anime mon courage;
Mais à quoi servent tous mes soins ?
Mon cœur en souffre davantage,
Et n'en aime pas moins.

Il n'y a que ceux qui ont été dans l'embarras de l'amour, ou de quelqu'autre passion, qui connoissent l'état desagréable de ce qu'on souffre, en considerant le mal que cette passion peut nous causer ; mais à quoi servent ces connoissances :

Le cœur en souffre davantage,
Et n'en aime pas moins

Quel est l'homme qui ne sçache les inconveniens & les dangers qu'il court en escaladant un mur qui renferme l'objet de son amour. (Je parle de cette passion parce qu'elle n'est que trop commune.) L'argent qu'il faut emploïer pour corrompre les surveillans, la vengeance qu'il doit craindre du mari, ou des parens, s'ils soupçonnent seulement sa hardiesse, sans parler de l'autre vie. On se dit toutes ces choses, on tâche de se retirer de ces dangers, & de quitter l'objet qui peut causer tous ces malheurs, mais ceux qui ont souffert des peines extrêmes en voulant s'éloigner de ce qu'on aime, sçavent que l'on souffre encore pis que la mort. Il faut l'aller voir, pour s'empêcher d'expirer, & pour se garantir de ce que l'on sent de maux certains, s'exposer à tous les autres maux, dont une partie (si ce n'est tous) sont incertains. O ! Seigneur, il n'y a que vous qui puisse donner à notre ame, une image si vive des plaisirs & des biens celestes, qu'elle soit superieure à tous les vains plaisirs de la terre, comme disoit saint Augustin : *Dando menti celestem delectationem qua omnis terrena delectatio superetur.*

La crainte, (qui vient d'une humeur froide,) la crainte, dis-je, du mal, quand elle est plus forte, peut anéantir ou atiédir l'ardeur de toutes les passions qui donnent quelque volupté. Car la vengeance même est un si grand plaisir, qu'on dit que les Dieux se le sont réservé pour eux, la deffendant aux hommes. Il n'y a qu'une seule passion qui soit simplement douloureuse, c'est-à-dire, la jalousie, ou l'envie du bien d'un autre. C'est pourquoi on a dit, que celui qui la souffre, se ronge & se consume lui-même sans plaisir ; & avec beaucoup de peine, que le bien & le plaisir des autres lui donnent. La connoissance même du mal qu'on va faire, & plus encore de celui qu'on a fait, quand il cause un sentiment égal au plaisir, il agite si fort le cœur qui est comme balotté par l'idée du plaisir & par l'image de la douleur, qu'il n'y a rien qui soit égal ni si douloureux à l'état d'une telle personne, & on l'appelle *remords*, parce que ces connoissances nous mordent l'esprit avec plus de violence & de douleur que les morsures d'un chien enragé. Pour exprimer les pointes d'une veritable douleur qu'on ressent du mal qu'on a fait, on l'exprime par le mot de componction, parce qu'il ne reste point d'autre agitation que la peur de la douleur, & un veritable abattement que l'image du mal nous cause. L'esperance est aussi une agitation caufée par le fi ou le non de ce qu'on efpere, & qu'on envifage de pouvoir obtenir, ou d'être fruftré de fes defirs. C'eft pourquoi Quinaut, qui connoiffoit bien l'agitation & la peine que caufe cette incertitude, a chanté ces vers, appliqués à la verité à la paffion amoureufe:

Que l'incertitude
Eft un rigoureux tourment.
Non, non, on n'éprouve en aimant
De peine plus rude,
Que l'incertitude.

En un mot toutes les paffions font des mouvements des efprits animaux, qui caufent des fenfations plus ou moins vives par degrés infinis, & qui agitent les humeurs du corps d'une maniére, ou douce, *motus lenis*; ou bien âpre & piquante, *motus afper*; & fuivant la force des fenfations (qui font l'ame même) on eft déterminé à faire certaines actions, d'autant que ce font les efprits animaux qui meuvent le corps. Ce qui fe doit entendre de l'état naturel de la machine du corps corrompuë par le premier péché. Car l'ame raifonnable immortelle, peut réfifter avec le fecours de la grace, que Dieu donne à qui la demande, à tous ces mouvemens de la matière corporelle, & les changer comme elle veut.

Mais comme j'ai dit que le plaisir & la douleur sont les deux pôles, sur lesquels roulent toutes les actions des hommes, & des animaux, & que j'ai ajoûté au surplus que le bien & le mal présent (qui sont le bien & le mal naturel que nous connoissons) ont une grande force pour déterminer l'ame à vouloir ou ne pas vouloir une chose, à moins que l'image du bien ou du mal futur ne soit plus vive & plus forte, & ne cause une sensation plus vive que le bien ou le mal présent. Je vais en rapporter encore un exemple incontestable, & le voici.

La Justice a entre les mains un homme, que par des indices puissans elle croit avoir commis un grand crime, mais on ne peut en être certain que par l'aveu du même homme, & pour cela on le met à la question pour lui faire avouër la verité. Cet homme sçait fort bien que s'il dit oüi, outre l'ignominie, il sera rompu vif. S'il dit non, il évitera ce malheur. La raison de son bien veut qu'il dise non, y ayant autant de lettres qu'à dire oüi. Cependant si la douleur présente est plus grande que l'image de la douleur qu'il sçait bien qu'il souffrira sur la roüe, il dit, oüi, avoüant son crime, contre la raison de son propre bien, & il veut plûtôt la mort la plus cruelle, & le plus terrible des maux, que la continuation de la douleur passagere qu'il souffre. Mais si l'image de la mort atroce qu'il souffrira cause en lui un sentiment de plus grande horreur que le mal present; il niera & souffrira le mal passager pour ne pas souffrir une douleur plus grande, qui sera suivie de la mort. Dans ce cas, il agira suivant la raison de son bien. Cependant comme il ne dépend pas de lui, de sentir vivement l'horreur de la mort infame & douloureuse, ce n'est que par hazard, comme je l'ai dit, que la raison se trouve quelquefois d'accord avec la sensation, & que la passion de vivre étant plus forte que celle de la douleur présente, elle agit en lui par hazard, avec la raison de son bien. Je crois aussi que le temperament plus ou moins fort & robuste, contribue beaucoup à sentir plus ou moins la douleur.

Mais pourquoi tant d'exemples quand le Livre du monde en est plein, & nous serions trop heureux, si nos actions étoient conduites par la raison, & non pas par le même instinct des sensations.

tions du plaisir & de la peine, & pour finir avec Despreaux, si un âne pouvoit parler, & qu'il considerât les actions des hommes, il diroit :

Content de ses Chardons, en secoüant la tête,
Ma foi, non plus que nous, l'homme n'est
qu'une bête.

Ce qui se doit entendre de l'homme animal, & de la nature corrompue par le péché, puisqu'il a un ame raisonnable qui n'a pas perdu la liberté de se déterminer, comme elle veut, avec le secours de la grace, que le Pere de miséricorde ne manque pas de donner à tous les Chrétiens ; de maniére que si l'on agit contre la raison du plus grand bien surnaturel, c'est toûjours notre faute, comme le Prophete nous en assure. *Perditio tua ex te Israël.*

Par où l'on peut conclure, que l'homme, à mon avis, est un animal qui raisonne à la vérité. *Animal ratiocinans.* Mais qu'à l'égard de ses actions, elles ne sont conduites que par les sensations & les passions, & non pas par la raison, si ce n'est quelquefois par hasard, quand ces deux choses se trouvent d'accord.

Voilà la raison de l'homme telle que je la vois par la pratique, car dans la spéculation il est certain que l'homme a plus d'esprit que toutes les bêtes ensemble; mais je ne me rectracterai jamais de ce que j'ai avancé en disant que son esprit est méchant, mal faisant, médisant, & qu'il n'aime au monde que lui-même, & que tout ce qu'il fait, il le fait pour lui, le plus souvent mal-à-propos.

J'ai mis cette proposition dans toute l'évidence possible, dans un Traité * que j'ai fait en particulier, où j'ai montré, *qu'il n'aime que lui*, & que s'il étoit sage, & qu'il eût de la raison, il aimeroit son semblable; au-lieu qu'étant naturellement méchant, il le haït, & lui fait tout le mal qu'il peut, pour se faire à lui-même le plus petit bien, ce qui est, à mon avis, une des plus grandes folies, & des plus grandes imperfections de l'homme; & qui devroit le plus humilier cet animal qu'on croit si raisonnable.

* De l'amitié & de l'inimitié des hommes.

Fin de la cinquiéme Partie.

HISTOIRE NATURELLE DE L'UNIVERS.

SIXIE'ME PARTIE.

CHAPITRE PREMIER.

Des Vents.

Uoique Junon, comme femme, ne domine qu'avec son Epoux, cependant cette Deesse étant prise pour l'air, il faut lui faire honneur, en parlant des mouvemens de l'air qui forment les vents.

Je ne crois pas qu'il y ait de matiére plus difficile à rendre raison, que celle des Vents, & de dire pourquoi ils soufflent plûtôt d'un côté que d'un autre, & qu'ils changent si facilement de route ; d'autant plus que souvent plusieurs vents différens, soufflent en même-tems de divers points de l'horison, ce qui a fait dire à Job, que Dieu fait sortir les vents de ses réservoirs. *Qui profert vento de tesauris suis.* C'est pourquoi, si je ne satisfais pas le Lecteur sur cette matiére, autant que je le désire, il doit avoir en ma faveur encore plus d'indulgence, qu'il n'en a eu pour tout le reste de l'ouvrage.

Pour pouvoir dire ce qu'il m'en semble, il faut aller avec ordre, & examiner auparavant ce que c'est que le vent. Je crois qu'on ne peut pas douter que le vent ne soit un courant de l'air qui fluë vers un certain côté, non pas de l'air *pur*, mais de cet air qui nous environne, & qui est un mélange des élemens, ou l'eau réduite en vapeurs prédomine. Que ce soit un courant de l'air qui se meut vers quelqu'endroit, c'est ce qui est sensible par l'agitation d'un évantail, qui détermine l'air à fluer & couler vers un certain côté, & comme on veut. Que l'air qui nous environne soit un composé des élemens, dans lequel néanmoins l'eau réduite en vapeurs prédomine, cela est sensible par l'expérience des sels que l'on met dans un lieu frais, lesquels se dissolvent en peu de jours en liqueur, comme si on les avoit mis dans de l'eau.

Je suis donc porté à croire que l'eau réduite en vapeurs prédomine dans l'air qui nous environne, non seulement par cette expérience, mais par plusieurs autres, dont la plus ordinaire est de voir que quand il y a une trop grande quantité de ces vapeurs dans l'air, les particules de ces vapeurs se joignant ensemble, elles retombent, comme on dit communément, par leur pesanteur en pluye. Ce qui fait voir que s'élevant de la mer, des Riviéres, des Lacs, & même de la terre moüillée, &c. des vapeurs, elles forment une très-grande partie de l'air que nous aspirons & respirons, qui sert à rafraichir l'ardeur du sang, & ce mélange de vapeurs avec l'air pur, contribuë à entretenir la vie, & le mouvement de notre corps.

Mais il faut faire une remarque à propos de ce que je viens de dire des pluyes, c'est qu'une grande abondance de ces vapeurs produit la pluye, & une médiocre quantité, les vents plus ou moins forts, car les vents violens ne sont autre chose qu'un courant, qui forme une espéce d'inondation de ces vapeurs aqueuses, c'est pourquoi, il faut attribuer à ces vapeurs les mêmes proprietés que nous remarquons dans les torrens d'eau, c'est à dire, se refléchissant de la même maniére s'ils trouvent un obstacle assez fort pour leur résister, ou entraînant avec eux les arbres, abattant les murs, enlevant les tuiles, & en un mot tout les corps qui ne peuvent pas leur faire de résistance.

Quant à l'agent qui réduit en vapeurs l'eau de la mer, des lacs, des rivieres, ou des autres endroits marécageux, il n'y a pas de doute que la chaleur du soleil, ou de l'éter n'en soit la cause, comme aussi les influences des autres astres, qui augmentent ou diminuent la force du soleil. Il faut joindre encore à ces causes supérieures, la chaleur centrale; ce qui est sensible, par la quantité de feux que nous avons vû que la terre nourrit dans son sein.

Or que le vent soit un courant de vapeurs aqueuses, cela est visible par l'expérience qu'on fait avec ce vase, qu'on appelle *Eolipile*, dont je donne la figure. * Si on met ce vase rempli d'eau devant le feu, de maniere que l'eau puisse en s'échauffant suffisamment se réduire en vapeurs & sortir par le bec marqué A; il se forme à proportion du dégré de chaleur un vent très-fort, lequel souffle contre le feu comme le vent ordinaire. Au reste tout le monde sçait assez que l'eau, ou quelqu'autre liqueur mise au feu, se réduit en vapeurs. C'est cette vapeur, comme j'ai dit, qui en quantité médiocre forme le vent, & en grande quantité produit la pluye. Et c'est pourquoi dans les terres qui sont sous la Zône-Torride, lorsque le soleil y est vertical, & qu'il éleve quantité de vapeurs de la mer voisine, la pluye est terrible & cause de grandes inondations, car comme dit Bernier, qui a été longtems au Mogol, & dans le Bengale, les gouttes d'eau sont si grosses, qu'on diroit que la pluye tombe par sceaux, & c'est par cette raison que les pays qui sont sous la Zone-Torride ont dans le milieu de leur été une espece d'hyver humide, lorsqu'ils devroient, pour ainsi-dire, être brûlés par le soleil vertical.

La chaleur donc du soleil, ou autre, est celle qui éleve les vapeurs en

* Voyés la fig. 9.

l'air, & qui cause ou les pluyes ou les vents, suivant le plus ou moins de vapeurs qu'elle éleve, & qu'elle les rarefie: au-contraire la cessation de son action les condense, parce qu'on appelle froid dans les Zones temperées, ce que l'experience nous montre, puisque les hyvers sont plus pluvieux que les autres saisons; d'autant que les vapeurs que le soleil avoit élevées & subtilisées l'été, s'épaississent alors par le froid, & retombent facilement en pluye pendant l'hyver, ou dans les mois qui en approchent. Si j'avois même à former un système sur les vents, je n'adopterois que deux sortes de vents principaux, c'est-a-dire, le Sud & le Nord, qui fluent d'un Pole à l'autre, l'un formé par la chaleur, & l'autre, par la cessation du chaud; ce que j'expliquerai dans la suite, ou je tâcherai aussi de développer les causes de la diversité des vents, qui sont fort differens, & qui ne soufient pas toujours du Sud au Nord, ni du Nord au Sud. En attendant que je puisse parler des causes de cette diversité, je suivrai l'Idée du système que je viens de proposer, & je dirai que la chaleur du soleil en rarefiant l'air, le contraint de chercher à s'étendre, & il s'étend loin du corps qui le rarefie, & par conséquent vers le Nord : Ce qui fait aussi que le vent du Sud est naturellement chaud. Que si la chaleur diminue, l'air du Nord qui avoit été comprimé s'étendant & faisant une espece de ressort, chasse l'air qui le comprime, du Nord vers le Sud, & ce vent est fort froid : Tant par rapport a ce que cet air vient d'un endroit toujours couvert de glace, & que lui-même par sa demeure s'y est glacé ; comme aussi parce que la cause qui le produit est le froid ou diminution de chaleur.

Ce flux & reflux de l'air, dont je parle, peut être appuyé par quelques experiences incontestables. Tous les Navigateurs sçavent (& Dampierre ✳ en fait un article exprès) qu'il y a le *vent de mer*, qui souffle d'ordinaire de la mer vers la terre durant le jour, pendant lequel le soleil élevant abondamment des vapeurs de la mer, elles compriment l'air voisin en cherchant à s'étendre, & fluënt vers les côtes voisines, où ce flux forme ce qu'on appelle vent de mer. Mais lorsque le Soleil est couché, ou prêt de se coucher, cet air comprimé par les vapeurs, qui avoit flué de la mer dans les

---

✳ Traité des Vents, tom. 4.

terres, reflüe des terres vers la mer au lieu qu'il occupoit auparavant. Et ces deux vents font si certains que Dampierre qui a fait le tour du monde, les regarde comme une espece de vents alifées. Les Navigateurs s'en servent quand ils veulent naviguer près des terres ou pas bien loin.

Remarqués aussi que quelquefois les lacs, ou lagunes, qui font dans les terres peuvent former des vents qui s'opposent & qui font taire les vents de mer, comme Dampierre le rapporte des lagunes de Venezeula, ou Comana, dans l'Amerique: „ Dans ces lagunes, dit-il, „ le vent soufle quelquefois trois ou „ quatre jours de suite, & elles semblent „ imposer silence aux vents marins de „ ce côté-là, qui souflent cependant bien „ fort fur mer. (c'est-à-dire, près des côtes.)

Il y a proche de Rome une petite ville appellée Cefi, auprès de laquelle il y a une montagne creuse en dedans, comme la plus grande partie de celles où l'on peut penetrer. Dans les heures où le soleil darde ses rayons dessus, & échauffe l'air du dedans, cet air ainsi rarefié fluë au-dehors par les fentes des rochers, avec une impetuosité égale à la chaleur, tellement que les Bourgeois les plus aisés de Cesi ont pratiqué & mis dans quelques-unes de ces ouvertures des tuyaux qui conduisent le vent dans leurs maisons de la même maniére qu'on y conduit l'eau, & dans les heures qui sont fort chaudes en été dans notre pays, ils ouvrent le robinet pour faire sortir le vent, comme par un arrosoir, qui rafraichit leurs appartemens. Mais ce vent, qui fluoit pendant la chaleur du jour, cesse d'ordinaire tout-à-fait le soir, & l'air se condensant par le froid, ou par le manque de chaleur, reflüe vers l'endroit d'où il étoit venu. Ce qui est sensible, en ce que, si l'on approche un mouchoir à une des fentes de cette montagne, l'air qui est au-dehors le pousse contre le trou. On en voit une semblable proche de Volterre, & une autre près de Nions en Dauphiné.

Je ne pretends pas que ces deux experiences decident de la verité de mon systéme, parce qu'un systéme ne doit pas être fondé sur deux ou trois experiences, je les propose seulement pour mieux faire entendre ma pensée sur le flux de l'air, dont la cause est la chaleur qui rarefie l'eau & l'air, comme son reflux est causé par le froid ou par le manque de chaleur. Car ce flux peut être empeché de fluër en ligne droite d'un Pole à l'autre par plusieurs causes, qui peuvent le déterminer à fluer plûtôt d'un côté que d'un autre. Parmi ces causes, sans parler des autres astres, la lune peut particulierement en être une des principales. D'autant que la lune avec le soleil, qui comme nous l'avons supposé, est la cause du flux & du reflux de la mer, peut faire aussi le flux & reflux de l'air, ce qui est conforme aux observations des anciens Astrologues, que la lune peut contribuer à pousser l'air du côté qu'elle a quelque latitude meridionale ou septentrionale; mais parce que cette cause est souvent mêlée avec beaucoup d'autres, je suivrai le sage conseil de Boile de ne parler qu'avec retenuë de ces causes Celestes, à cause que les modernes, sans avoir reçu aucun deplaisir des astres, leur ont ôté tout le pouvoir que les anciens ont connu qu'ils avoient. * *Sed silentium paulis super hujusmodi aut audiantur per solam fidem.* Ce Philosophe ne veut pas choquer la plus part des sçavans du siecle, qui suivent aveuglément Descartes, & les

---

* Histor. Ventorum, pag. 107.

vaines imaginations des nouveaux Philosophes : Mais quant à moi qui ne veut pas deguiser ma pensée, soutenu de l'experience qui m'a fait connoître que les astres ont quelque pouvoir de diversifier les choses, je dirai hardiment que l'on voye le Traité des planettes, & celui des étoiles fixes de Ptolomée, qui se trouvent avec l'ouvrage de Firmicus, on y verra qu'on a observé que le soleil paroissant sur l'horison avec la *ceinture d'Orion*, à qui on a donné le titre de *Nimbosus Orion*, aussi-bien qu'avec le Dauphin, les Pleyades, & quelqu'autres qu'on peut voir dans cet Auteur, on verra, dis-je que ces constellations contribuent à donner de la pluye, en élevant beaucoup de vapeurs. Mais comme il faut prendre garde que les étoiles, par leur petitesse apparente, ne peuvent pas changer tout à fait ce que le soleil détermine, ainsi elles ne changent point l'ordre des saisons. Etant constant que chaque saison a certains vents, qui en general, souflent plus fréquemment que d'autres. Dans le Printems les vents orientaux souflent ordinairement ; en été les vents du Sud ; dans l'automne les vents d'Oüest ; & dans l'hyver les vents du Nord. Que si le soleil agissoit tout seul, les saisons

& les jours des années seroient toujours les mêmes, s'il n'y avoit quelqu'autre cause qui changeât en partie & non en tout ce que le soleil fait. Car l'été & l'hyver seront toujours semblables, suivant que le soleil s'approche ou s'éloigne de nous, mais les jours des saisons seront seulement plus chauds ou plus froids, plus pluvieux ou plus secs, suivant que les autres astres s'en mêlent. Ces causes, jointes à celles que je dirai, font la difficulté de juger des vents, n'y ayant rien de si inconstant; d'autant plus qu'un tel vent peut soufler dans un endroit qui ne souflera pas à deux lieux au-delà.

Mais pour revenir à des causes plus sensibles que celles dont je viens de parler, je dis d'abord que le vent étant un flux ou courant de l'air vaporeux, dans tous les lieux où il y a de l'eau, la chaleur du soleil, ou autre, peut former le vent en élevant des vapeurs, c'est pourquoi le vent peut venir d'une riviere, d'un lac, & peut même être si foible, que son courant s'affoiblira peu-à-peu, de maniere qu'il ne sera point sensible à une lieuë de là, & à peine le sentira-t-on pour sçavoir le lieu d'où il vient.

Il est constant en second lieu, que si

le vent le plus fort, qui soufle d'ordinaire du Septentrion au Midi, trouve quelque montagne dans son chemin, ce courant ne sera pas senti dans les terres qui sont au-delà de la montagne vers le Sud, parce qu'il se repercutera en arriere, comme un torrent qui frapperoit contre un mur. Ou bien, si la montagne est tournée de biais contre le vent, ce courant d'air, qui venoit du Nord se glissera vers l'Orient, ou vers l'Occident, suivant le penchant de la montagne, de sorte que le vent du Nord deviendra Est, ou Oüest, en glissant comme je viens de le dire.

Un bois, ou une forêt, peut produire aussi un effet à peu-près semblable; car le vent en frappant contre les arbres, particulierement quand il est bas, ou il se repercute, ou il se perd parmi les arbres d'une forêt épaisse, & il ne sera pas senti de l'autre côté de la forêt opposé au vent. De sorte que ceux qui sont au-delà le sentiront, & ceux qui leur sont opposés n'en auront nulle connoissance.

Il y a des lieux dont la situation les rend plus exposés aux vents, comme sont les endroits médiocrement hauts, à cause que le cours de l'air vaporeux ne trouve point d'obstacle dans son chemin; ou qui font plus exposés aux pluyes, comme la Normandie par exemple qui est située en partie sur la côte de la mer. Dans le plus chaud du jour ses côtes ont le vent de mer, de même que la ville de Naples, qui quoique dans un climat assez chaud n'en ressent néanmoins que très-peu d'incommodité en Eté, parce que dans sa situation elle est rafraichie immanquablement pendant le jour par le vent de Mer. Et quoique le vent d'Oüest soit pluvieux en Normandie & à Paris, j'ai vû avec plaisir, dit Dampierre, que les vents orientaux, par la même raison, sont pluvieux en plusieurs endroits des côtes de l'Amérique.

Quand les vapeurs de la mer s'élèvent en grande quantité pour former des pluyes, ces vapeurs humides s'étendent non-seulement sur la Normandie, mais encore jusqu'à Paris, où le vent qui vient du couchant apporte ordinairement la pluye par les vapeurs de la mer. J'ai remarqué souvent étant en Normandie, dans un endroit qu'on appelle le *Landin*, situé en-deça de la grande forêt de Bretone, que lorsqu'il venoit des nuages épais du côté de la mer pour former en Eté un orage, ces nuages se fendoient en deux, & alloient se décharger à droite

& à gauche de cette terre du Landin, qui étoit couverte par la forêt de Bretone qui empêchoit les vapeurs de passer.

La qualité de l'air du climat peut former plus ou moins facilement des vents, comme par exemple, la France en deça du Midi, que les Romains ont appellé *Gallia ventosa*, (a) suivant l'expérience ; & aussi très-susceptible de froid, ce qui a fait dire si agréablement à Petrone, que cet amoureux dont il parle resta auprès de sa belle plus froid que l'hiver de France : *Frigidius hieme Gallica.* (b) Ce que l'expérience m'a montré aussi, aïant essuyé dans ce païs des hyvers extrêmement froids ; quoique je sois persuadé que les anciens Romains n'avoient pas si bien connu que nous l'hyver de Suede, du Dannemarc, & de la Moscovie.

Il y a même en France certains lieux plus venteux que d'autres, comme le Comtat d'Avignon, par la situation des montagnes du Dauphiné & des Sévennes, qui empêchent souvent le vent de passer ailleurs. Dans le Languedoc il y a un endroit où le vent s'engouffrant en-

(a) Comment. de Cesar.
(b) Petrone Satiricon.

tre deux montagnes, il en sort ensuite avec une impétuosité qu'il n'a pas ailleurs, & qu'il acquiert dans ces passages étroits, comme le courant d'une riviere qui est plus rapide sous les arches d'un pont, que dans les lieux où elle a un espace étendu.

Il faut remarquer aussi que le vent prend les qualités des endroits par où il passe, c'est pourquoi les vents qui passent par un lieu aride, sont ordinairement fort secs, au contraire de ceux qui passent par un lieu humide. Ainsi quoique le vent oriental soit au milieu des terres assez doux & inclinant au sec, je crois (quoique je n'en aïe pas d'expérience, & que je ne l'avance que sur la foi de Dampierre, qui l'a observé) que le vent oriental sur les côtes d'Amérique, doit être humide, & y doit souvent causer des pluyes, parce qu'il vient de la mer, & qu'il doit faire le même effet que l'Oüest en Normandie, en élevant les vapeurs de la mer sur la côte. Car c'est la chaleur, comme je l'ai dit, qui fait le vent en élevant les vapeurs, & non pas les terres éloignées qui le produisent. Ce que Dampierre confirme par l'expérience.

L'on peut donc voir que les differentes situations des lieux plus ou moins éloignés de la mer, des lacs, des rivieres, & des autres endroits humides; les lieux bas ou hauts; les montagnes & leur situation, les forêts, & plusieurs autres choses semblables peuvent produire la diversité des vents.

En supposant même que le vent de midi peut venir de la zone torride jusqu'à nous, il en seroit empêché par les montagnes d'Atlas, qui s'étendent depuis l'Ocean jusqu'aux confins de l'Egypte. Quoiqu'il seroit difficile, que le vent pût conserver son mouvement direct pendant un si long chemin. Mais il suffit de dire que le vent de midi est chaud, parce que c'est la chaleur qui l'excite, sans le faire venir de la zone torride.

Il faut remarquer aussi qu'une montagne couverte de nêge ou de glace, contre laquelle le soleil darderoit ses rayons, peut causer un vent (& même froid) aux environs de ce lieu, par la fonte de la nêge ou de la glace. (C'est par cette raison que je crois que la disposition des Alpes, qui bornent l'Italie du Septentrion au couchant, jointe au voisinage des Appennins, ne contribue pas peu à rendre le vent du Nord si froid à Rome, quoiqu'il le soit généralement par tout ailleurs; les vapeurs qui le forment provenant d'une origine glaciale.) Mais ce qui merite auſſi notre obſervation, c'eſt que ce vent n'aura de durée qu'autant de tems que le ſoleil échauffe ces lieux.

Il faut remarquer auſſi, dit Dampierre, *que les golphes, bayes, & autres endroits ſemblables ont des vents que les autres terres n'ont pas, de-même que les caps ou promontoires qui s'étendent fort avant dans la mer.*

Il faut obſerver encore que le vent vient quelquefois de fort haut, ou de fort bas. Il peut venir de fort haut, quand un nuage n'eſt pas formé de vapeurs bien ſubtiles, & qu'il tombe vers la terre par ſa peſanteur. Et alors il ſe peut former divers vents dans le même tems, d'autant que le nuage par ſa peſanteur peut en comprimant l'air contigu vers le bas, le forcer à fluër par divers chemins, & parconſéquent former en même tems differents vents. Ce qui ſe peut faire auſſi lorſque la nuée ſe réſout en vapeurs.

Le cours le plus impetueux de la

* Voyage autour du monde Tom. 4. Traité des Vents.

vapeur qui forme le vent, doit aussi repousser le courant d'un autre vent plus foible.

Comme la connoissance de ce qui peut produire le vent dépend en substance de l'observation des lieux, & de plusieurs autres circonstances dont j'ai parlé, c'est ce qui la rend très-difficile pour ne pas dire impossible, aussi-bien que de prédire en quel tems un tel vent doit souffler, & encore davantage, si on admet que la lune avec les autres astres ayent quelque pouvoir pour déterminer l'air à prendre un certain cours, car en ce cas il faut entendre l'astrologie, pour sçavoir le lever & le coucher des astres, avec le soleil & la lune, & connoître leur mouvement.

Quoique l'air soit toûjours en mouvement, & qu'il coule d'un pole à l'autre, cependant le vent n'est pas sensible, & l'air paroît fort calme, à moins qu'il n'y ait dans l'air une quantité de vapeurs qui par leur grossiereté materielle puissent se rendre sensibles.

Ajoutez à ce flux & reflux de deux vents principaux, qui souflent du sud au nord, & du nord au sud, qu'il y a encore un autre vent qu'on sent tous les matins, qui soufle de l'orient un peu avant que le soleil paroisse sur l'horison, ce qu'on doit attribuer à cet astre, qui en approchant de nous pousse l'air vers l'occident, & forme le vent oriental. C'est je crois du mot latin *Aura* (qui signifie un petit vent,) que l'on appelle *Aurore*, le tems qui est un peu devant l'apparition de la lumiere du soleil, quoique d'autres la fassent deriver (*ab auro*) d'une certaine couleur dorée & rougeâtre qui paroît sur l'horison avant le lever visible du soleil, néanmoins l'une & l'autre derivation peuvent fort bien être ensemble & sans contrarieté.

Il sembleroit certainement aussi, que le vent d'occident devroit souffler le soir, cependant ce vent ne peut être qu'insensible, à cause que le soleil pousse toûjours en avant l'air, suivant son cours, pour donner le vent oriental aux pays, sur l'horison desquels il doit paroître, de sorte que le vent occidental ne doit point souffler, ou au moins être fort insensible, à moins que le soleil ne se couche sur quelque endroit, comme de mer, de lacs, de rivieres, ou autres lieux humides & marécageux. Ou bien que l'air ne soit déja rempli d'une grande quantité de vapeurs, & que quelque cause particuliére, soit des astres, ou de la terre, (comme seroit par exemple une haute montagne,) ne determine le soleil à pousser l'air de ce côté-là.

Les vents alisées qui regnent sous la zone torride, & qui suivent constamment le cours apparent du soleil, soufflant toûjours d'orient vers l'occident, peuvent confirmer ce que j'ay avancé des vents orientaux du matin, qui ne sont jamais suivis du vent occidental; parce qu'à mesure que la terre par son mouvement journalier tourne son atmosphere vers le soleil, cet astre par la force de ses rayons raréfiant l'air, le fait fluër & le pousse à l'opposite, c'est-à-dire, d'orient vers l'occident, de maniére qu'un navire qui est parvenu aux Isles Canaries, ou aux Açores, peut aller en Amerique, ayant toûjours le vent en pouppe, à moins que quelque tempête ne survienne; car comme le remarque fort-bien le Capitaine Dampierre, *les tempêtes entre les deux tropiques sont moins fréquentes, mais beaucoup plus furieuses, & on s'y attend tous les ans dans leur propre saison, quoiqu'il soit vrai aussi, que quelquefois il se passe plusieurs années sans y en avoir. Et quand elles sont de la derniere force, elles durent aussi moins de tems que celles qui se forment dans les autres mers.* Il faut dire aussi que ces tempêtes ont une cause plus

* Traité des vents, ch. 6. pag. 319. & suiv.

forte qui les excite, qui est apparamment les feux ou les exhalaisons soûterraines, excitées par le soleil, la lune, & les autres astres, ne pouvant y avoir d'autres causes que nous connoissions, & d'autant plus que ces tempêtes viennent (comme dit Dampierre, dans leurs saisons reglées, quoique ce ne soit pas toujours fort exactement, parce que les astres ayant divers mouvemens, le plus fort peut empecher en certains tems, ce que l'autre fait ordinairement. Ce qui fait voir que le vent d'Est est produit par le cours du soleil, (ou de la terre, ce qui revient au même,) & n'a pas son reflux du vent d'Oüest, à cause que le soleil chasse toujours les vapeurs en avant.

Le fameux Galilée attribuoit l'effet des vents alizées au mouvement de la terre suivie de son atmosphere. Mais suivant son propre sistême, comme la terre se meut d'Occident vers l'Orient, il me semble que le vent devroit prendre un chemin contraire & suivre son mouvement, c'est-à-dire, d'Occident en Orient: c'est pourquoi j'ai mieux aimé l'attribuer au soleil qui raréfie l'air, & le pousse vers l'endroit opposé. Il y a même une expérience rapportée par le Pere Kirker, qui pourroit fortifier mon oppinion. C'est que

que si l'on fait rougir une boulle de fer, & qu'on la presente sur une cuve d'eau, la parcourant sur sa superficie, il s'élève une vapeur, comme du vent, qui fuit devant la boulle ardente qui represente le soleil, & fluë à son opposite. La cuve d'eau representant la mer, ou si vous l'aimez mieux son atmosphere, qui fournit ainsi la matiere du vent.

Par toutes ces considérations particulieres, on peut voir combien il est difficile d'asseoir un jugement assuré sur les lieux d'où doit venir le vent; car s'il est nécessaire d'abord de connoître la situation des lieux & des environs, cette connoissance ne suffit pas, puisqu'il peut y avoir des causes supérieures qui changent en tout, ou en partie, la cause générale. Par exemple; j'ai été long-tems sans pouvoir trouver par quelle raison il ne pleut point dans le Pérou, & pourquoi on n'y a aucune connoissance d'orages ni de tonnerres. J'ai même connu un Religieux Dominicain, natif de ce païs, & Définiteur général de l'Ordre, qui étoit très-épouventé du tonnerre, & il m'a assuré que la premiere fois qu'il entendit tonner, il crut tout de bon que c'étoit la fin du monde. Enfin, pendant que j'écrivois cet Ouvrage, j'ai trouvé dans

Dampierre la satisfaction que je cherchois : *Cette côte (du Pérou) est Nord & Sud. Elle est exposée à la mer du côté de l'Ouest. Elle a une chaîne de montagnes fort hautes qui s'étendent le long du rivage.* Ce sont précisément ces montagnes fort hautes qui s'étendent le long du rivage, qui (à mon avis) empêchent les vapeurs que le soleil éleve de la mer, de s'étendre dans les terres, & de produire la pluye, mais seulement quelquefois des rosées; parce que ces mêmes vapeurs s'élevant fort haut, en s'épaississant un peu elles retombent en forme de rosée, qui est l'humidité la plus subtile. Il faut remarquer aussi que de cette maniere le Pérou est situé entre deux lisieres de montagnes, car du côté d'Orient il est borné par les andes ou cordilleras, qui sont encore plus hautes que celles qui sont sur le bord de la mer. Et c'est là peut être la cause que le vent en général qui souffle d'Orient vers l'Occident dans le Pérou, n'est sensible sur mer qu'environ à 150. ou 200. lieues de la côte, parce que les andes qui bornent le Pérou à l'Orient, & qui sont, au rapport de Dampierre, *des plus hautes montagnes de la terre*, rompent le cours de l'air qui forme les vents d'Orient; & d'un autre côté les montagnes de la côte du Pérou empêchant les vapeurs de la mer de s'étendre dans les terres, elles se réfléchissent avec impétuosité à une distance considérable dans la mer pacifique, produisant ces vents, dont ce Voyageur parle, qui soufflent de biais du Midi vers le Nord, suivant la situation de la côte, commençant à biaiser ainsi vers la côte d'Arrica, d'où les vapeurs qui viennent du Chili, & qui par la même raison des montagnes ne peuvent pas s'étendre dans les terres, chassent vers le Nord, particuliérement dans le tems que le soleil est au-delà de la ligne. De façon que les vents orientaux ne sont sensibles qu'environ à 150. lieues dans la mer Pacifique, qui est apparemment la distance équivalente à la hauteur des montagnes des andes, & de celles qui bornent la côte du Pérou. Dampierre observe aussi, que la même chose arrive à la côte d'Affrique, qui est sous le même parallele, avec cette différence qu'à vingt lieues de la côte on sent les vents alizées, parce que, dit-il, il n'y a point au-dedans de montagnes proches de la côte aussi hautes que celles du Pérou & du Chili, ou du moins les Navigateurs n'en connoissent pas de semblables. J'ai voulu rapporter ceci pour montrer, que le système que je propose, n'est pas si éloigné de la raison, si l'on mêle tout ce qui peut faire la diversité des vents, qui dépend en partie de tout ce que je viens de dire. De manière que le Perou est une espece de vallée fort longue, située entre deux lisieres de montagnes; à peu près comme l'Egypte, qui dans une situation semblable est privée également de pluye, & n'a d'autre eau que celle que le Nil lui fournit. Il faut remarquer aussi que ce fleuve, qui traverse ce Royaume du Midi au Septentrion, descend d'une montagne fort haute, dans les terres de la haute Egypte. De sorte que ce païs ne peut recevoir ni du Midi, ni de l'Est, ni de l'Ouest les vapeurs d'aucune mer, exceptée de la Méditerranée qui mouille ses bords du côté d'Aléxandrie. Sur quoi je ne puis rien dire de certain, n'ayant pas une connoissance suffisante de cette côte. Cependant le Philosophe Bernier nous apprend que quoiqu'il pleuve rarement en Egypte, néanmoins on ne peut pas dire qu'il n'y pleut jamais, mais ce sont des petites pluyes, & outre cela il y a tous les ans cette rosée renforcée, qu'on appelle *goutte*, qui vaut presque une pluye subtile.

 Ce qu'on appelle aux Indes Orientales

les mouſſons, favoriſe beaucoup ce ſyſtême: ces mouſſons ſont des vents qui ſouflent conſtamment certains mois de l'année du même endroit. Ecoutons là-deſſus le Philoſophe Bernier qui écrit de cette matiere ſur les lieux-mêmes.

* » Quand aux mouſſons qui ſont des
» vents reglés, qui ſouflent environ cinq
» mois de l'année de l'Eſt, & dans les
» mois oppoſés de l'Oueſt; auſſi-tôt que
» les pluyes ſont finies, ce qui arrive ordinairement vers le mois d'Octobre, on
» obſerve que la mer prend ſon cours vers
» le Midi, vers lequel pole le ſoleil s'achemine & s'approche, & alors le vent
» froid du Nord s'éleve. Ce vent ſouffle
» quatre ou cinq mois ſans aucune intermiſſion & ſans tempêtes, gardant tou-
» jours la même égalité pour la forme &
» pour la route. Si ce n'eſt qu'il change
» ou qu'il ceſſe quelque jour par hazard;
(ou par quelqu'autre cauſe motrice des autres aſtres,) » mais il recommence auſſi-
» tôt ſon premier cours. Il ſe paſſe envi-
» ron deux mois, pendant leſquels les
» autres vents regnent ſans regle. Ces
» deux mois étant paſſés, (qu'on appelle
» entre deux ſaiſons) le ſoleil repaſſant
» en deçà de la ligne, du Midi vers le

Tome 3. pag. 228.

» Nord, le vent du Midi s'éleve pour re-
» gner aussi à son tour quatre ou cinq au-
» tres mois, comme fait aussi le cou-
» rant de la mer. Dans l'entre-deux des
» saisons la navigation est très-dangereuse
» & difficile, au lieu que pendant les
» deux saisons elle est très-aisée, très-
» agréable, & sans danger. Si ce n'est à
» la fin de la saison du vent de Midi, qui
» est incomparablement plus dangereuse
» que l'autre. C'est une remarque que je
» ne dois pas obmettre ici, que sur la fin
» de la saison du vent du Midi, quoiqu'il
» y ait pendant le tems des pluyes un
» grand calme dans la haute mer, ce n'est
» pourtant, que tempêtes & coups de
» vents proche les côtes, jusqu'à la dis-
» tance de quinze ou vingt lieuës. Voilà
» comme vont les saisons, ou du moins
» suivant ce que j'en ai pû observer. Ce
» que je souhaiterois fort, c'est de vous
» pouvoir donner quelques bonnes rai-
» sons de cela. Mais comment pénétrer
» dans les plus profonds secrets de la na-
» ture, &c.

Quant à moi je suis beaucoup moins sçavant, mais plus hardi que Bernier, & je dis que par mon systême des vents on rend facilement raison de ces changemens. Car quand le soleil est en deçà de la ligne, il chasse & rarefie l'air vers le pole boreal, lequel est comprimé de ce côté: mais quand le soleil repasse vers le Pole austral, l'air qui avoit été comprimé vers le Nord revient, & il soufle de ce côté là, c'est-à-dire, le vent vient du Nord vers le Sud. Ainsi le soleil passant la ligne vers le Sud, l'air repoussé par cet astre vers le pole méridional, est comprimé vers cet endroit-là, & revient ensuite suivant que le soleil s'en éloigne. En un mot, cela arrive par la même raison des vents de mer, qui fluent de jour vers la terre, & refluent la nuit de la terre vers la mer. C'est une espece de vent alizée. J'avouë que cette raison qui confirmera mon sistême m'a fait quelque plaisir; car suivant quelques relations, il me sembloit d'avoir lû, que les vents qui soufloient, étoient Est & Sud-Est, ce qui ne convenoit pas trop à mon systême. Mais la relation d'un grand Philosophe, comme Bernier, qui a été pendant long-tems sur les lieux, & à qui on ne peut pas refuser une entiere croyance, ôte tout le doute: Il rapporte même quelques raisons qui ne sont pas trop différentes des miennes, excepté qu'il fait baisser tantôt un pole de la terre, tantôt l'autre, c'est pourquoi je crois qu'il est inutile de les rapporter; cependant ceux qui en sont curieux pourront les voir dans son dernier volume de l'Histoire ou Relation qu'il fait du Mogol.

Je crois que si vers l'Amerique il n'arrive pas le même effet, c'est parce que les vents Orientaux qui souflent continuellement sont les plus forts, d'autant qu'ils procedent du mouvement de la terre & du soleil même: ainsi la plus foible cause cede à la plus forte. Cette force est telle qu'il faut que les vaisseaux, pour revenir en Europe sortent de la Zone Torride, & gagnent les isles Bermudes, ou la côte du Brezil. Et ceux qui viennent des Philippines, à Acapulco, sont obligés de se tenir hors de la Zone, & de raser les côtes de Jesso & autres qu'on trouve dans la route.

Mais quoique je croye que la chaleur du soleil soit la cause motrice & principale de la raréfaction de l'eau, & de ce qu'il pousse les vapeurs vers l'endroit où elles peuvent s'étendre le plus facilement, je ne laisse pas de croire aussi que les feux que la terre renferme dans son sein, ne puissent contribuer à certains vents furieux, comme sont, par exemple, les vents qu'on appelle *Ouragans*, aussi-bien que ceux qu'on appelle *Vents du Nord* dans l'Amerique, & du *Sud* en certains endroits des Indes. Car ces feux, soit qu'ils soient émus par les influences du soleil ou des autres Astres, élevant des exhalaisons de la terre, plus séches & plus chaudes que les vapeurs ordinaires, ces vapeurs en courant avec toute la violence d'un Torrent impétueux, renversent arbres, maisons, animaux, & les hommes mêmes qui se rencontrent dans leur chemin; mais par la grace de Dieu nous ne connoissons pas ces vents ruineux, qui sont pourtant frequents en Amerique.

J'attribue donc ces vents violens aux feux que la terre nourrit dans son sein, & qui sont visibles en trop d'endroits pour en pouvoir douter. Car si le soleil seul étoit la cause ou des tempêtes, ou du calme de la mer, elle seroit toujours dans le même état, suivant tous les points du ciel où le soleil se trouve; mais cela ne doit pas empêcher de dire que la chaleur & le mouvement du soleil ne soit la cause principale du courant de l'air, quoique d'autres causes, comme nous l'avons dit ci-devant, puissent contribuer à diversifier ce courant de l'air.

CHAPITRE II.

Observations sur les Vents qui souflent communément vers certains endroits, & en certains tems de l'année.

JE crois qu'il n'est pas hors de propos d'ajouter ici quelques observations générales du Pere Fournier sur les vents.

1°. Il convient avec tous les Navigateurs du vent oriental, qui soufle entre les deux Tropiques, & que pour aller à l'Amérique les Vaisseaux d'Europe sont obligés de gagner les Isles Canaries & les Açores, où l'on trouve les vents alizées qui souflent toujours d'Orient vers l'Occident ; & pour revenir de l'Amérique en Europe, il faut côtoyer la Floride, & gagner les Bermudes pour sortir d'entre les deux tropiques, & de-là on peut trouver des vents qui facilitent le retour en Europe. On peut gagner de même le Brésil pour sortir hors des tropiques, comme de l'autre côté.

2°. Que dans la mer pacifique on fait en trois mois 3000. milles, & on va aux Moluques avec le vent oriental. Mais pour revenir, il faut s'approcher du Japon, jusqu'à la hauteur de 40. degrés, ou environ, & de-là venir à la Californie, d'où l'on peut aller où l'on veut.

3°. Il faut remarquer que ce vent Oriental ne manque jamais dans la haute mer, entre les deux tropiques. Mais si l'on s'approche des côtes, de quelque continent, quand même on seroit sous la Zone, souvent il soufle d'autres vents. Par exemple, on va de Lima, à Acapulco, avec un vent moyen très doux, qui court le long de ces côtes, & il conclut que dans la haute mer il n'y a gueres de calme, quoiqu'il y ait quelquefois, comme on l'a dit, des orages; ce qui arrive cependant rarement.

4°. Quelquefois en s'approchant de Nicarague l'on trouve un vent de Nord, qui est fort malin dans ce pays, & qui est accompagné de pluyes, de broüillards, & de grandes tempêtes.

5°. Quoiqu'on ait dit que sous la Zone Torride il y ait rarement des calmes & des tempêtes, cependant dans les endroits où les vapeurs des Isles ou de terreferme, peuvent arriver, on y trouve des calmes & des tempêtes terribles, & des ouragans soudains & périlleux, comme on l'a remarqué ci-devant, car les vapeurs sulfureuses & nitreuses de la terre, qui s'étendent souvent fort loin, ou les exhalaisons de la terre couverte de la mer, peuvent produire les effets précédens, quoique plus rarement que près de la terre.

6°. Il dit que les Antilles interrompent le cours des vents Orientaux, par la raison susdite ; mais la saison des pluyes n'est pas interrompuë, & dans ce tems les vents Méridionaux soufflent, ce qui n'arrive que près des côtes.

Des lieux & des tems où certains vents dominent.

Dans la Méditerranée, dit ce Pere, les vents Occidentaux regnent pendant le mois de Mars, depuis midi jusques vers le tems que le soleil se couche. C'est à lui qu'il faut attribuer ces vents qu'il fait souffler sur la mer, lorsqu'il descend vers l'Occident ; car par son inclination ses rayons chassent les vapeurs qu'il éleve de la mer vers l'endroit opposé.

Après l'Equinoxe d'Automne, l'*Euro*, ou Sud-Oüest, & même l'Oüest soufle en divers endroits, ce qui arrive à cause que le soleil repasse la ligne, & fait souffler souvent les vents du Midi.

Au couchant des Alpes maritimes, près de Nions en Dauphiné, il soufle un vent de Nord l'espace d'une lieüe quarrée jusques au Rône : ce qui arrive tous les jours sans manquer, comme le cours d'une riviere. Il faudroit prendre garde aux montagnes qui sont de ce côté-là, lesquelles peuvent determiner les vapeurs de la mer à prendre un tel cours ; mais comme je n'en ai pas une entiére connoissance, je ne puis rien assurer. Dans l'hiver ce vent se léve à minuit, & dure jusqu'à neuf heures du matin. En été il commence au lever du soleil, & finit à huit heures. Au printems & en automne depuis quatre heures du matin jusqu'à midi. Il est fort violent dans l'hiver, particulierement quand le soleil se fait sentir un peu chaud. L'on voit bien que c'est le soleil qui éleve les vapeurs de la mer de ce côté là ; mais il faut que les gens du païs remarquent les montagnes ou autres lieux qui determinent ce vent à fluër comme il fait.

Les moussons sont aussi des vents qui souflent régulierement dans les Indes Orientales, pendant cinq ou six mois, du côté d'Orient ou d'Occident. Vers le milieu d'Août jufqu'à la fin de Septembre, qui eſt le tems d'entre les deux ſaiſons, alors les vents ſont irréguliers.

Entre les Indes & les Moluques, les vents orientaux ſouflent depuis le mois de Juin juſqu'à la fin d'Octobre, après quoi les vents occidentaux ſuccedent pendant tout le reſte de l'année, quoique cela arrive ſous la Zone Torride. J'ai rapporté ce que le Philoſophe Bernier en dit, ſuivant l'opinion des gens du Païs, où il a demeuré long-tems, & examiné la cauſe de cet effet heteroclite.

A Malaca, les vents ſont fort réguliers. Depuis le mois d'Août où ces vents de mouſſon ſouflent, ils durent ſept mois entiers entre le Sud-Eſt & le Nord-Eſt & dans les mois ſuivants ils ſouflent continuellement de l'Oüeſt & Sud-Oüeſt.

Dans le Perou (depuis Lima) il ſoufle preſque toujours le long de la côte, & aux environs, un vent de Sud très-agreable.

Dans le Canada le Nord-Eſt, & le Sud-Oüeſt y regnent alternativement preſque toujours. Quelquefois le Nord-Oüeſt y ſoufle, mais il dure fort peu. Le Nord-Eſt commence toujours à la fin de l'automne & il dure tout l'hiver, dans lequel tems il fait grand froid. Peut-être que les forêts qui occupent la plûpart de ces terres & qui conservent long-tems la neige, joint à la position du païs qui est fort septentrional, font en partie la cause de cet effet; comme aussi les grands lacs, la grande riviére de St. Laurent, la mer d'Hudson que ces terres ont au septentrion, & les mers qui baignent la plus grande partie de ses côtes occidentales. De maniére qu'on pourroit soupçonner que la quantité d'eaux & de forêts produisent le grand froid de ce climat, & les vents du Nord, lorsque le soleil repasse la ligne, & qu'il donne occasion à l'air de revenir au lieu duquel il avoit été repoussé pendant l'été.

Il dit aussi, ce que j'ai fait remarquer, que dans les endroits où il y a des montagnes couvertes de neiges, lorsque le soleil frappe dessus, les vents soufflent de ce côté là, & ils courent à l'opposite de ces montagnes, à mesure que les neiges & les glaces se liquefient & se réduisent en vapeurs.

Il ajoute que les vents réguliers, généralement parlant, sont plus doux & moins violens, que les vents qui se levent foudainement. De plus, que les vents réguliers ne fouflent pas fi fort la nuit, comme le jour, parce que le foleil qui rarefie les vapeurs & les fait couler vers un certain endroit eft plus foible étant fous terre, & que l'air étant devenu plus groffier par le froid, il eft plus difficilement pouffé, étant plus péfant.

Ce même auteur dit encore que les vents generaux non-feulement regnent fous la Zone Torride, mais auffi dans la Glaciale, quoiqu'ils foient plus fixes dans la Torride, comme je l'ai dit, à caufe que le foleil fait toûjours fon chemin par la même voye.

Pour ce qui eft du vent qui regne fur les côtes de la mer, fi le jour le vent vient de l'eau fur la terre, il vient ordinairement la nuit de la terre fur l'eau. J'ai déja dit, que la raifon de cet effet provenoit de ce que le foleil fubtilifant l'eau en vapeurs, elles fe répandent & fluent fur la terre, en comprimant l'air de ce côté-là: mais la nuit, la force du foleil venant à diminuer, l'air comprimé fait reffort, & fe dilatant à fon tour chaffe les vapeurs & les fait refluer vers la mer, d'où elles étoient venuës. De forte qu'il y a une efpece de flux & de reflux dans l'air, comme dans la mer, caufé par le foleil.

Il

Il est à remarquer que le flux & reflux de la mer, que j'ai dit que la lumiére du soleil & de la lune cause deux fois en 24 heures, peuvent alterer la situation des vents qui souflent sur les terres voisines ; car le mouvement de la mer peut repousser l'air vers la terre, & suivant la disposition des côtes & des caps, occasionner l'air de fluer plûtôt d'un côté que d'un autre : & il est à observer aussi que dans le reflux, lorsque la mer s'abaisse, l'air qui avoit été chassé vers la terre, peut & doit retourner vers la mer, & occuper le lieu qu'il avoit quitté.

Les vents qui se levent avec le soleil changent facilement, parce que le soleil qui en est la cause principale change de situation. Ils croissent en force jusqu'à midi, & diminuent & cessent au coucher du soleil.

Ceux qui commencent au coucher du soleil, sont dans leur plus grande force, jusqu'à minuit, & ils cessent le matin, par la raison contraire à celle que je viens de dire ci-dessus.

La pluye abat ordinairement le vent, à cause que les vapeurs de l'eau qui couroient dans l'air étant abatuës, & résoluës en pluye, il faut que le vent cesse, puisque la cause qui le formoit ne subsiste plus. Cependant les pluyes soudaines du Nord, laiffent le vent comme elles l'ont trouvé. Sur quoi on peut dire que toute la vapeur, ou exhalaifon n'eft pas tombée en eau.

Il y a des vents qui alterent l'eau de la mer, la rendant verte, noire, luifante ou claire, & de diverfes couleurs. Mais il eft à remarquer que l'eau de la mer fuit la couleur de l'air. Ainfi, fi les vapeurs forment un air groffier & nubileux, l'eau fera fombre ou verte, ou claire comme eft l'air. C'eft pourquoi l'eau de la mer à ciel ferein eft ordinairement bleüe, comme la couleur du ciel & de l'air. Quand les vents viennent de deffus la terre, par la quantité des exhalaifons groffieres ils troublent l'eau, comme on le voit dans la riviére lorfqu'elle charrie de la terre & du fable.

Les vents de Sud ou de Midi fouflent en tous tems en Europe, & ils font changement de tems; foit qu'ils commencent à foufler, ou qu'ils finiffent. Car s'il fait beau tems quand ils commencent à foufler, ils le rendent nubileux, & parce que ce vent chaud éleve des vapeurs & des exhalaifons, c'eft la raifon par laquelle ce vent eft pluvieux, groffier, & mal fain. Souvent il foufle long-tems fans pluy, parce que fes vapeurs tant qu'elles se soutiennent font le vent. Sur la mer il n'est pas si mal sain, par la raison que l'humidité de l'eau tempere la malignité de ses exhalaisons terrestres. Dans l'Affrique & les lieux voisins il est pestilent, particulierement dans la Guinée.

Ce vent est nebuleux en Europe, parce qu'il fait fondre les neiges, & soufle plûtôt la nuit que le jour, & le plus souvent (tant qu'il soufle) il vient sans pluye; à cause que tant que le vent soufle, la vapeur ne tombe pas en pluye. Ce vent cause de grandes agitations & tempêtes dans la mer, parce que les exhalaisons viennent de la mer-même, & de son fond qui fait enfler les eaux. Ce vent en admet rarement un autre pendant qu'il soufle, à moins qu'il n'y ait dans l'air des tourbillons.

Lorsque le vent du Sud soufle, il ne fait pas bon henter les arbres, parce que ce vent chaud est dessicatif de la seve du hanté. Ce vent ne soufle point de haut en bas. Les brebis lorsqu'elles repaissent sont mieux étant tournées vers le nord, que du côté où le vent du Sud soufle.

Le vent de Nord soufle de haut en bas avec impétuosité, & il est plus sain, parce que ses exhalaisons ne sont pas si grossières & putrefiantes, mais plus salines. Il donne appetit & réjoüit. Cependant il est nuisible aux gouteux & à ceux qui ont des fluxions, aussi-bien qu'aux troupeaux qui repaissent vers le Nord, car à la longue il rend les animaux boiteux, nuit aux yeux, & ils n'engendrent que des femelles.

Les vents orientaux sont plus secs, comme étant plus subtils que les occidentaux. Ce qui se doit entendre dans les lieux éloignés de la mer, ou qui viennent des terres loin de mer, des étangs, lacs & lieux aquatiques. Ils soufflent plus souvent le matin qu'en aucun autre tems, par les raisons que nous avons déja dites. Les tempêtes qui viennent d'Orient durent tout le jour, & souvent ce vent est accompagné d'éclairs & de tonnerres. Il est favorable à la génération des insectes, à qui la pluye est contraire.

Les vents occidentaux soufflent plus volontiers vers le soir. Ils sont bons aux herbes, parce qu'ils sont humides dans la plus grande partie des lieux où ils soufflent & contraires aux insectes. Il sont fort bons aussi pour faire entendre de loin toutes sortes de sons & de bruits. Ces vents vont-terre à terre, sans s'élever trop haut, parce que la matiere qui les forme est une vapeur humide & grossiére.

Differences des vents marins & terrestres.

Ce qu'il faut remarquer avec attention, par rapport à ce que nous avons dit, c'est de considerer les lieux d'où les vents viennent, par où ils passent & la nature de la vapeur ou exhalaison. Car les vents qui viennent ou qui passent par-dessus la mer, doivent être plus humides, que ceux qui viennent de la terre, ou qui passent par-dessus une terre seche & aride, comme les sables d'Affrique & autres semblables lieux. De même les vents qui passent par-dessus des endroits purs, sont plus sains que ceux qui passent par des marécages, par des cloaques & autres endroits sales.

Les vents de mer, dont nous avons parlé, ne pénétrent pas fort avant dans les terres à cause de leur pésanteur aqueuse, comme aussi parce qu'ils se fondent facilement en eau ou en rosée, & qu'ils prennent fort aisément le cours de ceux qui dominent sur la terre, quand ils sont un peu forts.

Les vents sont plus grands & fréquents sur les eaux que sur la terre, & ce Pere dit, qu'ils sont plus grands sur les rivieres que sur la mer. Cependant rarement la mer est sans vent; mais ceux des rivieres ne sont pas sensibles.

Il est à remarquer que sur les côtes de la mer les arbres plient vers la terre, parce que les vents qui vont & retournent à la mer les battent & les font ployer de la maniere que l'on voit.

Les vents sont de nature differente, suivant les pays d'où ils viennent.

Les vents d'aval sont pluvieux en general, quoiqu'il soit vrai que près du Canada ils sont très-clairs & secs; d'autant qu'ils ont le grand banc tout proche, par où ils se purifient en passant.

J'ai dit que le vent Nord-Est amene dans le Canada des pluyes & des neiges, & un hyver fort froid comme le vent d'aval fait en France.

Quelquefois ce vent souffle le printems & l'automne, mais en hyver il soufle avec violence. Dans ce pays au contraire le Sud-Oüest fait d'ordinaire le beau-tems. Mais quand le Nord-Est vient après, il fait la pluye plus forte qu'auparavant, chassant ou faisant fondre les nuages qui formoient ce vent. Car la pluye abat d'ordinaire le vent, par la raison avancée ci-dessus.

Le Nord-Oüest est toûjours violent & impetueux dans le Canada, & il produit un si terrible froid qu'il fait geler la barbe & le menton, comme le Nord-Est en France. Ce vent soufle souvent en été, il produit des tempêtes, & vient des montagnes couvertes des neiges qui sont à côté & proches.

L'on ne voit point de vent meridional de ce côté-là : seulement en l'année 1639. on le vit fort irrégulier. L'Oüest y regne le plus souvent en hyver, & il fait fondre les neiges fort doucement, avec de petites pluyes, quoiqu'il pleut rarement dans ces pays en hyver, à cause que dans les lieux où il y a des montagnes & des bois, on y voit 7 ou 8 pieds de neiges. Car au lieu de pluye la neige y tombe plus fréquemment, par rapport aux montagnes & aux forêts qui couvrent la plus grande partie du pays, ce qui le rend plus froid qu'il ne seroit, si les bois étoient abattus ; puisque *Quebec* est environ à la même hauteur du pole que Paris.

Les vents meridionaux, qui font presque par-tout humides, sont secs en Affrique & en Egypte, parce qu'ils viennent ou passent par des terres séches & arides. Le Sirte ou *Scirocco*, comme les Italiens l'appellent est mal-sain à Rome & quasi par-tout. Celui qui soufle au Cap Roux, en Provence, est fort sain & il fait profiter la terre ; au contraire à Aix & dans toute la Provence il est dangereux à la santé & seche les fruits.

A Cannes il n'y soufle jamais aucun vent Cardinal, mais seulement les Collateraux.

Ces observations font connoître que les vents prennent la qualité des lieux d'où ils viennent & par où ils passent.

Des vents soûterrains.

Souvent les exhalaisons de la terre & ses vapeurs, élevées par les feux internes de la terre-même, forment des vents impetueux & violens, particulierement quand il y a des cavernes & lieux creux sous lesquels il y a du feu. Ce qu'on voit visiblement dans les mines métalliques, où il s'éleve souvent des vapeurs si épaisses qu'elles éteignent les lumieres

mieres & obligent les travailleurs à se coucher par terre pour n'être pas suffoqués.

J'ai parlé au chapitre des tempêtes, de ce qui arriva à Pisco au Perou, où la mer après s'être retirée de ses bornes ordinaires, revint sur les terres en bouillonnant & fumant avec violence, & se partageant en deux, laissa cette ville à sec, & parcourut à droite & à gauche, à la hauteur de deux piques, environ 300. lieües de côtes, désolant & ruinant tout ce qu'elle trouvoit dans son passage. C'est pourquoi je prie le lecteur de vouloir bien voir ce que j'en ai déja dit, pour ne pas repeter la même chose. J'ajouterai seulement, que l'air étoit dans ce tems médiocrement serain. De maniére qu'il est juste d'attribuer ce ravage aux exhalaisons des feux soûterrains qui étoient le long de ce rivage, & d'autant plus que nous avons observé qu'il y a dans toute la côte du Perou une grande quantité de montagnes qui jettent du feu.

L'on peut soupçonner que sous le lac de Genéve il y a quelques feux semblables, puisque les relations nous disent, que souvent, l'air étant fort serain & calme, il s'éléve du fond du lac des tempêtes & des vents très-dangereux pour ceux qui se trouvent dessus.

Le Pere Du Tertre rapporte que les ouragans, qui sont des vents très impétueux, se forment aux Antilles & ailleurs de la maniére suivante. En un instant, la mer devient calme & unie comme la glace d'un miroir. Mais dans le même moment l'air s'obscurcit & se remplit de nuages fort épais, qui se joignent ensemble de tous côtés. Cependant ils s'ouvrent de tems à autre, & il en sort des éclairs & des foudres. La terre tremble souvent, le vent soufle, & abbat tout ce qu'il rencontre dans son chemin, & en 24. heures ce vent fait le tour du compas dans l'horizon, où ces vents se forment. Quant à moi, si j'en dois dire mon opinion, je crois que la matiére de ces ouragans s'étoit répandue dans l'air avant qu'elle parût aux sens, & qu'elle ne paroît qu'après s'être épaissie dans ces nuages sombres. La matiére de ces nuages obscurs est sans doute une vapeur, où les exhalaisons sulfureuses & nitreuses prédominent, lesquelles, par l'agitation de l'air & de l'Eter où elles nagent, étant agitées, elles s'enflâment & font les éclairs & les tonnerres. Comme ces vapeurs ou exhalaisons épaisses veulent se rarefier, elles courent (étant poussées par la matiére Eterée

& par leur propre feu sulfureux) tout autour de l'horizon où elles se trouvent, brûlant & abattant tout ce qui s'oppose à leur cours, comme fait un torrent.

Le *Tiphon* que les Latins appellent *Vortex*, quant à la matiére, n'est guéres different de l'ouragan, & il ne difére sinon que les parties du nuage qui forment le Tiphon se répandent en pointes dans differentes parties de l'air & le font piroüetter, aussi-bien que l'eau de la mer sur laquelle le nuage se trouve, la faisant tourner comme l'eau qui se précipite dans un gouffre.

Ce qu'on appelle *Prester*, outre la violence des autres précédens, a plus de feu, & par cette raison il est encore plus violent.

Barthelemi Arrighi, Italien, dit que l'*Ecnesie*, que nous appellons *Procelle*, & les François *Tourbillons*, foüette l'air avec sa matiere grossiére, semblable à celle des autres. Il n'y a de difference, à mon avis, que du plus ou moins de matiére ignée, qui entre dans la composition. On dit que ces tourbillons tombent de haut, le nuage qui les forme se rompant & tombant vers le bas par sa matiére grossiére, qui rompt & force la résistance de l'air. C'est une exhalaison séche, grossiére & terrestre, dont le feu enfermé dans le centre, brise le nuage qui l'enferme, & tombe comme un tonnerre sur la terre & sur la mer, formant un vent furieux qui met tout en desordre.

Le *Prester* est un vent soudain & impétueux formé d'exalaisons fort ignées, c'est pourquoi on l'appelle *flamme celeste*, ou *tourbillon de feu*. Ce vent de feu roule obliquement sur la terre, & il consomme, renverse, & brûle toutes choses. Il y en a qui lui ont donné le nom de pluye de feu, & fleau de Dieu.

Le Tiphon est aussi un esprit de feu puisqu'on le voit brûler & jetter des flâmes. J'ai vû ce phenomene deux fois comme une ondée de feu. Une fois étant à cheval je voyois qu'il me suivoit, je gallopois fort pour ne pas me laisser joindre, & à peine fus-je arrivé à la maison où j'allois, que le tonnerre se fit entendre avec un vent & une pluye furieuse qui amortirent en partie ce feu. Ce vent de feu est un vent circulaire dans les lieux serrés, mais celui qui me suivoit étoit dans la plaine de S. Denis vers Gonesse. Et autant que je pus le remarquer, la matiere de celui que je vis étoit très-subtile ; car elle paroissoit, comme la flâme d'une chandelle. J'en vis un semblable à Paris après un fort orage.

Le simple tourbillon est formé de divers vents contraires, qui sont poussés du haut vers le bas. Cependant le tourbillon se peut former par un simple vent impetueux, qui frappant contre quelque chose qui lui résiste, est contraint de reflechir & de pirouetter à la ronde. Le tourbillon double est formé de deux ou de plusieurs vents contraires qui s'entre-choquent l'un contre l'autre.

Ces sortes de vents dont nous venons de parler ne courent pas un fort grand espace.

Le feu S. Helme que les anciens apelloient Castor & Pollux, sont des feux qui paroissent sur le tillac du navire, sur les cordages &c. Ce feu ne brûle point aucune des choses où il s'attache. Il est formé, à mon avis, de la graisse saline de la mer, & il ne paroît qu'après de fortes tempêtes quand les ondes ont été battües les unes contre les autres ou alors cette graisse saline s'enflâme. Ce qui est visible, en ce que les ondes qui se frappent les unes contre les autres font de la flâme, comme je l'ai vû plusieurs fois. Et même si l'on bat avec force & vitesse l'eau de la mer, on verra dans cette eau des étincelles de feu.

Quelquefois ces feux ne laissent pas de faire quelque desordre. Le Pere Fournier, Auteur de ces remarques, raconte qu'en l'année 1633. sur le Vaisseau nommé Nôtre Dame de Bonne-Aventure, de Marseille, le 2. de Mars, après avoir souffert une rude tempête, on vit paroître dans le navire le feu de St. Helme; & trois jours après il en parut un autre qui fit bien du desordre, battant tantôt l'un tantôt l'autre, & courant çà & là comme un Globe de feu. Les mariniers le poursuivoient à coups de bâton, de piques, & d'épées. Il descendit au fond de cale, où il brûla quelques-uns. Il disparut pendant quelque tems, & lorsqu'on y songeoit le moins il mit le feu à un canon qui étoit sur le franc tillac, quoique l'amorce fut couverte avec une plaque de plomb; mais il ne fit que paroître une flâme de feu que la poudre forme, sans que pour cela le canon tirât; car on trouva qu'il n'étoit rien sorti, & que le canon étoit chargé comme auparavant. Ensuite il foüetta bien fort les jambes d'un Jacobin, & frappa les épaules & les souliers du fils du Maréchal de St. Luc qui étoit dans ce Navire. Enfin après avoir couru de tous côtés, il disparut.

Quoique ce feu ne soit pas proprement un vent, cependant j'ai été bien aise d'en faire la description, afin que le lecteur en ait une connoissance entière, & qu'il ne croye pas, comme je l'ai cru long-tems, que cette graisse enflammée de la mer s'attache seulement au tillac du navire.

J'ajouterai qu'après une rude tempête que les Galleres de Malthe essuyerent en 1622. on vit plusieurs de ces feux sur ces bâtimens, qui sautilloient souvent d'un Mât à l'autre.

Des Ethesies.

Ces vents sont particuliers à la Grece & à l'Egypte, & les anciens qui ignoroient que le nil grossissoit & inondoit l'Egypte, parce qu'il étoit grossi par les pluyes qui tombent sous la Zone Torride, attribuoient aux vents Ethesiens la cause de l'accroissement du Nil, croyant que ce vent qui souffloit contre ce fleuve en faisoit remonter les eaux, qui ne pouvoient se décharger dans la mer au tems de la canicule, dans lequel ce vent soufle dans la Grece. Ils ont cru même qu'il venoit des terres boreales par la fonte des neges. Mais le Pere

Kirker * fait voir par des raisons incontestables, que ce vent vient des monts argentaro, qui traversent les confins de la Grece vers la Thrace, & qu'il est produit par les neiges dont ces montagnes sont couvertes, qui se fondent pendant la canicule où le soleil a une plus grande force que dans un autre tems.

Par tout ce que nous avons dit dans le chapitre précédent, & par ce que nous venons de dire dans celui-ci, on peut voir en general, pour me servir de la definition de Kirker, *que le vent est un soufle vaporeux & flatueux, qui sort de la mer ou de la terre par l'action du soleil, ou des feux internes de la terre ; laquelle vapeur étant rarefiée par la chaleur du soleil, ou condensée par le froid de l'air, agite la mer & la terre* : à quoi on peut ajoûter, suivant les dispositions de la mer & de la terre que j'ai indiquées.

Mais il est bon d'avertir, que ces observations sur les vents, que j'ai inserées dans ce chapitre, se doivent prendre avec discretion ; c'est-à-dire, avec un peu de jugement de la part du Philosophe qui cherche la raison des choses, & avoir

* In mundo subterra. part. 1. fol. 195. & seq.

toûjours égard aux principes que j'ai posés. Car étant vrai que le vent est produit par une exhalaison vaporeuse que le soleil éleve, & qui prend un certain cours, il faut que sur ce principe le Philosophe examine de quel côté cette vapeur peut venir, quels obstacles elle peut trouver en chemin qui interrompent son cours en ligne droite; car si elle se détourne il faut qu'il y ait quelque cause qui la fasse détourner, & qu'il mêle les causes visibles avec les invisibles. Parce que quoique le soleil soit la cause principale, j'ai dit que je crois que les autres astres peuvent augmenter, ou diminuer la force du soleil pour faire certains effets, suivant que les Astrologues & particuliérement les Egyptiens & les Caldéens l'ont remarqué. Il faut aussi considerer les lieux qui sont proches des volcans, & les feux qui se repandent en diverses branches dans le sein de la terre. Et du mêlange de toutes ces choses conjecturer la cause des vents qui souflent plûtôt en certains tems qu'en d'autres, comme aussi par quelle raison certains païs ont certains vents dominants, ce qui dépend particulierement de la connoissance de la nature des lieux, des montagnes coûvertes de neiges, des lacs, des rivieres, des mers voisines, & des obstacles que les vents peuvent trouver dans leur chemin, qui les font biaiser ou aller plus droit. Sur quoi ayant suffisamment parlé dans ces deux chapitres, il n'est pas nécessaire de répéter les mêmes choses, mais seulement d'avertir le lecteur Philosophe d'y prendre garde, s'il veut avoir une entière connoissance d'une matière si difficile, & si changeante comme est le vent. De même que s'il veut connoître les causes qui le font cesser, comme celles qui le meuvent. Car lorsque la matière du vent manque, le vent doit manquer aussi ; comme lorsque la matière du vent tombe en pluye ou en rosée. Car si elle tombe entièrement, le vent cesse tout-à-fait ; si ce n'en est qu'une partie, une partie seulement, & si la matière passe d'un lieu à un autre, le vent passe aussi.

Fin du quatriéme & dernier tome.

TABLE DES CHAPITRES
de l'Histoire Naturelle de l'Univers,

Tome III.

QUATRIEME PARTIE.

Chap. I. Du Flux & Reflux de la mer en général, & de celui de l'Europe en particulier, page 1

II. Des Tempétes & autres Météores de la mer, 30

III. Des Pluies ordinaires, 45

IV. Des Pluies extraordinaires & merveilleuses, 50

V. De l'origine des Sources des Riviéres, des Lacs, & des Fontaines, avec l'histoire de ce qu'il y a de plus curieux dans le genre des liquides, 72

VI. De la Génération des Vegetaux, 141

VII. Que la petite Plante qui est dans la graine, n'est pas la vraye semence de l'Arbre, ou de la Plante, 156

VIII. Comment le Suc de la terre, qui est l'aliment universel de toutes les Plantes, peut être changé dans la nature essentielle d'une ou d'autre plante, par le sperme seminal de la Plante, & par l'action du SEMEN qui est dans le sperme essentiel, 168

IX. De quelle manière la Graine fermente dans la terre, lorsque le suc terrestre se mêle avec le sperme seminal qui est dans les fibres de la petite Plante, 179

X. Des Ferments ou Levains, 191

XI. Si les Plantes ont quelque sentiment & quel peut être celui qu'elles ont? l'histoire curieuse des Plantes qui

peuvent le prouver, *page* 213
XII. Histoire de quelques Plantes rares & extraordinaires, 237
XIII. De la production du vrai Corail de Dioscoride, duquel seul on entend de parler ici ; avec la description de plusieurs Plantes marines, & de quelques végétaux qui se petrifient sur la terre, 268

Cinquiéme Partie. Du regne Animal.

I. De la génération des Quadrupedes, 291
II. De la génération des Volatiles. 349

TOME QUATRIEME.

Suite de la Cinquiéme Partie.

CHAP. III. De quelques Animaux Quadrupedes des plus curieux, 1
IV. Des Oiseaux les plus singuliers, 22
V. Des Serpens & autres animaux venimeux, 49
VI. De la Génération des Animaux Aquatiques, 86
VII. De quelques Animaux les plus rares & les plus curieux de la mer, 101
VIII. Des Limaçons & des Huitres de mer suivant les observations de Messieurs Lister & de Willis, de la Societé Royale de Londres, 148
IX. Des Insectes & des petits Animaux visibles par le secours du Microscope, 175
X. De l'Instinct, & du Discernement, 229
XI. Du sentiment des Animaux, 241
XII. De l'homme, 322

Sixiéme Partie.

I. Des Vents, 362
II. Observations sur les Vents qui soufflent communément vers certains endroits, en certains tems de l'Année. 393

FIN.

5.e et 6. partie. Tome 4.

2.e Fig.   1.e Fig.

4.e Fig.   3.e Fig.

5.e Fig.

6.e Fig.

7.e Fig.

8.e Fig.   A   9.e Fig.